大学生生命智慧状况调查报告

张旭东 等／著

科学出版社
北京

内 容 简 介

　　本书旨在剖析生命智慧的内涵和指标体系，探索大学生生命智慧的现状与特点，揭示培养大学生生命智慧的影响机制，为构建大学生生命教育模式和课程体系提供可靠依据。本书可教会大学生辩证地看社会、看事业、看人生，掌握调适不良情绪、处理人际关系、保持积极心态的知识、方法和技能，提高其生命智慧水平，为增强大学生生命教育的效果提供支持。

　　本书可供在校大学生、高等学校学生工作者及从事大学生研究的相关人员阅读参考。

图书在版编目（CIP）数据

大学生生命智慧状况调查报告/张旭东等著. —北京：科学出版社，
2016.12
　　ISBN 978-7-03-051328-1
　　I. ①大…　II. ①张…　III. ①大学生－生命哲学－调查报告－中国
IV. ①B083
　　中国版本图书馆 CIP 数据核字(2016)第 312106 号

责任编辑：郭勇斌　彭婧煜　蔡　芹/责任校对：贾伟娟
责任印制：张　伟/封面设计：黄华斌

科 学 出 版 社 出版
北京东黄城根北街 16 号
邮政编码：100717
http://www.sciencep.com

北京建宏印刷有限公司 印刷
科学出版社发行　各地新华书店经销
＊

2016 年 12 月第 一 版　　开本：720×1000　1/16
2018 年 4 月第二次印刷　　印张：17
字数：343 000
定价：88.00 元
（如有印装质量问题，我社负责调换）

前　言

透视改革开放近 40 年来中国大学生心理特点变化的轨迹，人们普遍感到：一方面，适应时代要求，积极向上、锐意进取的新思想、新观念已经成为大学生群体的主导潮流；另一方面，受市场经济的负面影响，相当多的大学生在遭遇挫折情境和产生挫折感后无法承受和调适而导致迷惘、沮丧、抑郁等消极心理状态，其中有的人就此休学、退学，甚至自戕或祸及他人。他们似乎走进了一个"怪圈"，眼前迷雾重重。大学生们在扪心自问：这是为什么？我们该怎么办呢？面对眼前发生的一切，我们深深地感到：在大学生中开展以发掘、培养、提升生命智慧为目的的生命教育，对培养他们良好的抗挫折心理能力非常必要。然而迄今为止，国内外学术界关于生命智慧及其影响因素的专门研究寥寥无几。为此，有必要开展这一领域的研究，揭示影响大学生生命智慧的因素，为高校有的放矢地开展生命教育，培育大学生的生命智慧，进而提高他们的抗挫折心理能力，使他们摆脱挫折情境和挫折感的困扰，顺利地完成学业与成功地就业。

近 20 年来，我们紧紧围绕大学生的"挫折""应对方式""生命智慧""抗挫折心理能力""积极心理品质"等问题开展了较为深入、系统的调查研究。通过一系列调查研究发现，大学生遭遇的挫折情境和挫折感有 9 种之多，生命智慧是影响其挫折情境和挫折感产生的重要因素之一，提高大学生的生命智慧水平是减少其挫折情境和调适其挫折感的重要途径。

本书主要解决的具体问题如下。第一，问题起因。部分大学生因为受挫后无法调适而产生不良行为甚至选择了自戕或祸及他人，这是为什么？为什么遭遇同样的挫折情境，有的大学生会产生挫折感而有的人不会？对此我们该怎么办？第二，研究追问。影响大学生挫折感产生的心理因素有哪些？其中，哪些因素起到核心作用（即对各种挫折类型都有影响）？第三，构成要素。起到核心作用的心理因素就是生命智慧，它的内涵和结构体系是什么？第四，影响机制。大学生生命智慧现状、影响机制怎样？第五，教育对策。如何针对大学生的主要挫折类型提出生命（智慧）教育的途径与对策？第六，终极目标。能否建构一个适合提高大学生生命智慧水平的教育模式？为了推广本书成果，如何有针对性地建构一套完整的生命（智慧）教育课程体系？

本书的研究大致可分为五个阶段。第一阶段，理论探讨阶段。此阶段的主要任务是完成可行性的研究与论证并开展理论建构工作。第二阶段，问卷编制阶段。此阶段的主要任务是编制一份反映中国大学生生命智慧特点和结构体系、信度效度都符合心理测量学要求的"生命智慧问卷"。第三阶段，全面调查阶段。此阶段的主要任务是数据取样。采用分层抽样的方法，先后选取东北、华北、华东、华中、西北、西南、华南七大区域所属的 20 个省、市的 16 837 名大学生为被试实施问卷调查。第四阶段，数据处理阶段。此阶段的主要任务是整理与处理数据资料，做好各种相关表格。第五阶段，发表成果阶段。根据已经掌握的文献资料和搜集到的相关数据，撰写研究报告、发表学术论文、撰写并出版调查报告。

本书剖析了大学生生命智慧的内涵、结构体系，探讨了大学生生命智慧的现状与特点，揭示了提高大学生生命智慧水平的影响机制；为构建大学生生命（智慧）教育的模式与课程体系、编纂适合于当代大学生特点的《大学生生命（智慧）教育教程》奠定了基础。从应用价值来看，本书对于培养、提升大学生生命智慧水平，提高其情绪智力和逆境商数，减少自戕和祸及他人现象的发生，使每一位大学生都能愉快地入学、成功地就业，将发挥重要作用。

本书在撰写过程中力求突出以下特点。第一，创新性。在理论方法上，本书对于开创、发展我国生命（智慧）教育理论研究，对于丰富大学生心理健康教育理论都具有补充作用；在研究方法上，把质性研究与量化研究相结合，在深入细致的个案研究基础上进行系统的实证研究；在被试的选取上，既有普通本科生，又有师范生和高职生；在研究工具上，编制了本土化的"生命智慧问卷"。第二，科学性。所得数据可靠，每一部分都贯穿着同一条主线，即生命智慧总体及各因子的调查数据及其分析，并完全呈现调查结果，充分体现调查研究的特点；本书依据积极心理学、健康心理学的理念，无论是理论构建、问卷编制、实际调研、数据处理，还是有关大学生生命智慧发展特点的探讨及培养对策的提出，都力求遵循心理科学研究的要求和规范，确保科学性。第三，针对性。本书各章的主要内容都是依据课题研究目的，以全国抽样调查获得的数据为基础。因此，无论是现状概括、归因分析，还是发展特点的探讨、培养策略的提出，都力求从当代大学生生命智慧的现实特点和发展需要出发，有较强的现实针对性。

本书是广东省教育科研特色创新项目（2014GXJK152）、广东大学生科技创新培育专项重点项目（pdjh2016a0535）和广东省大学生创新创业训练计划项目（201510580027）的部分成果，还得到了"肇庆学院科研基金"的资助。参加问卷调查、个案访谈和撰稿工作的人员有（以姓氏笔画为序）：刘雅莉、李志玲、肖冬玲、邹国静、张世晶、张屹、陈少珍、陈泉凤、范洪辉、黄泽娇、梁思维、曾文秀、黎嘉焮等。

本书在写作过程中，参阅了国内外同行们的大量研究成果，在此我们诚挚地表示谢意。尽管我们已经竭尽全力，但难免有疏漏和错误之处，恳请各位专家和广大读者批评指正。

张旭东

2016 年 11 月

目 录

第一章　大学生生命智慧概述

近年来，中国社会的政治、经济和文化等各个方面发生了巨大的变化，心理发展尚未完全成熟和稳定、人生观和世界观正在形成、社会阅历尚不够丰富、心理上比较脆弱的大学生无疑受到巨大的冲击。大学生已成为挫折情境和挫折感的易发和高发群体。同时，由于遭遇挫折后无法承受和调适而导致焦虑、抑郁、沮丧等症状的大有人在，其中有的人就此沉沦，甚至出走、退学、自杀等现象也时有发生。进入 21 世纪以来，大学生自杀和校园暴力事件频发。从表面看，这些问题行为是大学生无法恰当处理日常生活中面对的压力、挫折的极端表现。事实上，类似事件的发生与他们缺乏良好的抗挫折心理能力和不能正确而有效地使用应付方式密切相关[1]，究其深层次的根源，主要归因于他们缺乏应有的生命智慧，以及教育对生命关怀的缺失。因此，研究并培养大学生的生命智慧迫在眉睫[2]。

生命智慧的凸显，是当代社会转型的重要特征之一，是人的思维方式的深刻转型，是人的生存方式的转型，意味着人类的真正觉醒。要关注生命，就不能不关注生命智慧。目前，国内外对大学生生命智慧的研究尚在起步阶段，多数学者是从生物学、哲学、伦理学、社会学、教育学的角度进行研究。很少有人从心理学角度对生命智慧问题进行实证研究。

第一节　生命智慧解读

一、研究大学生生命智慧问题的缘由

为什么要研究大学生的生命智慧问题？社会发展与大学生个人发展急需生命智慧，但现今的教育与这一需求不相适应。在现阶段提出大学生的生命智慧问题，有其时代背景、主体缘由及教育背景。

第一，从时代背景来看，培养高素质的、创新型的、全面发展的人才这一永

恒不变的教育主旋律，要求当代大学生拥有生命智慧。转型期的社会形势带给大学生心理上诸多无法回避的刺激，如大学生面临的挑战越来越严峻，大学生面对的压力源越来越多，进而导致令人扼腕的大学生的自杀现象频发。

第二，从主体缘由来看，大学生的心理矛盾与冲突复杂且易变，他们的自我意识发展有缺陷，心理承受力不强；大学生还有较多的困惑，如对学习的困惑、对交往的困惑、对生活的困惑、对前途的困惑、对社会风气的困惑、对校风与校园环境的困惑、对自身素质的困惑及对爱情的困惑等，诸如此类问题都尚待解决。从已有的研究来看[3]，大学生之所以在学习、学校、情绪、交往、择业、恋爱、生理健康、家庭、适应等方面会遭遇挫折情境和挫折感，其主要原因是他们缺乏相应的生命智慧。所以，大学生需要培养相应的生命智慧，以减少挫折情境和挫折感的产生。

第三，从教育背景来看，造成大学生生命智慧欠缺的主要原因有三个。一是高等教育本身依然存在缺陷。由于社会竞争的加剧和就业的艰难，现代高等教育越来越偏重于知识的传授，使受教育者越来越缺乏人文关怀、价值关怀和意义关怀。二是中学教育在高考指挥棒的压力下，推行应试教育，过早文理分科，学生只重视考试科目的学习，忽视了其他知识的学习和能力的培养，忽视了对学生心理素质的培养，多数学生缺乏良好的心理素质，在压力和挫折面前束手无策[4]。三是生命智慧的培育还没有进入教育的视野，没有成为教育的主题。是何原因造成的？朱小蔓教授认为："现代人往往把智能窄化为知识，对知识又偏重逻辑的、语言的知识，而忽视知识的其他形态。由此造成我们教育目标以及人才观、成才观上的极大偏差。"[5]

二、人们眼中的生命智慧

进入 21 世纪，人们对生命智慧含义的描述更多地表现在以生死为核心的智慧方面，体现在人们对生命意义的接受与认识，理解各种生命自身的价值，尊重与珍惜所有的生命，努力去适应社会生活，学会生存，获得身心的全面发展，开发生命潜能，优化身心素质，实现自我的最大潜能和价值，完成自我实现的智慧。它是一个人最重要的智慧，是生存发展之本[6]。

（一）古代人眼中的生命智慧

"生"是中国哲学的核心观念，体现在生命创造和生命延续发展两个方面，是动态的，是生命的特性之一。近年来，一些书籍、文章对古代人的生命智慧做了一些探讨，对此，可以透过一些分析历史人物的生命智慧的文章略知一二。结合刘慧《陶冶生命智慧：社会转型时期教育的一种价值追求》一书中的论述，本书将古代人眼中的生命智慧概括为以下三个方面。

1. 道家生命智慧的描述

在儒释道三家中，道家智慧可谓是典型的生命智慧。许多学者纷纷撰文阐释老子、庄子的生命智慧。有学者认为，老子哲学思想就是生命的智慧，老子哲学是一种生命智慧之学。老子似乎高悬太空，实则立足人世；他貌似虚静，却满溢爱之情；他倡导"无为"，结果是"无不为"；他言"宁静"，实为"制动"；他甘"居后"，反而"占先"；他主"不争"，实则"天下莫能与之争"。简言之，老子哲学无为消极其外，有为积极其内。智者精心妙涵深邃，充满了智慧之爱，闪烁着智慧之美，成为人类智慧之友。因此，老子哲学思想就自然被认为是生命的智慧[7]。庄子也有着独特的生命智慧。韦政通指出，庄子的王国在心中，生命的目的或存在的意义，也就是在心灵世界的开拓。他急切要解答的生命之谜，是如何从种种欲望的束缚中，以及虚伪文明的重重桎梏中解放出来，以获得心灵的自由与和谐，以恢复生命的本真[8]。也有学者认为，庄子一方面沿着老子思想路径，由道探索世界的本体意义；另一方面以道诠释人生，体验生命的意义。当庄子试图化解缠绕于生命之中的私心成见时，他发现源于生命的直觉才是最真实的。人愈是反观自我，愈是能深及世界的本质，由此形成庄子独特的生命智慧[9]。从老子和庄子的思想中可以看到，生命智慧是一种彻悟宇宙、生命及人生的智慧。

2. 儒家一些代表人物思想的生命智慧解读

韦政通认为，在中国，重要的哲学家都是生命哲学家，孔子是一个重要的源头，他以"仁爱"为中心的哲学不但给个体的生命赋予意义，也为群体的生命指出了一个永恒的目标。这是一切创造的源泉，伟大的始基。对孔子来说，爱是生命的根基，也是生命的目的。在传统哲学家中，张横渠将儒家所体认的生命目的做了最为清楚而完整地表达："为天地立心，为生民立德，为往圣继绝学，为万世开太平"。[10]也有学者认为，"与朱子哲学偏重于理知的二元论哲学相比较，阳明更能代表东方人的形上智慧与生命智慧，而最能表现这一形上智慧与生命智慧的，则不能不说是'知行合一'学说"[11]。从中可见，儒家的生命智慧的核心是"仁爱"，即对天地的爱，对百姓的爱，对历史文化的爱，对未来万世的爱，以及"知行合一"。儒家的生命智慧观是[12]：①重生有为，教育大学生珍惜有限的生命；②自强不息，教育大学生正视困难和挫折；③舍生取义，教育大学生正确看待生命价值；④仁爱为怀，教育大学生爱惜他人生命。

3. 从解读先圣思想方法及历史上一些名人生命故事中感悟生命智慧

有的学者从研究中国先圣思想的方法角度指出，生命智慧源于人们对有限人生的恐惧。如何在有限中实现无限，使有限的生命升华为无限的存在，这就是历代圣人体悟的生命智慧。生命智慧属于主体，它具有内在性，它的境界是"摄所归能，摄物归心"。它显示的是"价值世界""意义世界"[13]。有学者通过研究我国古代著名文人苏轼一生的主要经历，解读出他所显现出来的生命智慧是热爱生命、热爱生活。

从上述三个方面可以看到，生命智慧关涉多个层面。大到宇宙万世，小到个人所面对的生活事件，是从最根本性的生存、过程性的生活、价值性的生命意义等多角度彻悟宇宙、生命及人生的智慧。生命智慧的内涵非常丰富，如老子的生命智慧立足于世而超然、虚静与爱之情、"无为"而"无不为""宁静"与"制动""居后"与"占先""不争"与天下莫能与之争"等；孔子的生命智慧核心是"仁爱"，它囊括了对天地、他人、文化、未来之爱，以及"自强不息、刚健有为"、对个体生命的终极关怀、热爱生命、热爱生活等内容。

（二）现代人眼中的生命智慧

在教育视野中，伴随着对生命的关注和对生命教育的研究，"生命智慧"一词也以不同内涵、不同形式出现在一些论文、论著中。虽然数量不多，但这是一个值得关注的现象。可以说，在出现生命智慧的论文或论著中，大多都是直接使用这一词，而对其本身含义的研究却不多。对生命智慧的研究，主要有以下四种观点。

1. 生命智慧：如何面对生与死的智慧

这一认识主要体现在吴甘霖的《生命智慧——活出自己的阳光》一书中[14]。他通过自身的生命历程和对杰出人士如爱因斯坦、比尔·盖茨等人生命历程的探究，告诉人们生命智慧不仅是生命的根本、智慧的根本，而且还是成功的根本。他认为，虽然人人都拥有生命，但不同的人却可以拥有不同的生命品质。生命之所以有这么大的区别，最主要是就在于能否掌握生命的智慧。生命智慧表现为：①主要观点：掌握生死智慧，才能在根本上把握成功；盲目地死与盲目地生，注定都是奴隶；活着，千万别错过生命；把死亡当成生命导师；让价值之星把生命照亮；放弃生命是最大的愚蠢。②生命教育的五大支柱：第一，珍惜生命：人死不能复生；第二，自我做主：没有谁能代替你活；第三，活在当下：假如明天不再来临；第四，全面拓展：你就是你和世界；第五，极限开发：创造自己都难以相信的奇迹。

2. 生命智慧："激发与表现个体生命"的智慧

这一研究主要体现在姚全兴的《生命美育》一书中[15]，他在该书中设专章论述了生命智慧问题。他将人之为人定位为有智慧，人的智慧表现在各个方面，并将智慧区分为生态智慧、生存智慧和生命智慧。在他看来，生命智慧是指激发和表现个体生命并使其完善和发展的智慧。一切生物的智能没有比人的智慧更高级的了。因此，生命智慧是最高的智慧。然而，生命智慧又不因此而玄妙得不可言传、不可把握。实际上，它随着人的进化而进化，发展而发展，在每一个人身上，都体现它的魅力，即便是在孩子身上，也无不显示它的存在和作用。姚全兴认为进行青少年生命美育，要把握以下四个原则。①青春性原则。青少年走向或正处于生命的青春期，生命力最充沛，生命美最绚丽，体现了青少年的本然生命状态。把握这个原则，有利于生命青春化，增强生命的能量，提升生命的质量。②智慧性原则。机智灵活地激发和表现青少年个体生命，使其健康向上地发展，达到自由而美好的生命境界。把握这个原则，可以使生命和客观世界和谐相处，避免对抗性矛盾的激化。③审美性原则。引导青少年用审美的眼光、审美的心理，发现美和欣赏美，感受审美的愉悦。把握这个原则，将使审美活动成为对人生中生命状态的品位和生命情调的追求。④创造性原则。生命贵在创造，创造是青少年生命发展的最佳体现，生命成熟的最好标志。把握这个原则，有助于提高生命的强度和力度，进而提高生命的意义和价值。

3. 生命智慧：中华民族精神的泉源

刘慧[16]认为，中华民族传统文化中蕴涵着博大精深的生命智慧。世纪交替之际，哲学、伦理学界对我国传统文化的研究，有一种强势声音就是围绕生命智慧展开的。生命智慧是中华传统文化生长的根基，是中华民族传统文化的精髓，是中华民族精神的泉源。它横贯古今，关涉人与人、人与社会、人与自然、人与心灵等诸多层面，它的一些基本主张为当代解决人与人、人与社会、人与自然、人与心灵之间的冲突提供了一种范式。学校要在青少年中开展弘扬和培育民族精神的教育，应扎根于深厚的民族文化之中，并积极借鉴近年来我国哲学社会科学发展的成果，尤其是对生命智慧的挖掘与弘扬。这不仅有助于理解中华民族精神的深刻意涵和现代价值，而且有助于认识到是对人类世界发展的重大贡献；不仅有助于增强青少年学生对民族文化的认同感和自豪感，而且可以帮助他们追求美好生活、提升生命质量。

陶冶生命智慧是从民族精神在个体生命中流淌的事实出发，从中华民族灿烂文化的精髓与个体生命内在潜能的"契合点"切入，从青少年自身、中华民族乃至人类的生存与发展相一致的需要——生命智慧展开，因而可以说陶冶生命智慧是对青少年进行民族精神教育的重要意涵。但从一定意义上讲，生命智慧的陶冶还没有进入教育的视野，没有成为教育的主题。是什么原因造成的呢？主要有四个方面。其一，由于人的生存方式、社会发展状态、人的观念与思维方式的限制，人们过分重视知识和技能，而忽视智慧和生命智慧。其二，对智慧、生命智慧本身研究的缺乏。虽然近几年来关于智慧和生命智慧的研究较之以往多了许多，但仍然是非常有限的，而且常常是提及智慧和生命智慧词语的较多，对其本身进行研究的却很少。其三，由于智慧和生命智慧本身的复杂性，对其认识与理解存在着诸多歧义与误区。譬如，将智慧等同于智力，将生命智慧理解为高深莫测的、不可言说的、玄妙的东西，并只属于少数哲人圣人的专利等。其四，现代教育中智慧的缺失。对现代教育的反思，从诗人艾略特、哲学家怀特海时起，就已经注意到了这样一个重要问题，即现代教育的目标从智慧的追求沦为学科知识的传递。当代一些教育专家、学者也陆续发表了相同观点。

4. 生命智慧：追求一种内在超越、不竭创造的人生境界

这是辩证法生命智慧的观点[17]。辩证法是关于人的生命的全面观点，人的生命是辩证法深层的思想根据。这种关系表明，辩证法绝不是远离现实生活的抽象玄学，而是深植于人的生命本性、与人的生命融为一体的"生命之学"。如果在生命活动中自觉地贯彻辩证法的基本观点，我们就将确立一种全新的"生命观"，并因此而获得一种启人心扉的生命智慧和人生境界。

首先，通过对人的生命本性的辩证觉解，辩证法将向我们彰显出一种自强不息、刚健有为的生命智慧，它启示我们，人生在世，决不能满足于现状，而应当追求一种内在超越、不竭创造的人生境界。因此，如果在生命活动中贯彻辩证法的思想方式，那么，在任何时候，我们都将自觉地拒绝那种满足于现状或者绝望无为的人生态度，并坚定地相信，人完全能够实现现状的提升与悲剧的超越，焦虑与希望、绝望与信心的辩证转化存在于实践活动不竭超越创造的现实过程中，人的前途和命运取决于自己的决断和行动。在此意义上，辩证法为人所提供的是一种乐观向上、刚健有为的人生意境和生命智慧，"天行健，君子自强不息"，这是辩证法给予每一个人的激励和召唤。

其次，通过对人的生命的辩证觉解，辩证法启示我们，任何抽象的教条与僵化的原则都是与人的生命本性相敌对的，因此，人不应该听任无生命的教条主宰人的生活，而应该在生活中自觉地拒斥一切教条的束缚，去追求一种真实无伪、生气勃勃的生存境界。人的生命应该是脚踏实地同时又放眼未来，既承认、尊重历史，又不失开拓、创新的生活；既肯定人的历史局限，又勇于超越既有规则限

制。只有这样的生命，才是自由的、自主的高尚生命，只有这样的人生境界，才是真实无蔽、生气焕发的人生境界。

最后，在对人的生命本性的觉解中，辩证法还启示我们，"人生不是单行道"，人不应该沉溺于某一种片面的生活方式，而应该追求综合的、全面的、讲究整体生活质量的人生境界。如前所述，在辩证法的视界里，人的生命不是单向、线性的存在，而是一个由多重矛盾关系构成的否定性统一体，人的生命处在自然性与超自然性、肉体与灵魂、功利性与理想性等两极性矛盾关系的巨大张力之中，理性与感性、灵与肉、情与理等都是人的生命的内在环节，真理不存在任何一极而存在于这些环节的否定性统一之中。

立足于这种对人的生命的自觉理解，辩证法启示我们，在现实生活中，我们应尽可能地超越那种把人的生命知性地"切"成几块的片面的人生态度，自觉地在自然性与超自然性、功利性与理想性、历史性与超越性等矛盾之间实现辩证的和解与良性的互补，从而使现实的人的生存处于上述各种矛盾关系的巨大张力之间，"但同时又能够把二者和谐有序的融合成一种存在方式与行动"，从而自觉地确立一种立足于现实却不陷入功利、追求理想却不陷入虚幻的人生态度，把人现实的生存境遇同超越的价值追求统一起来，把人当下的现实与高远的理想统一起来，去创造具有高层次整体生活质量的生活，并从中升华出达观而务实，既有入世精神又有出世情怀的精神境界。

通过以上论述，已足以清楚地看到，辩证法绝不是远离人的生命的抽象玄学，而是饱含人生智慧的"生命之学"，在此意义上，学习辩证法，也就是在探寻生命的真谛与人生的价值。

三、生命智慧及其构成要素

（一）人类生命智慧的显现与价值

生命智慧似一只"无形的手"，调控着生命活动以利于生存。对个体生命而言，生命智慧的显现与其价值无处不在。一切生命都有生命智慧，没有它，生命就不能存在，这是生命智慧的价值所在，是生命本身的品质所致。在生命智慧中，有一些是一切生命所共有的，有一些则是不同种类的生命所独有的。人的生命智慧及其价值主要显现为保障存活、突破限制、生发智慧、安顿心灵、呈现希望、成为自己等方面[18]。

1. 保障存活

生命智慧的第一功能就是保护生命的存在与繁衍。生命孕育智慧，智慧护卫生命。人在成长的过程中，生命智慧反而会被遮蔽。生命智慧是生命本能的显现，人在后天生长的过程中，由于各种利益驱使，不断地被遮蔽、被忽视、被贬损，失去了本能的智慧，这样，在社会化的过程中，就会出现诸多不可思议、禽兽不如、本末倒置的事。生命智慧的一个重要功效就在于保护生命体的存在，为此不惜牺牲局部。人类以文化的形式将许多有利于人类生存与发展的本能性生命智慧固定下来，如我国在改革中所采取的"断臂求生存"策略，以法律的形式保证在紧急状态时实施，可以说是生命智慧的显现。

2. 突破限制

生命智慧的价值就在于让人们保持清醒，突破自我、环境等一切可能突破的限制。在一个人的整个生命历程中，有着诸多的限制。有的来自遗传本身，有的来自于自身成长的过程中形成的一些思想观念、思维方式、情感方式与行为习惯等，还有的来自于所处社会环境。在人的成长过程中，还存在着文化印记和学习的限制，这种种限制造成了个体的自我限制或心理限制，同时它也是社会环境限制的根源。人的生命历程就是一个限制与不断突破限制的过程，成长的整个过程就是一个不断突破既有的状态的过程。人之所以能够突破限制，在于人的遗传程序的开放性，在于生命所具有的创造性与适应性等诸多特性，这些特性决定了人具有突破限制的可能性，而这些生命特性恰恰是生命智慧的泉源，并通过生命智慧表达出来。任何一个生命个体都是有着诸多限制的有限性存在，生命智慧能够帮助人们意识到并"超越"种种限制，进入一种精神自由的境地。

3. 生发智慧

生命智慧是一种"大地性"智慧，主要是指生命智慧是一种根基性、可以生长的、具有多种可能生发方向的、源于生命本身的智慧。将生命智慧比喻为大地性智慧，是因为大地是万物之母，大地孕育万物，大地为万物的生长提供能量。生命智慧相对于其他智慧而言，就具有这样的功效。我国古人从生活体验中概括抽象出来的一些人生智慧，也展现了他们的生命智慧。生命智慧源于生命，为着生命，那么由它而生发的其他智慧也应该是为着生命的。

4. 安顿心灵

生命智慧能够使人时时回到起点——生命本身，回到最初的愿望，回到心灵之家。生命智慧把人带回家。生命智慧的基点、源头、指归等都是生命本身，而非他物。这样不至于使生命异化。生命智慧可以产生美好而自由的生命状态，把一般心灵化为艺术心灵，使人进入静观或静照的审美境界，从而在忘我地接纳万物时，显现无拘无束、晶莹澄澈的生命之光。生命智慧的静观，既是审美的心态，又是审美境界，有着极为深厚的哲学底蕴。静观是物我同一时生命的自由自在状态，因此，一个人只要全身心地投入到客观世界中去，与其和谐地融洽，宁静地亲和，也就能拥有静观的审美心态，可以进入静观的审美境界。生命智慧可以安顿心灵，每个人都有自己活着的信念。活着，无论怎样都不放弃追求的信念，是生命智慧的显现与价值所在。

5. 呈现希望

回到生命本身，为了生命而积极生活的状态是生命智慧的显现。希望不是确定的目标，不是有形物。希望是人存在的原动力，是人活着的力量所在，希望是人最后的生存基础，是不可再退的最后一个基础，是对生命的爱。希望是生命的大智慧，是在人们身处绝望境地时的不绝望，是将个体生命纳入整个生命流、将整个世界纳入个体生命之中的力量，是一种无限的感觉，即与宇宙一体的澄明之境。生命智慧是为生命的生存与繁衍而生，是对生命的护卫，是对生命的爱，爱生命是希望之根。

6. 成为自己

在生命的视野中，每个生命都是独一无二的，他一生所能成为的，只能是他生命所是和所能是的自己。具有本能性的生命智慧让人活得像一个人，不迷失自己，能够按照自己是谁来活着，也就是能够按照生命的本然活着。这个生命中的自己，也许有着自身的"缺陷"或"弱点"，犹如动植物，它们没有人类的语言、人类的逻辑思维、人类的一些丰富知识，甚至"作秀"的表现，但它们有感觉，凭着本能的冲动而成为它自己。所以说，生命智慧是个体生命成为自己的必要因素，它可以帮助人回到他的生命本身，倾听生命的律动，可以防止个体生命的异化，成为他自己。

（二）生命智慧的概念辨析

生命智慧是生命本身所具有的，指向生存与发展的智慧。它不仅包含生命在自然进化过程中所形成的保障生命生存与繁衍的本能性智慧，也包含个体生命在生活过程中所形成的生活性智慧：既扎根于生命本能，又生长于后天生活。从生命智慧与生存智慧、生活智慧、人生智慧等的比较来看，生命智慧既包涵三者，又是它们的基础。从关涉的领域看，生命智慧可分为生态智慧、类生命智慧和个体生命智慧。本书主要涉及个体生命智慧。

生命智慧的泉源主要有四个方面[18]：一是生命本身所具有的特性，为生命智慧的产生提供了最为根基性的可能；二是生命本能，它是人的生命特性在个体生命中的直接显现，具有巨大的力量；三是人类的脑，人的智慧离不开人的大脑；四是身体，身体具有历史性、不可归约性、无意识状态及多维性等。

何谓生命智慧？吴甘霖认为，生命智慧指的就是如何面对生死的智慧，进一步阐述就是如何不错过此生的生存智慧[14]。姜俊红等认为生命智慧是学习做人与学习做事的智慧，是发现生活世界真谛的智慧，是学会提升精神素质的智慧，是提高生命质量的智慧[19]。刘慧则认为，生命智慧是指以生死为核心的智慧，即如何面对生死，如何面对生命苦乐、有限与无限、生命意义等智慧[18]。

生命智慧的本质是以生死为核心的智慧，主要关涉生死、苦乐、有限与无限、生命意义、人与自然的关系等智慧。从所关涉的领域划分，生命智慧可以分为三个层面：大生命智慧、类生命智慧和个体生命智慧。大生命智慧是关乎整个生命世界的智慧，即懂得各种生命都有自己的价值，懂得珍惜所有的生命，懂得生命与生命之间具有相通性与共同性，生命与生命之间具有彼此依存，相互制约等生态关系，亦即生态智慧。类生命智慧是指关涉人类、民族命运的智慧。个体生命智慧是指以生死为核心的智慧，即如何面对生死,如何面对生命苦乐有限与无限、生命意义等智慧[16]。

其实，要回答什么是生命智慧，首先要说明什么是智慧。所谓智慧就是人的智力，人认识客观事物及其规律并用以解决实际问题的能力[20]。传统的智慧教育（即"智育"）往往把智慧限定在智力、理性、认知等方面，仅注重"认识客观事物及其规律"一面，使智慧过于窄化，有违于生命发展的全面性、丰富性、整体性和复杂性。新课程背景下的智慧教育主要是从人的主体性、人的智慧的完整性、丰富性、多元性、综合性出发，强调人的智慧是理性智慧、社会智慧和实践智慧三者的有机统一[21]。同时，还强调"用以解决实际问题的能力"一面。由此可见，生命智慧应该包括三个方面的内容：一是生命认知智慧，相当于斯滕伯格提出的"分析性智力"和"创造性智力"；二是生命非认知智慧，相当于斯滕伯格提出的"社会智力"；三是生命行为智慧或实践方面的智慧，相当于斯滕伯格提出的"实践智力"[22]。

生命智慧是个体生命达到美好生命境界不可或缺的必要条件。本书认为，生命智慧就是接受与认识生命的意义，尊重与珍惜生命的价值，适应社会生活，学会如何生存，获得身心的全面发展，实现自我的最大潜能和价值的智慧。真正做到"物尽所用，人尽其才"。

（三）生命智慧的构成因素

智慧是指辨析判断、发明创造的能力，表征人的聪明程度，也称才智、智谋、智能。所谓生命智慧，就是关于如何面对生死的智慧，进一步阐述就是如何不错过仅有的此生的智慧[14]。从生命智慧的含义来看，人的生命智慧主要由对生命的知（认识）、情（情感）、意（意志）、行（行为）组成，即生命认识、生命情感、生命意志和生命行为。而所谓发掘、培养、提升生命智慧，也就是要发掘、培养、提升这四种心理因素。

1. 生命认知

众所周知，生命是世界上最复杂、最玄妙的现象，即使基因图谱已完全绘制成功，也尚不能穷尽生命的本质，可见，要认识生命是很难的。但是，我们还是要认识生命，即了解生命的来源、知道其组成、懂得其特点、掌握其规律，特别是要理解生命的价值、揭示生命的真谛。只有这样，才能为重视、爱护生命奠定基础。

2. 生命非认知因素

（1）生命情感。人们在认识生命的基础上，会对生命产生一定的体验，即生命情感，也就是在肯定、体验、接纳、珍爱自我生命的前提下，还要对他人生命乃至整个生命世界同情与热爱。对生命价值的理解，也需要有所体验才行。没有体验就不可能了解生命的真谛。生命情感集中体现在一个"爱"字上，可以说，没有爱，就没有生命。

（2）生命意志。在认识和体验生命的基础上，又会产生为了生命的生存、享受和发展而奋斗的意志。众所周知，意志是人的意识对一定客体的目的性和调控性的表现，其过程由决心、信心和恒心三个环节组成。在生命活动中，人的意志会经常不断地表现出来，以调控其进程、实现其目的。这参与生命活动的意志，即构成生命意志。正因为它的存在，人才得以克服一切磨难，获得人生幸福。

3. 生命行为

所谓行为，乃是人们在行动中有所"作为"（有所为或有所不为）的意思。而行为又是认识、情感和意志的落实。在生命活动中，也必须以生命认识为基础，通过生命情感和生命意志为中介，最后落实到生命行为上。如此方能使人的生命得到真正的提升。大学生的生命行为是与他们特定的生活环境、学习任务、年龄特征等联系在一起的。

本书认为大学生的生命行为应该包括以下 9 个方面：技能智慧、学习智慧、学校智慧、适应智慧、交往智慧、择业智慧、恋爱智慧、生理健康智慧和家庭智慧。

第二节 生命智慧问卷编制

一、引言

生命智慧是衡量人的心理健康的标准之一。生命智慧水平高的人，大多具有积极向上的人生态度，他们在挫折面前能够保持正常的行为能力，能够以理智的态度和正确的方法应对挫折；生命智慧水平低的人，常常遇到轻微的挫折就不知所措，既不能理智地看待挫折，又不能采用正确的方法应对挫折，长此以往，容易产生不良情绪，进而导致心理和行为失常，甚至产生轻生的念头。大学生正处于心理发展及人格塑造的关键期和转折期，他们生活阅历浅，理想色彩浓，自我评价好，对生活的期望值很高。因此，在生活和学习中遇到不如意的事或挫折事件时，更容易因理想与现实的巨大反差而产生强烈的挫折感，进而对其成长造成不良影响。故而，提高大学生的生命智慧水平是高校心理健康教育的重要任务，探讨提高大学生生命智慧水平的方法和途径是心理健康教育工作者义不容辞的责任。这就要求我们对大学生的生命智慧进行专门研究，并编制信度、效度较好的大学生生命智慧问卷。

本书通过初始问卷项目的保留和筛选，初步编制出具有较高信效度的适合我国大学生抗挫折心理能力问卷，为我国大学生抗挫折心理能力的发展研究提供可能的测量工具。

二、研究方法

（一）被试

采取整群抽样法，分别从全国各地抽取 2184 名大学生实施测量，进行因素分析；然后对广东省 173 名大学生进行测量，以考察问卷的信效度。在抽样的人群（2184 名）中，被试的构成如下：男生 802 人（36.72%），女生 1382 人（63.28%）；独生子女 268 人（12.27%），非独生子女 1916 人（87.73%）；城镇籍学生 805 人（36.86%），乡村籍学生 1379 人（63.14%）；文科学生 787 人（36.03%），理科学生 1397 人（63.97%）；大一学生 342 人（15.66%），大二学生 559 人（25.60%），大三学生 886 人（40.56%），大四学生 397 人（18.18%）。

（二）材料

在参考国内外相关问卷的基础上，根据对大学生生命智慧的调查研究，结合开放式问卷和结构化深度访谈的调查结果，按照拟定的大学生生命智慧结构及其维度，编制出 70 个题目的大学生生命智慧初试问卷。问卷采用自评式量表法和 5 点量表计分形式作答，从"很符合"到"很不符合"，依次计分为 1 分到 5 分。

（三）程序

通过因素分析对所获得的问卷题目进行修改，对所得的有效项目问卷进行主成分分析（PC）和正交极大方差旋转法（Varimax），根据陡阶图及碎石图，保留合理因素，剔除无效项目，从而构成正式问卷。所有数据采用 SPSS 统计软件进行统计分析和处理。为了考察问卷的效标效度，有 882 名被试同时完成了自杀意念自评量表（SIOSS）。

三、结果与分析

（一）项目分析

题项筛选的方法是区分度分析和因素分析。区分度分析采用求临界比率和相关分析，前者 CR 值未达到显著水平，后者若题项与总分的相关系数小于 0.2，则应删除。因素分析按下述标准剔除不合适题项：①项目的负荷值小于 0.4；②共同度小于 0.2；③在两个因素的负荷值均过高且相近的题项。按照上述标准，在生命智慧的 70 个题项中，项目 1、9、10、13、15、22、25、26、29、30、33、36、40、49、50、51、53、55、69、70 共 20 个项目应予以删除，剩余 50 个项目（附录一）。

（二）问卷的探索性因素分析

在此基础上，对剩下的 50 个项目进行探索性因素分析可行性检验，包括采样充足度的 KMO 检验和 Bartlett 球形检验。结果显示，KMO 检验值为 0.955，大于 0.90，说明剩下的 50 个项目数据比较适合于探索性因素分析；Bartlett 球形检验值为 45441.916，显著性水平小于 0.001，表明变量内部有共享因素的可能性。然后运用主成分分析法和方差极大正交旋转法对大学生生命智慧的结构进行分析。在符合特征根取值大于 1、共同度大于 0.3、因素载荷值不小于 0.4 的条件下，结合碎石图判断，抽取出 11 个较为合理的因素（因子）。参见表 1-1。

表 1-1 生命智慧问卷的维度、项目载荷

项目	非认知	项目	生命认知	项目	择业智慧	项目	交往智慧	项目	学校智慧	项目	家庭智慧	项目	学习智慧	项目	适应智慧	项目	技能智慧	项目	健康智慧	项目	恋爱智慧
64	0.665	6	0.663	42	0.653	38	0.699	19	0.673	57	0.748	17	0.606	27	0.576	14	0.613	52	0.680	47	0.662
31	0.622	7	0.567	41	0.614	37	0.677	21	0.618	58	0.733	18	0.531	24	0.525	5	0.486	54	0.586	46	0.566
66	0.616	8	0.555	43	0.518	39	0.581	20	0.436	56	0.590			23	0.494	16	0.433	51	0.567	48	0.432
65	0.608	3	0.548	44	0.531					59	0.485			45	0.456						
62	0.607	4	0.470																		
12	0.591	2	0.400																		
35	0.588																				
32	0.558																				
67	0.544																				
61	0.520																				
68	0.518																				
11	0.511																				
28	0.488																				
63	0.450																				
34	0.440																				

表1-2　生命智慧各因素的旋转因素特征值和贡献率

因素	特征值	变异百分比 / %	变异累积百分比 / %
1	7.670	10.958	10.958
2	3.030	4.328	15.286
3	2.840	4.057	19.343
4	2.633	3.761	23.104
5	2.300	3.285	26.389
6	2.248	3.212	29.601
7	2.102	3.004	32.605
8	2.089	2.984	35.589
9	1.863	2.661	38.250
10	1.839	2.627	40.878
11	1.753	2.505	43.382

　　结合表 1-1 和表 1-2 可以发现，条目的最高负荷为 0.748，最低负荷为 0.4；11 个因素解释了总方差的 43.382%。由 50 个项目构成的大学生生命智慧问卷，11 个因子的构成比较合理，由此可以认为大学生生命智慧包含 11 个因素的探索性结果是可以接受的。

（三）问卷的验证性因素分析

　　探索性因素分析的结果表明，生命智慧包含 11 个维度。为了进一步验证该结构的合理性，本书通过正式问卷再测的形式，对问卷维度进行了验证性因素分析。结构方程各拟合指数详见表 1-3。从拟合指数可以看出，χ^2/df 虽然较大，RMSEA 小于 0.80，其余各项拟合度指标均大于 0.90，表明模型与数据拟合良好，模型结构清晰。另外，项目载荷均在 0.40 以上。

表1-3　验证性因素分析拟合度指标结果

指标	χ^2/df	NFI	NNFI（TLI）	RFI	CFI	GFI	RMSEA
全部项目	12.403	0.97	0.96	0.96	0.97	0.96	0.072

（四）问卷的信度检验

　　本书采用 Cronbach's α 系数作为信度指标。分析结果显示：总体问卷的 α 系数为 0.928，而由表 1-4 可知各因素的 α 系数在 0.469 和 0.892 之间，均高于标准参考值 0.4（表 1-4）。

表1-4 生命智慧问卷各种信度系数表

量表维度	同质信度	分半信度	复测信度
生命认知智慧	0.646	0.590	0.448
生命非认知智慧	0.892	0.856	0.680
技能智慧	0.476	0.479	0.370
学习智慧	0.701	0.701	0.444
学校智慧	0.588	0.648	0.523
适应智慧	0.568	0.525	0.467
交往智慧	0.733	0.705	0.402
择业智慧	0.754	0.695	0.590
恋爱智慧	0.497	0.430	0.464
健康智慧	0.469	0.448	0.531
家庭智慧	0.656	0.651	0.615
生命智慧总分	0.928	0.876	0.657

（五）问卷的效度分析

1. 问卷的内部一致性效度

从各题目与总分的相关系数看，各维度内项目得分与维度总分之间具有较高的相关（表1-5）。这些数据表明本问卷具有较高的内部一致性效度。

表1-5 生命智慧项目区分度分析

项目	系数	项目	系数	项目	系数	项目	系数	项目	系数
2	0.372	16	0.303	31	0.588	44	0.571	58	0.397
3	0.399	17	0.540	32	0.594	45	0.429	59	0.389
4	0.363	18	0.542	34	0.554	46	0.308	61	0.518
5	0.313	19	0.462	35	0.585	47	0.358	62	0.607
6	0.422	20	0.403	37	0.553	48	0.456	63	0.415
7	0.417	21	0.500	38	0.546	51	0.329	64	0.549
8	0.397	23	0.386	39	0.560	52	0.299	65	0.540
11	0.608	24	0.490	41	0.528	54	0.365	66	0.575
12	0.637	27	0.299	42	0.536	56	0.298	67	0.558
14	0.436	28	0.573	43	0.517	57	0.397	68	0.561

注：项目与总分的相关均达到 $P<0.01$

2. 问卷的效标效度

以"症状自评量表（SCL-90）"作为效标，得出"生命智慧与心理健康"之间呈非常显著的负相关，即生命智慧水平越高，心理健康症状指数越低，表明心理越健康，相反亦此，说明该问卷具有较好的效度，如表 1-6 所示。可以看出，除躯体化与生命认知智慧、学习智慧、择业智慧、恋爱智慧、家庭智慧，恐怖与家庭智慧，偏执与生命认知智慧无显著相关外，生命智慧总分及其各因子与心理健康总分及其各因子均呈显著的负相关。除躯体化因子外，大学生生命智慧总分与心理健康各因子及总分之间均存在显著的负相关，相关系数在 0.355～0.535；大学生生命非认知智慧与心理健康各因子及总分之间均存在显著的负相关，相关系数在 0.344～0.554。

表 1-6　大学生生命智慧各因子与心理健康各因子之间的相关

r	S1	S2	S3	S4	S5	S6	S7	S8	S9	S10	S11	SZF
J1	0.015	0.201**	0.135*	0.068	0.199**	0.150*	0.160*	0.090	0.103	0.139*	0.093	0.194**
J2	0.205**	0.498**	0.215**	0.250**	0.313**	0.241**	0.312**	0.315**	0.279**	0.157*	0.177**	0.461**
J3	0.272**	0.545**	0.218**	0.236**	0.287**	0.301**	0.295**	0.309**	0.300**	0.214**	0.202**	0.500**
J4	0.238**	0.554**	0.234**	0.255**	0.406**	0.364**	0.319**	0.354**	0.348**	0.193**	0.259**	0.535**
J5	0.143*	0.455**	0.258**	0.177**	0.234**	0.291**	0.305**	0.249**	0.198**	0.191**	0.130*	0.408**
J6	0.202**	0.367**	0.229**	0.221**	0.345**	0.351**	0.378**	0.157*	0.145*	0.242**	0.203**	0.394**
J7	0.141*	0.398**	0.265**	0.142*	0.180**	0.308**	0.267**	0.238**	0.178**	0.229**	0.091	0.369**
J8	0.125	0.344**	0.145*	0.126*	0.291**	0.319**	0.255**	0.227**	0.238**	0.218**	0.179**	0.355**
J9	0.187**	0.480**	0.241**	0.200**	0.283**	0.285**	0.304**	0.270**	0.241**	0.223**	0.218**	0.448**
J10	0.189**	0.417**	0.322**	0.220**	0.308**	0.274**	0.277**	0.333**	0.288**	0.183**	0.193**	0.433**
JZ	0.204**	0.507**	0.265**	0.227**	0.338**	0.331**	0.332**	0.306**	0.281**	0.225**	0.208**	0.485**

注：*P<0.05，**P<0.01。J1-躯体化、J2-强迫症状、J3-人际关系敏感、J4-抑郁、J5-焦虑、J6-敌对、J7-恐怖、J8-偏执、J9-精神病性、J10-其他、JZ-健康总分[汪向东主编，《心理卫生评定量表手册》（增订版），中国心理卫生杂志 1999 年增刊，31～35，下同]

四、讨论与结论

本书从理论分析出发，参考专家咨询意见，并结合大学生实际，从大学生生命智慧的内容方面进行问卷设计，因此，所编制问卷具有较高的科学性。

（1）在专家建议的基础上，结合大学生的实际，选择与大学生学习和生活情况相符的 70 个题项形成了初始问卷；通过项目分析，确定生命智慧问卷由 50 个题目组成。

（2）对初始问卷的探索性因素分析结果表明，该问卷的 KMO 指数为 0.955，Bartlett 球形检验值为 45 441.916，适合进行因素分析。因素分析表明，该问卷包括 11 个维度，该 11 个因素共同解释了总方差的 43.382%；该问卷因子结构简洁清晰，较好地反映了大学生生命智慧内容的主要方面。

（3）验证性因素分析结果表明，该问卷结构合理，基本保证了问卷的可靠性和稳定性。

（4）信度检验表明，生命智慧问卷总体的 α 系数为 0.928，分半信度为 0.876，复测信度为 0.657，说明信度较高。该问卷基本符合理论构想在结构维度构建上有效。

（5）效度分析表明，问卷具有较高的内部一致性效度和效标效度，效度检验也证实了问卷的有效性。

第三节　大学生生命智慧结构的调查研究

一、大学生对生命智慧的认识

正因为人具有生命智慧，才会理解生命的价值，从而珍惜生命、保护生命。每个人的生命都只有一次，但有的人能够让生命光芒四射，有的人却只让生命暗淡无光。追踪每个人的生命轨迹，都能从生命智慧的层面上感受他们非同寻常的地方。由此可见，生命智慧是每个活着的人都应首先拥有的智慧[23]。

（一）从"生命认识"的角度看大学生的生命智慧

（1）大学生的生命智慧就是在大学期间，通过知识的学习、人际关系的学习、生活态度的学习、做人原则的学习等完善自己，为走上社会做准备的过程。

（2）"生命智慧"应与"生命"有关。有三个方面的含义：一是对生命的认识；二是拥有捍卫自己生命的知识、智慧；三是善于在珍惜生命的基础上去充分发挥、发展生命的意义。表现在大学生如何让自己的生命过得更充实、更精彩、更有意义。

（3）大学生该如何看待生命，该怎样生活？以什么样的态度、什么样的方式生活？笔者认为，大学生应具备人际交往能力，日常行为能力，能清醒地认识自己、认同自己的行为，并为自己的行为负责。

（4）对生命价值的理解包括：①对社会责任的理解与承担；②生存技能的掌握；③适合自己的生活法则，建立自己的积极生活方式，设置积极向上且能触发自己兴趣、潜能的事；④老老实实做人，踏踏实实做事；⑤理想崇高而又立足当下。

（5）要对生命的意义有深刻的理解，珍惜生命，热爱生命；对生命有比较积极全面的诠释；热爱生活，有良好的心态，能积极面对生活中出现的各种挫折。

（6）面对困难与挫折时，用正确的人生观、价值观来调节自己的心态与思维角度。敢于直面挫折，在逆境中振作、奋起，笑对困难，并且不断成长直至成熟。尤其重要的是要尊重自己，尊重自己的身体和生命，有意义地完成大学学业和实现友好的人际关系。

（二）从"生命情感"的角度看大学生的生命智慧

（1）生命智慧就是要有生存的能力和使生活有意义的艺术；能够使你充实，知道做什么事，应该做什么事；懂得品尝生活、学习和工作的乐趣；热爱生命，珍惜生命。

（2）大学生的生命智慧首先应该是珍惜自己的生命，善待生命。在一生中，要有一个合理的人生计划，有一定的人生目标，不贪求活得轰轰烈烈，但起码要开开心心，过自己的快乐生活。

（3）对自己比较彻底地了解，并且必须热爱生命、热爱生活，最主要的是能够很好地预测自己的未来，更确切地说是计划自己的未来。对于生命的存在和意义要进行不断地探索与思考。

（4）大学生生命智慧就是：①对自己的人生有一定的设想，有目标、有上进心，并认识到实现目标是要付出努力的；②对生命的价值有正确的认识，能较正确地认识自己、珍惜生命、爱惜自己；③在珍惜自己的同时，也懂得去珍惜别人，与人友好地相处，宽容、大度、善良，大家彼此迸发出生命的火花，共同体验生命、生活的可贵。

（三）从"生命意志"的角度看大学生的生命智慧

（1）善于处理人际关系，能积极向上地生活；在遇到挫折的时候能积极、理智地面对，从挫折中走向成功；会享受生命的乐趣，发现生活的意义，感受生命的气息；有生存的目标，积极向上地为理想而奋斗；有正确认识自己、准确给自己定位的能力；发现自我的缺点，完善自我；用成熟的眼光去审视现实生活中所遇到的问题，并处理各种问题。

（2）大学生生命智慧是一种比简单地生存要高级一点的生存方式，不只是为活着而活着，而是有着一定的人生目标，且能适应在追求实现目标过程中所遇到的众多挫折，能比一般人更理性地看待和采取科学方法去实现自我的生存价值。在其奋斗过程中，生命不再是原生态，而是充满了智慧和快乐的。

（3）大学生生命智慧即大学生如何过高质量的生活，如何运用各种技能提高生活质量、提高学习效率，如何充分发挥自我主观能动性、提高能力等。

（4）大学生的生命智慧首先是具有生存智慧，表现在人际关系的处理，事业学习上的追求；其次，生命智慧也应表现出积极、乐观、热情、坦然面对挫折等品质，具有上进、乐观、奋斗等精神。同时，大学生也要准确定位自身，例如就业时的定位，此外还要提高心理素质。

（四）从"生命行为（即综合）"的角度看大学生的生命智慧

（1）生命智慧就是：①有适合自己自身发展、符合社会规范的生活方式，也不一定要随大流，可以活出自己的个性，自己的精彩；②有正确的生命观念，珍惜生命，热爱生命，从而充满激情去创造美好的生活；③用客观、实事求是的态度看待世间万象，可以批判，但更多的是以乐观开阔的心胸去接纳人和物，不要一味地哀叹社会黑暗、制度缺乏人性化；④有选择地结交朋友，至少要有三五个要好的朋友（知己），真诚对待身边的人，不猜疑，基本原则是信任他们；⑤能有意识、有计划地设计人生，得过且过是要不得的；⑥会忙里偷闲，有生活情趣，不做工作狂；⑦拥有和谐的人际关系。

（2）生命智慧是大学生在日常工作、学习中，能正确处理事情，能善于待人接物、沟通良好，社会交际能力强，人际关系好；心理素质过关，遇事沉着冷静，会选择有意义的生活方式，它体现了社会新一代知识分子对社会导向产生的作用及其具备的坚强的意志和品质。

（3）大学生生命智慧是指在大学生身上应具有和体现出来的大学生活的正确认识和合理安排的意识。四年的大学生活是人一生中的一段美好时光，怎样度过完全取决于一个人的态度。绝大多数的大学生都想拥有一个快乐的、增进知识的和得到锻炼的大学生活。良好的人际关系，优异的学业成绩，丰富多彩的课余生活，锻炼能力的干部工作或社会实践活动都是我们想体验的、想拥有的。

（4）大学生生命智慧就是一种能使为人处世顺心的能力，这种能力是贯穿于大学生学习生涯的一种能力，是大学生在处理环境适应、学习适应、人际关系、情绪情感、就业择业、自我认识、自我评估等的能力。

（5）大学生生命智慧就是：①自我调节能力强，一个大学生对自己的调节程度在一定程度上反映个人的生命智慧；②具有良好的人际关系；③具有较高的文化素质；④具有良好的沟通能力；⑤具有较高的分辨能力；⑥具有一定的学术能力。

（6）大学生生命智慧就是一种体现当代大学生如何度过一个充实而又快乐的大学生活的能力。首先，是自己的学业（专业）能够出色地完成，拿到足够的学分。其次，是自己的社会实践能力，包括当好院干、系干或班干等校内工作的职务，和校外的家教兼职等既可以减轻家庭负担养活自己，又可以为自己以后工作积累经验、打好基础的工作。最后，恰当地处理人际关系，建立良好的人际关系，拥有融洽的生活氛围也是大学生生命智慧的体现。

二、大学生生命智慧结构的实证研究

（一）研究目的

本书从生命认知智慧、生命非认知智慧（含生命情感智慧和生命意志智慧）和生命行为（含技能智慧、学习智慧、学校智慧、适应智慧、交往智慧、择业智慧、恋爱智慧、健康智慧、家庭智慧）三个维度印证生命智慧问卷结构的合理性和实用性。

（二）研究方法

1. 调查对象

随机抽取北方和南方两所本科院校的大学生作为被试实施问卷调查，调查以班为单位，采用整体抽样的方法，使用统一的指导语进行集体测试。共发放问卷2300 份，收回有效问卷 2184 份，有效回收率为 87.4%，涵盖了文、理学科大部分专业。其中，北方高校大学生 1053 人，占 48.21%，南方高校大学生 1131 人，占 51.79%；男生 802 人，占 36.72%，女生 1382 人，占 63.28%。

2. 研究工具

采用自编的"生命智慧问卷"，问卷题目根据问卷维度设定，共 50 个题目，包含 11 个维度。从生命智慧的含义来看，大学生的生命智慧主要由对生命的知、情、意、行组成，即生命认知、生命情感、生命意志和生命行为。组成问卷的 11 个维度分别是：生命认知智慧、生命非认知智慧（生命情感、生命意志）、适应智慧、学习智慧、技能智慧、交往智慧、恋爱智慧、生理健康智慧、家庭智慧、学校智慧、择业智慧。本问卷经 Cronbach's α 一致性系数检验，总问卷的 α 系数为 0.928。评定方法：分为五级评分，1 表示很符合，智慧水平很高，5 表示很不符合，智慧水平很低，得分越高，智慧水平越低。

（三）结果与分析

从生命认知因素、生命非认知因素、技能因素、学习因素、学校因素、适应因素、交往因素、择业因素、恋爱因素、健康因素和家庭因素 11 个维度探讨大学生生命智慧。

1. 大学生生命认知智慧的结构

从表 1-7 可见，绝大多数大学生对生命都有正确的认识。例如，86.7% 的学生认为"我知道成败对人都有积极意义"，82.2% 的学生认识到"即使是一副坏牌，也要把它打好"。还有 65.2% 的学生表示"我热爱生命，但绝不畏死"。

表 1-7 大学生生命认知智慧的结构

题号	题目	很符合/%	较符合/%	不确定/%	较不符合/%	很不符合/%	得分均值	排序
1	我热爱生命，但绝不畏死	29.4	35.8	19.8	9.6	5.3	2.25	6
2	机会看似遥不可及，可角度一换就近在咫尺	46.0	38.4	12.4	2.2	1.0	1.74	2
3	即使是一副坏牌，也要把它打好	48.6	33.6	12.2	4.4	1.2	1.76	3
5	我会从丧失中体会丰富的人生	38.8	38.9	16.8	4.2	1.2	1.90	5
6	我知道无论成败对人都有积极意义	51.9	34.8	10.3	2.3	0.6	1.65	1
7	我能够坦然面对丧失，是真正获得了生命意义	47.5	33.0	13.9	4.0	1.7	1.80	4

注：得分越低排序越靠前，下同

2. 大学生生命非认知智慧的结构

从表 1-8 可见，大多数学生对生命非认知方面都持积极态度。如 76.7% 的学生认为"我热情而不轻浮，乐观而不盲目"，74.1% 的学生认识到"我对自己很有把握，能很好地照顾自己"，仅有不到一半（43.3%）的学生表示"我认为我在大学里的各个方面表现得都不错"。大学生在肯定、体认、接纳、珍爱自我生命等方面总体上做得不错，为了生存、享受和发展而斗争的意志努力也较强，但这些方面还需要更进一步加强。

表 1-8 大学生生命非认知智慧的结构

题号	题目	很符合/%	较符合/%	不确定/%	较不符合/%	很不符合/%	得分均值	排序
8	我能从失败中奋起，从哪里跌倒就从哪里爬起来	28.8	43.2	21.6	5.8	0.7	2.07	3
9	我总是胜不骄、败不馁，生活应变能力强	15.7	44.4	27.3	10.9	1.7	2.39	10
20	我热情而不轻浮，乐观而不盲目	33.4	43.3	17.5	4.7	1.1	1.97	1
21	我已经养成乐天开朗的性格	27.8	37.6	21.7	10.4	2.5	2.22	8
22	每当悲伤的时候，我常向着光明的一面看	23.5	37.9	26.3	10.0	2.3	2.30	9
23	每当我受到讽刺时，我都能不畏不缩	18.4	38.0	29.0	12.2	2.4	2.42	11
24	我社交广泛又能忍受孤独	23.9	32.2	23.2	17.4	3.2	2.44	12

续表

题号	题目	很符合/%	较符合/%	不确定/%	较不符合/%	很不符合/%	得分均值	排序
43	每到一个新环境，我会主动与别人接近	31.6	37.2	19.8	9.3	2.1	2.13	4
44	在决定成败的关键时刻，我能使自己很快镇定起来	25.8	40.9	24.3	7.7	1.3	2.18	7
45	我对生活要求不高，到哪儿都能过得愉快	30.0	40.1	18.1	9.9	1.9	2.14	5
46	即使在人多的地方我也不会紧张	15.4	31.2	28.5	20.1	4.8	2.68	14
47	我不会被一些小事所缠绕	16.5	31.0	28.1	20.1	4.0	2.64	13
48	我认为在大学里的各个方面表现得都不错	11.9	31.4	31.3	21.1	4.3	2.75	15
49	我知道自己的优点，清楚喜欢做而且比别人做得好的事情	28.4	38.3	23.9	7.8	1.6	2.16	6
50	我对自己很有把握，能好地照顾自己	35.1	39.0	18.4	5.8	1.7	2.00	2

3. 大学生生命行为智慧的结构

根据大学生遭遇挫折的实际情况，本小节从以下 9 个方面分别探讨。

表 1-9　大学生生命行为智慧的结构之技能因素

题号	题目	很符合/%	较符合/%	不确定/%	较不符合/%	很不符合/%	得分均值	排序
4	大学生应该拥有"如何生存的智慧"	70.3	24.2	4.2	0.8	0.4	1.37	1
10	我觉得：爱拼才会赢，敢唱才可能红	45.2	39.5	11.2	3.4	0.7	1.75	3
11	我觉得只有当知识转化为能力时，知识才是力量	61.4	27.5	7.8	2.9	0.5	1.54	2

（1）大学生应对来自技能方面挫折的生命智慧。从表 1-9 可见，大多数大学生为了生存都有正确的生存技能。如 94.5%的学生表示"大学生应该拥有'如何生存的智慧'"，88.9%的学生认为"我觉得只有当知识转化为能力时，知识才是力量"，还有 84.7%的学生认识到"我觉得：爱拼才会赢，敢唱才可能红"。

（2）大学生应对来自学习方面挫折的生命智慧。从表 1-10 可见，多数大学生能够处理自己的学习。如有 58.1%的学生表示"我总是以学为先，我已经养成了良好的学习习惯"，54.2%的学生认为"我已经'学会阅读，善做笔记'"。大多数学生从中学进入大学后，并没有掌握正确的学习方法和学习习惯，不去认真思考如何根据各门学科特点学习。因此，在入学教育时，应着重教会大学生的学习方法。

表1-10 大学生生命行为智慧的结构之学习因素

题号	题目	很符合/%	较符合/%	不确定/%	较不符合/%	很不符合/%	得分均值	排序
12	我总是以学为先，我已经养成了良好的学习习惯	17.4	40.7	25.3	13.7	2.8	2.44	1
13	我已经"学会阅读，善做笔记"	15.0	39.2	25.3	16.3	4.2	2.56	2

（3）大学生应对来自学校方面挫折的生命智慧。从表1-11可见，大多数大学生对学校和自己成才都有正确的态度。如87.7%的学生认为"我想无论在什么样的学校，成才关键靠我自己怎样做"，75.1%的学生认识到"大学是我成长、成材的摇篮"，但仅只有不到一半（46.7%）的学生表示"我以我的学校而自豪"。我国高等教育的发展速度无疑是处在世界前列的，但其发展确实是不平衡的。对于处在不同高校的大学生来说，自认为不满的，就会产生一定的挫折情境与挫折感，进而影响学业成绩、生活状况。

表1-11 大学生生命行为智慧的结构之学校因素

题号	题目	很符合/%	较符合/%	不确定/%	较不符合/%	很不符合/%	得分均值	排序
14	我以我的学校而自豪	15.2	31.5	27.0	16.2	10.0	2.74	3
15	我想无论在什么样学校，成才关键靠我自己怎样做	56.3	31.4	8.1	3.1	1.1	1.61	1
16	大学是我成长、成材的摇篮	36.4	38.7	18.2	4.4	2.3	1.98	2

（4）大学生应对来自适应因素方面挫折的生命智慧。从表1-12可见，大多数大学生能去适应大学的环境。如92.8%的学生认为"考试分数并不是衡量一个人能力的最重要的标准"，87.8%的学生表示"在我看来，大学不是休闲、度假的圣地"，83.5%的学生认识到"我并不以为择业也要听天由命"。对现实社会和未来抱有过高期望值和过于理想化，容易导致大学生在适应中遭遇挫折情境和挫折感。

表1-12 大学生生命行为智慧的结构之适应因素

题号	题目	很符合/%	较符合/%	不确定/%	较不符合/%	很不符合/%	得分均值	排序
17	在我看来，大学不是休闲、度假的圣地	56.0	31.8	8.4	2.5	1.2	1.61	2
18	尽管大学里也有不尽如人意之处，我仍会坦然处之	45.9	43.3	8.0	2.2	0.6	1.68	3
19	考试分数并不是衡量一个人能力的最重要的标准	61.3	31.5	5.6	1.0	0.7	1.49	1
32	我并不以为择业也要听天由命	45.4	38.1	11.0	4.2	1.2	1.77	4

（5）大学生应对来自交往方面挫折的生命智慧。从表 1-13 可见，大多数大学生能正确地和他人交往。如 87.7%的学生认为"我忠于友情又能宽容待人"，76.5%的学生表示"我总是助人为乐，从不幸灾乐祸"， 74.9%的学生觉得"我做事通情达理又能明辨是非"。人际关系失调会引起一系列不良情绪，严重的会在行为上表现出自我封闭、逃离现实、玩世不恭、自暴自弃、抑郁寡欢，或与外界冲突、对抗等，更有甚者发展到为危害自我或他人。这些不良心理可能是短期的，但是如果不及时调整，有可能转化为慢性心理疾病，长期危害大学生身心健康，影响正常的学习与生活。故而，教会大学生处理人际关系的技巧尤为重要。

表 1-13　大学生生命行为智慧的结构之交往因素

题号	题目	很符合/%	较符合/%	不确定/%	较不符合/%	很不符合/%	得分均值	排序
25	我忠于友情又能宽容待人	44.1	43.6	9.3	2.4	0.5	1.71	1
26	我总是助人为乐，从不幸灾乐祸	29.8	46.7	19.1	3.8	0.6	1.99	2
27	我做事通情达理又能明辨是非	27.9	47.0	21.5	3.2	0.4	2.01	3

（6）大学生应对来自择业方面挫折的生命智慧。从表 1-14 可见，多数大学生能合理地对待择业。如 79.8%的学生认为"为适应未来的职业生活，我会调整知识结构"，75.2%的学生表示"我喜欢多参加实践活动来锻炼自己，为就业做好准备"，仅有 61.3%的学生认识到"我已树立了弹性的就业心态"。就业问题已成为大学生的一个重要的压力源，学校进行系统、科学而及时的就业指导课是必要的。应该让学生在社会中"认识自我、完善自我"；向社会学习，培养生存能力；善于团结协作，而不是"天马行空、独来独往"；及时修正自己错误的观念与行为；把握现有条件，身处顺境不忘乎所以，身处逆境不丧失信心；把个人理想纳入到社会理想中去，找到自己的历史位置，选择自己与社会的最佳结合点。

表 1-14　大学生生命行为智慧的结构之择业因素

题号	题目	很符合/%	较符合/%	不确定/%	较不符合/%	很不符合/%	得分均值	排序
28	我喜欢多参加实践活动来锻炼自己，为就业做准备	41.0	34.2	14.4	8.8	1.5	1.95	2
29	为适应未来职业生活，我会调整知识结构	39.0	40.8	14.2	5.2	0.9	1.89	1
30	我已树立了弹性的就业心态	23.8	37.5	29.8	6.9	2.0	2.26	4
31	我将选择合理的自荐方式，沉着面对应聘面试	30.5	39.6	22.7	6.0	1.1	2.07	3

（7）大学生应对来自恋爱方面挫折的生命智慧。从表1-15可见，多数大学生对待情感的态度积极。如82%的学生表示"如果友谊自然发展为爱情，也不要拒之门外"，72%的学生认为"我期盼着恋爱成功，但我也不惧以失败告终"，仅有60%的学生认识到"我懂得如何控制情感的阀门"。大学生的恋爱导致恋人间情绪起伏、烦恼不安、成绩滑坡，弊端明显。主要表现在：一是自作多情；二是误解对方的言行、情感，误把友情当爱情；三是自己深爱对方，却不知对方的感情，又怯于表白，从而苦苦思念，夜不能寐，由于不能形成互爱，单恋者常常感到痛苦。

表1-15　大学生生命行为智慧的结构之恋爱因素

题号	题目	很符合/%	较符合/%	不确定/%	较不符合/%	很不符合/%	得分均值	排序
33	如果友谊自然发展为爱情，也不要拒之门外	48.4	33.6	13.3	2.7	1.9	1.76	1
34	我期盼着恋爱成功，但我也不惧以失败告终	34.9	37.1	19.0	6.5	2.6	2.05	2
35	我懂得如何控制情感的阀门	23.8	36.6	27.7	8.2	3.6	2.31	3

（8）大学生应对来自健康方面挫折的生命智慧。从表1-16可见，大多数大学生都知道健康的重要性。如95.1%的学生表示"我觉得生命会因健康而美丽"，81.8%的学生认为"我认为'起居饮食要合理，吃比穿更重要'"，仅有64%的学生认识到"再忙我也要正常吃每日三餐"。健康的身体是个体健康成长和适应社会要求的物质基础，在实践教学中，应在重视运动技能训练的基础上，重视体质的培养，使学生的身体素质真正得到发展。

表1-16　大学生命行为智慧的结构之健康因素

题号	题目	很符合/%	较符合/%	不确定/%	较不符合/%	很不符合/%	得分均值	排序
36	我觉得生命会因健康而美丽	71.2	23.9	3.9	0.8	0.2	1.35	1
37	我认为"起居饮食要合理，吃比穿更重要"	46.0	35.8	11.6	4.8	1.8	1.81	2
38	再忙我也要正常吃每日三餐	35.5	28.5	19.5	12.4	4.1	2.21	3

（9）大学生应对来自家庭方面挫折的生命智慧。从表1-17可见，大多数大学生都能和家庭建立良好的情感纽带。如95.4%的学生表示"我深爱着我的家庭和父母"，84.4%的学生认识到"父母的榜样作用使我受益匪浅"，78.4%的学生认为"父母对我的家庭教育是民主型的"。在大学生的家庭教育问题上，学校有必要、有责任采取多样化的方式，主动与家长密切联系，发挥家庭教育的作用，让学生家长能够准确、快捷、全面地了解子女在校学习、生活的实际状况，使家

庭教育更具有针对性，达到学校教育与家庭教育的有机结合，培养学生学会感恩等积极的心理品质。

表 1-17　大学生生命行为智慧的结构之家庭因素

题号	题目	很符合/%	较符合/%	不确定/%	较不符合/%	很不符合/%	得分均值	排序
39	我深爱着我的家庭和父母	80.8	14.6	3.0	1.1	0.5	1.26	1
40	父母的榜样作用使我受益匪浅	53.1	31.3	11.0	3.3	1.3	1.69	2
41	父母对我的家庭教育是民主型的	48.2	30.2	13.6	5.7	2.3	1.84	4
42	若父母干涉自己的婚恋，我就主动与父母沟通	51.8	31.3	12.7	2.9	1.3	1.71	3

（四）结论与启示

人的智慧是多方面的，智慧的表现形式是多种多样的，判断一个人聪明与否、成功与否的标准，也是多种多样的。教育的目标之一就是最大限度地发挥人的潜力。大学教育应该把开发大学生的智慧潜能作为中心任务。要有效地培养大学生生命智慧，生命智慧的培养必须寓于其他各种教育活动之中。

1. 生命智慧的培养与教学相结合

（1）生命智慧的培养与专业课教学相结合。要把培养大学生生命智慧作为教学的一项重要任务来抓。在教学中，应当注意教学内容的安排。一是教材的编选者，应把是否有利于培养生命智慧作为一项重要原则来考虑，从而有目的地选入一些有关的内容；二是教师要注意充分发掘现有教材中有关生命智慧的材料，有意识地利用这些材料去培养学生的生命智慧；三是教师要有意识、有目的地补充一些有利于培养生命智慧的材料。

（2）生命智慧的培养与学校德育相结合。要相信并承认每一个人都是有生命智慧的。但生命智慧的显现是有条件的，并非在任何状态下都会或都能放射出光芒，教育要为生命智慧的显现提供支持性条件、切实性帮助。广义的学校德育包括政治教育、思想教育、品德教育和心理教育。无论是哪一方面的教育，都应当把培养学生的生命智慧作为一项重要的任务来抓。只有把道德品质与智慧品质结合起来，才能使道德品质易于养成并巩固。德育对于促进人对自身的超越，提升生命的精神境界，实现人的生命价值，寻求和创造人的生命意义等方面具有重要作用。德育必须关注人的生命（智慧）教育，生命（智慧）教育必须根植于每一个大学生个体的生命。

（3）培养生命智慧与开设"生命智慧与人生"方面的公共选修课相结合。通过进行生命（智慧）教育来美化生命，表达对生命状态的终极关怀、对生命情感的追求，使人们更好地体验和感悟生命的意义，促进肉体生命的强健和精神生命的形成，在激扬生命之力的同时焕发生命之美。生命教育就是发掘、培养、提升生命认识、生命情感、生命意志和生命行为亦即生命智慧水平和价值的教育，是生命磨砺的教育。在大学生中开展生命教育，对培养大学生良好的抗挫折心理能力非常必要。开展这一领域的研究，旨在揭示影响我国大学生抗挫折心理能力的生命智慧因素，为学校有的放矢地进行生命教育、提高大学生的抗挫折心理能力，使他们摆脱挫折的困扰、顺利地完成学业与成功地就业提供最大限度的帮助。

2. 培养生命智慧与自我教育、自我设计相结合

（1）培养生命智慧与自我教育相结合。相对于生命认知智慧来说，生命非认知智慧的加强与提高更多地有赖于自我教育。可以这么说，生命智慧发展的主动权不完全操纵在学生手里，因为它既依赖于主体条件（即智力水平的高低），在很大程度上受先天因素的影响；同时它又依赖于客体条件，如学校条件、管理水平、师资力量等，对开发生命认知智慧影响也很大。而这两方面的条件都不是学生本人所能左右的。但生命非认知智慧则不然，培养的主动权主要由学生自己操纵，即生命非认知智慧基本上是后天形成起来的；同时它又较少依赖于客体条件，即它的提高不必要有很好的学校条件，反而是条件相对差一点的学校对培养生命非认知智慧更有利。因此，教师应当鼓励学生自我教育。只要学生愿意培养自己的生命非认知智慧，那么，他们的生命非认知智慧的水平就能得到提高。当然，并非是主张学校条件越差越好，在加强学生主观努力、自我提高的同时，逐步改善学校条件、完善管理制度、提高师资质量也是必要的。

（2）培养生命智慧与自我设计相结合。大学生应有提高下列智慧。一是提高适应智慧。你可以看不惯一些东西，但是你应该学会接受。应该有思索追求、勇于探索、创新进取的人生态度；要有"劳动、创造、进步——无止无休！爱真、爱善、爱美——不折不扣！"的理想境界；要有完善自我、造福人类社会和自然的价值追求；要切记强者内心并不是没有痛苦，只因为他们忍受了比别人更多的痛苦他们才成为强者。二是提高学习智慧。要主动求知、启迪智慧、增长才干。对大学生来说，当务之急不只是啃书本、装知识，还要培养独立工作的能力，学富五车并不等于才高八斗。三是提高交往智慧。要牢记别人的恩惠，不要显露有恩于人；说话要有分寸、有条理，不要背后议论人；要理解、宽容别人，不要拆穿别人的秘密；要助人为乐，不要无把握地许诺；言论要乐观进取，不要悲观厌世；要以服务为目的，不要以自我为中心。四是提高非认知智慧。要控制不良情绪，调出稳定而愉快的最佳心境。力求在日常的"郁闷"的生活里找出一点小乐趣，培养自己对日常简单事物的欣赏能力和乐趣，这样随时随地都可自得其乐。五是提高恋爱智慧。应扩大男女间的自由交往，在广泛的交往和深入了解的基础上，如果友谊自然发展成爱情，就不要拒之门外。应既不热衷于追求，也不轻易放过。顺乎自然，不必额外地花费更多时间。爱你的人，不管你愿不愿意接受，都要感谢对方。六是提高生理健康智慧。要明确"身体是革命的本钱"。要求大学生掌握健身的基本知识、技能，养成经常锻炼和讲究卫生的良好习惯，培养浓厚的体育运动爱好，提高机体适应环境和抗御疾病的能力。七是，家庭受挫型的调适。要"我爱我家"、不"怨天尤人"；要经常给家里打个电话，发个电子邮件；不要乱花钱；如果说一个人的生活就是为了使他人生活得更美好，这人就是父母；"一个人的能力有大小，只要他（或她）尽到了最大努力，那他（或她）就是伟大的"，这人说的也是父母。八是提高学校智慧。不要瞧不起自己所在的大学，不要嘲笑你的老师；要"既来之，则安之"。其实，不管是上哪一所大学，"上帝只能拯救那些能够自救的人"。九是提高择业智慧。要认识自我、取长补短、扬长避短。怎样才能认识自己呢？仅仅借助于行动，任何时候都不能靠静观。尽力履行你的职责，你便可知道你身上有什么。应"在完善客观中完善自己"：向社会学习，培养生存能力；善于团结协作，而不是"天马行空，独来独往"，随时修正自己一切不符合实际的、不正确的思想和观念；从社会眼前为你提供的条件做起，处于顺境而不忘乎所以，处于逆境而不丧失信心；把个人理想纳入到社会理想中去，找到自己的历史位置，选择自己与社会的最佳结合点，等等。

参 考 文 献

[1]　张旭东. 当代大学生心理挫折及调适. 北京：中国科学技术出版社，2002.

[2]　张旭东. 生命智慧与人的抗挫素质培养——大学生生命教育课程体系建构与实施研究. 南京：南京师范大学博士后出站报告，2006.

[3]　张旭东，车文博. 挫折应对与大学生心理健康. 北京：科学出版社，2005.

[4]　宋明钧. 高师学生潜能挖掘与素质培养探析. 教师教育研究，2006，(6)：58-62.

[5]　朱小蔓，梅仲荪. 儿童情感发展与教育. 南京：江苏教育出版社，1998.

[6]　谢念湘，佟玉英，赵金波. 生命智慧化解心理危机的探索.黑龙江教育（高教研究与评估），2012，(4)：37-38.

[7]　景克宁，孟肇咏. 东方智慧巨人——老子探奥. 西安：陕西人民出版社，1993.

[8]　韦政通. 中国的智慧. 长沙：岳麓书社，2003.

[9] 杜字民. 论庄子的生命智慧. 安徽教育学院学报, 1995, (1): 10-13.

[10] 高清海. 哲学的憧憬. 长春: 吉林大学出版社, 1995.

[11] 张新民. 生命行动的哲学——论王阳明的知行台一说. 贵州师范大学学报（社会科学版）, 1997, (2): 31-36.

[12] 刘伟杰, 李海立. 儒家生命智慧对大学生生命教育的启示. 黑龙江教育学院学报, 2009, (3): 40-41.

[13] 张立文. 哲学创新论. 现代哲学, 2000, (1): 34-39.

[14] 吴甘霖. 生命智慧——活出自己的阳光. 北京: 中国工人出版社, 2003.

[15] 姚全兴. 生命美学. 上海: 上海教育出版社, 2001.

[16] 刘慧. 生命智慧: 培育民族精神的一个"新视点". 当代教育论坛, 2005, (3): 39-41.

[17] 贺来. 辩证法的生命智慧. 长白学刊, 2000, (1): 22-27.

[18] 刘慧. 陶冶生命智慧: 社会转型时期教育的一种价值追求. 北京: 教育科学出版社, 2008.

[19] 姜俊红, 杨树. 将"生命智慧"教育纳入军队院校育人视界. 南京政治学院学报, 2007, (1): 115-118.

[20] 林崇德, 杨治良, 黄希庭. 心理学大辞典. 上海: 上海教育出版社, 2003.

[21] 靖国平. 从狭义智慧教育到广义智慧教育. 河北师范大学学报（教育科学版）, 2003, (3): 48-53.

[22] 斯滕伯格. 超越 IQ——人类智力的三元理论. 上海: 华东师范大学出版社, 2000.

[23] 张旭东. 大学生生命教育模式研究. 北京: 中国科学技术出版社, 2008.

第二章 大学生生命智慧现状调查

生命智慧是如何面对生死的智慧，进一步阐述就是如何不错过此生的生存智慧[1]。由前所述，大学生的生命智慧不仅体现在对生命的认知因素和非认知因素上，还体现在择业、交往、学校、家庭、学习、技能、适应、生理健康和恋爱等方面。本章着重探讨大学生总体生命智慧现状、师范生生命智慧现状、女大学生生命智慧现状及地方普通院校大学生生命智慧现状。

第一节 大学生生命智慧现状

一、研究概述

（一）调查目的与内容

生命教育就是教会学生接受与认识生命的意义，尊重与珍惜生命的价值，热爱与发展每个人独特的生命，并将自己的生命融入社会大潮之中以实现其自身价值的教育[2]。其终极目标是使学生树立积极、健康、正确的生命观，即培养他们的生命智慧。为了有的放矢地实施生命教育，本章探讨大学生总体生命智慧现状及特点。即从整体上看，大学生的生命智慧水平，大学生生命智慧在性别、年级、专业、学校类别、学校所处地域等方面的差异。

（二）研究对象与方法

1. 调查对象

本章从广东省内 9 所高校随机抽取大学生施测，其中涵盖了文、理、工、农等学科。共发放问卷 2150 份，收回有效问卷 1885 份，有效回收率为 87.67%。其中，本科生 1300 人，专科生 585 人；珠三角高校 288 人，粤西高校 1188 人，粤东高校 143 人，粤北高校 266 人。调查对象户籍所在地遍布广东全省范围，具有一定代表性。调查对象的分布情况如表 2-1 所示。

表 2-1　研究对象的基本情况

学校类别	性别	专业	大一/人	大二/人	大三/人	大四/人	合计/人
本科	男生	文法类	10	24	51	24	109
		理工类	42	166	155	103	466
	女生	文法类	78	101	112	69	360
		理工类	32	145	100	88	365
专科	男生	文法类	21	42	40	0	103
		理工类	13	47	13	0	73
	女生	文法类	184	134	21	0	339
		理工类	16	39	15	0	70
合计			396	698	507	284	1885

2. 研究工具

采用自编的"生命智慧问卷"，参见附录一。

3. 施测过程和数据处理

以班级为单位，进行团体施测；问卷的所有数据采用 SPSS 和 AMOS 软件进行处理。

二、结果与分析

（一）大学生生命智慧的描述统计结果

对大学生生命智慧现状从整体上进行描述统计分析，其结果如表 2-2。可以看出，大学生生命智慧的整体水平偏高，其中，技能智慧（F3）的平均数最高，学习智慧（F4）的平均数最低。

表 2-2　大学生生命智慧、挫折感现状的描述统计表

生命智慧	认知	非认知	技能	学习	学校	适应	交往	择业	恋爱	健康	家庭	总量表
M	4.025	3.663	4.323	3.507	3.748	4.168	4.002	3.818	3.917	4.129	4.306	3.964
SD	0.596	0.610	0.609	0.844	0.739	0.600	0.648	0.687	0.664	0.697	0.631	0.460

（二）大学生生命智慧的差异检验结果

1. 大学生生命智慧的性别特点

以性别为分组变量，以生命智慧的各因子为因变量进行独立样本 T 检验，结果见表 2-3。可以看出，男女大学生的生命智慧在非认知因素、技能因素、适应因素、恋爱因素、健康因素和家庭因素 6 个维度上存在极其显著的差异（$P<0.001$）。其中，在非认知因素和恋爱因素方面，男生高于女生；而在技能因素、适应因素、健康因素和家庭因素方面，则是女生高于男生。

表 2-3　大学生生命智慧各因子及总量表得分之间的性别差异比较

项目因子	男		女		T
	M	SD	M	SD	
非认知因素	3.749	0.608	3.606	0.604	5.024***
技能因素	4.232	0.642	4.383	0.579	−5.206***
适应因素	4.093	0.637	4.219	0.568	−4.374***
恋爱因素	3.990	0.666	3.869	0.658	3.891***
健康因素	4.030	0.721	4.194	0.673	−5.029***
家庭因素	4.206	0.655	4.372	0.607	−5.549***
总量表	3.945	0.487	3.977	0.441	−1.453

注：***表示 $P<0.001$

2. 大学生生命智慧的年级特点

（1）本科生生命智慧的年级差异。对本科生生命智慧的年级差异进行单因素方差分析，具体结果见表 2-4。可以看出，本科生在技能、适应、家庭等生命智慧上存在极其显著的差异（$P<0.001$），在生命认知智慧、健康智慧和学校智慧上的差异性也达到极显著水平（$P<0.01$）。而在交往智慧上也存在差异（$P<0.05$）。这些方面的多重范围检验结果显示，在生命认知智慧和学校智慧上，大四学生均比大二、大一学生低；在技能智慧上，大三、大四学生显著低于大一、大二学生；在健康、家庭和适应智慧上，大四学生均显著低于其他三个年级；同时，大三学生的适应智慧也低于大二学生；在交往智慧上，大四学生则低于大二学生。在总量表上，大四学生的生命智慧显著低于其他三个年级。

表 2-4　本科生生命智慧各因子及总量表得分之间的年级差异比较

项目因子	指标	大一	大二	大三	大四	F	多重范围检验
认知因素	M	4.08	4.05	3.98	3.91	3.838**	大四<大二
	SD	0.515	0.547	0.580	0.791		大四<大一
技能因素	M	4.47	4.42	4.30	4.07	22.463***	大四<大三 大四<大二 大四<大一
	SD	0.472	0.561	0.586	0.794		大三<大一 大三<大二
学校因素	M	3.90	3.85	3.74	3.62	7.971**	大四<大一
	SD	0.705	0.700	0.702	0.852		大四<大二
适应因素	M	4.22	4.27	4.13	3.93	18.855***	大四<大三 大四<大二 大四<大一
	SD	0.546	0.522	0.598	0.786		大三<大二
交往因素	M	4.01	4.02	3.98	3.86	3.311*	大四<大二
	SD	0.640	0.612	0.612	0.821		
健康因素	M	4.15	4.15	4.15	3.96	5.338**	大四<大三 大四<大二 大四<大一
	SD	0.668	0.665	0.685	0.851		
家庭因素	M	4.35	4.39	4.32	4.08	14.468***	大四<大三 大四<大二 大四<大一
	SD	0.634	0.560	0.607	0.796		
总量表	M	4.00	4.00	3.96	3.86	5.554**	大四<大三 大四<大二 大四<大一
	SD	0.405	0.422	0.451	0.643		

注：*表示 $P<0.05$，**表示 $P<0.01$，***表示 $P<0.001$

（2）专科生生命智慧的年级差异。对专科生生命智慧的年级差异进行单因素方差分析，具体结果见表 2-5。可以看出，专科生在技能智慧和适应智慧上存在极其显著的年级差异（$P<0.001$）；在生命非认知智慧上也存在极显著的年级差异（$P<0.01$）；在学习、学校和家庭等生命智慧上存在年级差异（$P<0.05$）。在这些方面的多重范围检验结果显示：在生命非认知智慧和学习智慧上，大三学生均显著高于大二和大一学生；而在技能智慧和适应智慧上，则是大一和大二学生显著高于大三学生；在学校智慧上，大二学生显著低于大一学生；在家庭智慧上，大三学生显著低于大一学生。

表 2-5　专科生生命智慧各因子及总量表得分之间的年级差异比较

项目因子	指标	大一	大二	大三	F	多重范围检验
非认知因素	M	3.67	3.61	3.87	6.831**	大二<大三
	SD	0.582	0.608	0.469		大一<大三
技能因素	M	4.44	4.34	4.13	10.432***	大三<大二
	SD	0.520	0.541	0.604		大三<大一
学习因素	M	3.53	3.43	3.76	5.554*	大二<大三
	SD	0.779	0.838	0.836		大一<大三
学校因素	M	3.81	3.62	3.63	4.608*	大二<大一
	SD	0.672	0.751	0.759		
适应因素	M	4.30	4.21	4.03	8.271***	大三<大二
	SD	0.496	0.550	0.500		大三<大一
家庭因素	M	4.41	4.31	4.17	5.724*	大三<大一
	SD	0.518	0.616	0.619		
总量表	M	4.02	3.95	3.96	1.857	
	SD	0.365	0.409	0.400		

注：*表示 $P<0.05$，**表示 $P<0.01$，***表示 $P<0.001$

3. 大学生生命智慧的专业特点

以专业类别（文科与非文科）为分组变量，以生命智慧的各因子为因变量进行独立样本 T 检验，结果见表 2-6。可以看出，文科与非文科生在非认知智慧上存在极其显著的差异（$P<0.001$）；在技能、学校和适应智慧上存在显著差异。文科生在技能智慧和适应智慧上显著高于非文科生，而非文科生的生命非认知智慧和学校智慧则显著高于文科生。

表 2-6　文科生与非文科生的生命智慧各因子及总量表得分之间的差异比较

项目因子	指标	文科生	非文科生	T	比较
非认知因素	M	3.61	3.71	3.608***	文科生<非文科生
	SD	3.607	3.609		
技能因素	M	4.36	4.29	-2.406*	非文科生<文科生
	SD	0.591	0.624		
学校因素	M	3.71	3.79	2.288*	文科生<非文科生
	SD	0.726	0.749		
适应因素	M	4.20	4.14	-2.469*	非文科生<文科生
	SD	0.582	0.614		
总量表	M	3.96	3.97	0.146	
	SD	0.435	0.482		

注：*表示 $P<0.05$，***表示 $P<0.001$

4. 不同类别学校大学生生命智慧的比较

（1）重点大学与非重点大学学生生命智慧比较。在本科大学中，以是否重点为分组变量，以生命智慧的各因子为因变量进行独立样本 T 检验，结果见表 2-7。可以看出，不同类别本科大学生的生命智慧在认知、学校和生理健康三个因素上存在显著的差异。其中在生命认知智慧和生理健康智慧方面，非重点大学学生高于重点大学学生；而在学校因素上，重点大学学生的生命智慧高于非重点大学学生。

表 2-7　重点与非重点大学学生生命智慧各因子及总量表得分之间的差异比较

项目因子	重点大学		非重点大学		T
	M	SD	M	SD	
认知因素	3.914 9	0.616 11	4.027 4	0.615 46	-2.734**
学校因素	3.873 8	0.711 54	3.740 8	0.749 62	2.687**
健康因素	4.023 1	0.723 64	4.133 7	0.717 26	-2.304*
总量表	3.923 9	0.482 35	3.965 9	0.489 46	-1.291

注：*表示 $P<0.05$，**表示 $P<0.01$

（2）珠江三角洲（以下简称珠三角）与非珠三角地区高校学生生命智慧比较。以学校位置（珠三角与非珠三角）为分组变量，以生命智慧的各因子为因变量进行独立样本 T 检验，结果见表 2-8。可以看出，珠三角地区与非珠三角地区大学生的生命智慧在认知、学校和生理健康三个因素上存在极其显著的差异。其中，在生命认知智慧和生理健康智慧水平上，非珠三角地区大学学生高于珠三角地区大学学生；另外，珠三角地区大学学生的学校智慧高于非珠三角地区大学学生。

表 2-8　不同地区大学生生命智慧各因子及总量表得分之间的差异比较

项目因子	珠三角地区		非珠三角地区		T
	M	SD	M	SD	
认知因素	3.914 9	0.616 11	4.044 3	0.590 67	-3.398**
学校因素	3.873 8	0.711 54	3.724 7	0.741 22	3.162**
健康因素	4.023 1	0.723 64	4.147 8	0.690 37	-2.799**
总量表	3.923 9	0.482 35	3.971 3	0.455 82	-1.612

注：**表示 $P<0.01$

三、讨论

（一）大学生生命智慧的现状

从大学生生命智慧得分的均值来看，大学生生命智慧的整体水平较高，其中技能智慧水平最高。学习智慧水平最低。技能智慧水平相对较高，这可能是由于经济社会发展的要求所致。严峻的就业形势和激烈的竞争氛围促使当今大学生的人生哲学向实用主义倾斜，比以往更多地为未来生存而考虑，更加注重技能的培养，尤其是生存技能的训练。学习智慧水平最低，可能是因为在应试教育依然存在的教育背景下，学生因灌输式、填鸭式的教学而造成的被动、机械的学习习惯仍在大学延续。大学的学习方式比较自由，要求学生学会自学，养成良好的学习习惯和摸索适合自己的学习方法。但是许多大学生没有实现良好的过渡。另外，当前大学校园里浮躁的风气及社会上蔓延的"读书无用论"也对大学生的学习产生了消极的影响。如今所谓的"象牙塔"与社会的界线不再明显，在读期间的大学生较以前更多地融入社会，如各种各样的社会实践活动或者尝试小本创业等，其角色的社会化进程提早。

（二）大学生生命智慧的特点

1. 大学生生命智慧的性别特点

大学生生命智慧性别差异的研究表明，男生在恋爱和生命非认知方面的智慧要比女生高，女生在技能、适应、健康和家庭智慧上均比男生高。在传统的婚姻文化中，男性在求偶行为中处于主导地位，无形中男性要习得更高的恋爱智慧以适应生活。生命非认知智慧方面，男生的生命非认知智慧比女生高，如男生的独立性更强、更自信，兴趣更为广泛等。女生的技能智慧高于男生，可能是因为在择业过程中，女生要比男生更难找工作，这种择业中的"性别歧视"现象已由来已久，这也迫使女生较男生更注重自己的专业技能培养和锻炼。家庭因素方面，女生比男生更加擅长并且愿意和亲友进行情感交流。女生比男生掌握更多家庭生活技巧，如做家务、洗衣服等料理自己生活方面的事情，所以在离开家庭的求学生活中，女生的适应能力比男生强。女生因外貌、身材而产生的压力显著高于男生。因而女生更加关心自己的体态问题，注重饮食习惯，关注自身的身体健康，健康智慧高于男生。

2. 大学生生命智慧的年级特点

从生命智慧的年级差异比较可以看出，大四学生的技能、健康、家庭、适应、认知、学校和交往等方面的智慧明显比其他年级低。其中，大四学生前四者的智慧比其他三个年级都低，生命认知智慧和学校智慧比一、二年级低，交往智慧比二年级低。大三学生的技能智慧明显比大一、大二年级学生的低，适应智慧明显比大二学生低。进一步分析说明大学生特定时期的成长经历和发展环境对他们的生命智慧产生了很大的影响[3]。即便是同一个学生，面对同一挫折情境，他在不同的时期、不同的心理状态下感受也是不同的[4]。受金融风暴的影响，大学生就业形势尤为严峻，大四学生面临着巨大的就业压力，无暇关注健康、家庭、技能和认知等方面的问题。高年级学生健康意识较差也可能与学校课程设置有关，调查发现大学三、四年级学生体育锻炼的积极性和自觉性较弱与学校在大三、大四年级不再开设体育课有关[5]。大一新生需要花较多时间适应大学生活，大二学生的适应智慧已经达到较高水平。另外，大三、大四初涉社会，面临着社会角色的转变，从学校到社会，他们需要克服很多困难去适应自己新的身份。大一、大二学生的技能智慧比大三、大四学生高，这是由于学校开展的技能培训活动大多面向低年级学生；另外，低年级学生更积极地通过学生干部职务来锻炼和培养自己的综合技能，大四学生则把更多的精力放在了自身的前途发展上。经过大一适应大学生活后，大二是大学生拓展交际圈，通过各种活动或组织发展自己的人际关系网络的关键时期。大四学生面临着严重的就业压力，有些不良情绪没有办法消解，与家里的矛盾也越来越多，无暇顾及自己的身体，因而健康智慧和家庭智慧都出现了下降趋势。

另外，本章还对专科生的生命智慧的年级差异进行单因素方差分析，其结果与总体的结果相近，总体上表现为：高年级（大三）学生的生命智慧不如低年级学生。

3. 大学生生命智慧的专业特点

对大学生生命智慧的专业差异的研究发现，文科生在技能和适应方面的生命智慧比非文科生高，非文科生则在非认知与学校方面的生命智慧比文科生高。这种现象可能是由于专业本身的差异及不同专业学生的自身人格不同所造成的。人格对社会实践具有双重作用，即职业教育可使个体的人格更符合职业特色，而个体已有的人格特点有促使其选择适宜职业的倾向[6]。一方面，社会要求文科专业的学生多才多艺，拥有多种技能，如音乐、舞蹈、艺术等方面的才能，这也使得文科生多了适应社会的砝码。另一方面，由于学科性质不同，相对而言，非文科专业要求学生更注重理论认知的学习，而文科专业则要求学生进行更多社会实践。同时，文科类的职业前景较非文科类相对要好，这些因素都使得文科生的适应智慧高于非文科生。文科生看事情往往比非文科生更加理想化，这就使得文科生在非认知和学校方面的生命智慧比非文科生低。

4. 不同类别学校大学生生命智慧的比较

（1）重点大学与非重点大学学生的比较。结果表明，在生命认知和健康智慧水平上，非重点大学学生高于重点大学学生；在学校智慧上，重点大学学生高于非重点大学学生。富有生命认知智慧的人，热爱生命，知道成败对人的积极意义，且能从失败中体会丰富的人生[7]。非重点大学学生的生命认知智慧水平比较高，可能是因为他们中的大多数在人生的一个重要转折——高考中遇到了或大或小的挫折，在学习上的坎坷和成败体验是他们人生阅历中的一笔财富。同时，非重点大学一般处于经济欠发达地区，因而环境因素也不能忽视。不过，大部分非重点大学生学生能够在人生的低谷中奋发。富有学校智慧的人，能接纳自己的大学，并认识到成才的关键靠自己而不是学校的知名度[7]。非重点大学学生在遇到挫折时可能更多地归因于自己所在大学的实力，而重点大学学生可能会比较清晰地体会到社会竞争的关键在于自身的实力，并非所处大学的知名度。重点大学学生在自我方面（自我统合、自信心、学习适应、职业适应等）占有优势，一方面来自过去的成长经历和学习锻炼，另一方面也许来自于对当前和未来的心理预期和价值判断，这使得重点大学学生更加坚信自身的成功源于自我努力[8]。生理健康智慧，意味着懂得健康的意义，拥有合理的起居饮食习惯。在重点大学的学生生活中，更多的是成绩、学业方面的，对于健康方面没有非重点大学的学生那么重视[7]。这说明，重点大学学生的健康意识亟待提高。如张宝华等2008年对中山大学学生的研究表明，大学生对健康问题的关注和投入与他们对健康的良好认知不相符合[9]。

（2）珠三角地区学校与非珠三角地区学校的比较。统计分析表明，在生命认知智慧和生理健康智慧水平上，非珠三角地区大学学生高于珠三角地区大学学生；在学校智慧水平上，珠三角地区大学学生高于非珠三角地区大学学生。珠三角地区是广东省的政治经济中心，这在某种程度上决定了它在广东省的文化中心地位。因所处地域不同，文化积淀、经济发展不平衡，在珠三角地区就读的大学生对自己所在高校的评价可能不仅仅出于对学校本身，还无意识地受到大城市圈内与欠发达地区所不同的经济社会文化的影响。而在生命认知智慧和健康智慧上，非珠三角地区的大学生要强于珠三角地区的大学生。这可能反映了非珠三角地区，即经济社会发展欠发达地区，大学生拥有积极的人生态度，热爱生活并勇于在困境中追求上进的精神，以及在物质条件相对落后的情况下，有意识地爱护身体健康的智慧。

四、结论

（1）从整体上看，大学生的生命智慧水平普遍较高，其中技能智慧水平最高，学习智慧水平最低；大学生挫折感的整体水平偏低，介于较少和有时之间，其中大学生的情绪挫折感最强，家庭挫折感最弱。

（2）大学生生命智慧存在性别差异。男生在恋爱智慧和生命非认知方面的智慧要比女生高，在技能、适应、健康和家庭智慧上均比女生低。

（3）大学生生命智慧存在年级差异。高年级学生的生命智慧水平较低年级学生低。

（4）大学生生命智慧存在专业差异。文科生在技能和适应方面的生命智慧比非文科生高，在生命非认知与学校方面的生命智慧比非文科生低。

（5）大学生生命智慧存在学校类别差异。在生命认知智慧和生理健康智慧水平上，非重点大学学生高于重点大学学生；而在学校智慧水平上却低于重点大学学生。

（6）大学生生命智慧存在学校所处地域差异。在生命认知智慧和生理健康智慧水平上，非珠三角地区大学学生高于珠三角地区大学学生；但在学校智慧水平上，又低于珠三角地区大学学生。

第二节　师范生生命智慧现状

一、研究概述

（一）调查目的与内容

随着经济社会利益的重新调整，社会竞争日趋激烈化、价值观念多元化、人际关系复杂化、生活节奏迅速加快，这一切都不同程度地加重了心理发展尚未完全成熟的大学生的心理负担。他们所承受的冲击无疑是巨大的，随之引发的焦虑、抑郁等症状若得不到妥善的疏导，常常会导致自杀、伤害他人等行为，导致严重后果。21世纪的大学生是国家和民族振兴崛起的中坚力量，肩负着全面建设小康社会的重大历史使命，尤其是师范生，肩负未来教师职业所连带的巨大社会责任，他们的生命智慧和抗挫折能力显得更加重要。师范生遭遇的挫折来自生活的方方面面，挫折是客观的，但更是主观的[10]。从挫折情境出现到挫折感产生的过程会受到诸多因素的制约，其中，认知方式和挫折承受力是其核心因素。人的主观意识可调节自己的情绪和行为，面对挫折，我们并非无能为力。生命智慧是生活得更好的智慧，也是应对多方面挫折情境的智慧，它对大学生的抗挫素质具有正向预测作用[11]，对受挫频率具有负向预测作用[12]。培养师范生的生命智慧，是当代师范生心理健康教育的重要工作。

要提高师范生的生命智慧和抗挫折心理能力，首先要了解师范生生命智慧水平和受挫状况及其关系特点[7]。本节旨在调查师范生的生命智慧水平，对师范生生命教育和挫折教育提出建议，有助于针对性地培养师范生的生命智慧，从而增强其排解和调适挫折的能力，使他们愉快地完成大学学业。

（二）研究对象与方法

1. 调查对象

调查对象来自广东省 7 所高校的师范生。共发放问卷 1100 份，收回有效问卷 1012 份，有效回收率为 92.0%。其中，本科生 714 人，专科生 298 人；城镇生源 336 人，农村生源 676 人；大一、大二、大三、大四分别为 308、361、204、139 人；男生 264 名，女生 748 名。以班级为单位随机抽样，样本中的男女比例反映了当前师范院校学生整体的性别比例。

2. 研究工具

采用自编的"生命智慧问卷"，参见附录一。

3. 施测过程和数据处理

以班级为单位，进行团体施测；问卷的所有数据采用 SPSS 和 AMOS 统计软件进行处理。

二、结果与分析

（一）师范生生命智慧的描述统计结果

从表 2-9 可以看出，师范生生命智慧平均水平较高。其中技能智慧水平最高，学习智慧水平最低。

表 2-9　师范生生命智慧水平及挫折频数的描述统计结果

生命智慧	认知	非认知	技能	学习	学校	适应	交往	择业	恋爱	健康	家庭	总分
M	4.05	3.63	4.36	3.52	3.75	4.21	4.03	3.81	3.90	4.18	4.34	3.98
SD	0.58	0.60	0.58	0.82	0.73	0.57	0.64	0.67	0.64	0.67	0.62	0.44

（二）师范生生命智慧差异检验结果

1. 师范生生命智慧的性别特点

由表 2-10 可见，不同性别师范生在非认知智慧、技能智慧、适应智慧、恋爱智慧、健康智慧和家庭智慧上存在显著差异。其中，男生的非认知智慧和恋爱智慧比女生高；女生的技能智慧、适应智慧、健康智慧和家庭智慧比男生高。

表 2-10　不同性别师范生生命智慧各因子及总量表得分之间的差异比较

项目因子	男		女		T
	M	SD	M	SD	
非认知因素	3.79	0.60	3.57	0.59	5.230***
技能因素	4.25	0.61	4.40	0.57	-3.480**
适应因素	4.11	0.60	4.24	0.56	-3.164**
恋爱因素	4.07	0.60	3.84	0.65	5.025***
健康因素	4.07	0.72	4.23	0.65	-3.353**
家庭因素	4.22	0.66	4.38	0.60	-3.404**
总量表	3.99	0.48	3.98	0.43	0.213

注：**表示 $P<0.01$，***表示 $P<0.001$

2. 师范生生命智慧的年级特点

分别对本科师范生、专科师范生生命智慧的年级差异进行单因素方差分析，具体结果见表 2-11、表 2-12。由表 2-11 可知，本科师范生各年级在认知智慧、技能智慧、学习智慧、学校智慧、适应智慧、交往智慧、恋爱智慧、健康智慧和家庭智慧上存在差异。多重范围检验结果显示，在认知智慧、技能智慧、适应智慧、健康智慧和家庭智慧方面，大四学生均显著低于其他三个年级的学生；在学习智慧上，大二学生不及大四学生；在学校智慧上，大四学生低于大三、大一学生，大二学生也低于大一学生；在交往智慧上，大四学生显著低于大二、大一学生；在恋爱智慧上，大一学生不及大三、大二学生。生命智慧总量表得分显示，大四学生的生命智慧显著低于其他三个年级的学生。

表 2-11　本科师范生生命智慧各因子及总量表得分之间的年级差异比较

项目因子	指标	大一	大二	大三	大四	F	多重范围检验
认知因素	M	4.11	4.07	4.08	3.91	3.543*	大四<大三
							大四<大二
	SD	0.52	0.53	0.53	0.80		大四<大一
技能因素	M	4.48	4.45	4.42	4.10	15.061***	大四<大三
							大四<大二
	SD	0.49	0.56	0.51	0.76		大四<大一
学习因素	M	3.52	3.42	3.47	3.64	2.155	大二<大四
	SD	0.75	0.81	0.92	0.86		

续表

项目因子	指标	大一	大二	大三	大四	F	多重范围检验
学校因素	M	3.93	3.76	3.91	3.62	6.671***	大四<大三 大四<大一 大二<大一
	SD	0.65	0.69	0.70	0.85		
适应因素	M	4.31	4.30	4.22	3.94	14.275***	大四<大三 大四<大二 大四<大一
	SD	0.50	0.50	0.54	0.80		
交往因素	M	4.06	4.04	4.01	3.85	3.295*	大四<大二 大四<大一
	SD	0.58	0.61	0.59	0.83		
恋爱因素	M	3.79	3.94	0.96	3.92	3.013*	大一<大三 大二<大三
	SD	0.65	0.62	0.61	0.67		
健康因素	M	4.26	4.19	4.30	4.01	5.115**	大四<大三 大四<大二 大四<大一
	SD	0.59	0.62	0.62	0.86		
家庭因素	M	4.39	4.37	4.42	4.08	8.957***	大四<大三 大四<大二 大四<大一
	SD	0.60	0.59	0.58	0.80		
总量表	M	4.02	3.99	4.02	3.86	4.094**	大四<大三 大四<大二 大四<大一
	SD	0.38	0.39	0.42	0.64		

注：*表示 $P<0.05$，**表示 $P<0.01$，***表示 $P<0.001$

由表 2-12 可知，专科师范生各年级在非认知智慧、技能智慧、学习智慧、适应智慧、家庭智慧上存在差异。多重范围检验结果显示，在非认知智慧方面，大三学生显著高于其他两个年级的学生；在技能智慧方面，大三学生显著低于其他两个年级的学生；在学习智慧上，大三学生高于大二学生；在适应智慧上，大三学生显著低于大一、大二学生；在家庭智慧上，大三学生显著低于大一、大二学生。生命智慧总量表得分不显著。

表 2-12 专科师范生生命智慧各因子及总量表得分之间的年级差异比较

项目因子	指标	大一	大二	大三	F	多重范围检验
非认知因素	M	3.66	3.55	3.90	9.529***	大二<大三 大一<大三
	SD	0.58	0.63	0.46		
技能因素	M	4.39	4.38	4.12	7.286***	大三<大二 大三<大一
	SD	0.50	0.53	0.60		

续表

项目因子	指标	大一	大二	大三	F	多重范围检验
学习因素	M	3.57	3.41	3.79	5.525**	大二<大三
	SD	0.74	0.84	0.83		
适应因素	M	4.19	4.28	4.02	6.606**	大三<大二
	SD	0.50	0.51	0.51		大三<大一
家庭因素	M	4.43	4.41	4.18	5.649**	大三<大二
	SD	0.46	0.55	0.61		大三<大一
总量表	M	3.99	3.97	3.96	0.132	
	SD	0.33	0.44	0.40		

注：**表示 $P<0.01$，***表示 $P<0.001$

三、讨论

（一）师范生生命智慧现状

从生命智慧的均值来看，师范生生命智慧的整体水平较高，其中技能智慧最高，学习智慧最低，与广东大学生整体的生命智慧水平特点一致（参见第一章）。这一方面反映了师范生注重理论联系实际，知道知识要为生活服务，懂得提高自身能力的重要性；另一方面则显示出师范生对于学习智慧的缺乏，知道学习的重要性，却不能形成良好的学习习惯和掌握灵活的学习方法。这中间需要一定的教育指导，以帮助他们把主观能动性"用在刀刃上"。师范生作为未来社会的中坚力量，肩负着教育下一代的使命，良好的学习智慧，应当成为师范生必须掌握的基本能力，这将有利于师范生适应复杂的现代社会。提高学习智慧，对于师范生而言，更重要的是培养自主学习的能力。正如联合国教科文组织 1972 年的《学会生存——教育世界的今天和明天》报告中指出的："未来的学校必须把教育对象变成自己教育自己的主体。"

此外，师范生生命智慧较低的还有择业智慧、学校智慧。要培养师范生的择业智慧，最直接有效的途径之一是对其进行职业生涯规划（occupational career planning）指导。然而，根据李守信的问卷调查[13]，受经济体制和传统用人制度的影响，85.76%的大学生完全没有个人职业生涯规划，甚至不知道什么是职业生涯规划。从周围等对南通工学院大学生的调查中发现[14]，曾经接受过校方（包括中学）生涯规划辅导的学生只有 10.0%，对生涯规划方法和步骤很清楚的学生只占 22.22%。从以上数据我们可以推测，大多数师范生未接受过正规系统的生涯规划指导。师范生的学校智慧较低，表现在许多在校师范生不接纳自己所在学校，认为所在学校不是名牌大学，觉得毕业后没有竞争力；或者对学校的各种管理制度愤而不满。他们普遍不认为"大学改变了我的人生"，更多的是觉得"大学欺骗了我"。谈起学校时感情淡薄，甚至不少学生认为自己与学校"只是一场交易"而已。这不得不引起我们的深思。其原因有主观因素，也有客观因素。现今在校大学生基本都是"80后""90后"，他们个性张扬、敢于抨击制度。不少人喜欢以抨击学校各种制度来赢得他人的认同（甚至不少教师也会以此来博得学生的喜爱），更增强了他们对学校的不认同感。除了学生自身的因素外，学校方面影响学生学校认同感（学校智慧）的因素包括：管理模式、教师（教学方式）、校园环境（校园文化）等。本书认为，学校对学生的管理不应该是冷冰冰的管理与被管理的关系，而应更多地体现"以人为本"的理念，如可让学生参与学校规章制度的制定等。古人云："一日为师，终身为父"，教师的言行将对学生产生深远的影响。但是，现在不少教师把大学中的师生关系过于简单化了，认为仅仅是传授知识，而忽略了对学生人格的培养。2009年中国青年报调查中心通过腾讯教育频道对3129名大学生进行调查，调查显示，40.9%的大学生对当下教师的整体素质"不太满意"，50.4%的人觉得"一般"，仅6.7%的人表示"满意"[15]。此外，应重视校园的文化建设。一所学校可以没有悠久的历史，但不能没有深厚的文化。走进一所充满文化气息的校园和走进一所仅仅是现代钢筋水泥堆砌而成的校园感觉是完全不同的。良好的校园文化，能提升学生对学校的认同感。

（二）师范生生命智慧的特点

1. 师范生生命智慧的性别特点

师范生生命智慧的性别差异比较表明，男生的恋爱智慧和非认知智慧比女生高。究其原因，可能与中国传统的婚姻文化有直接关系，它使女生对自我规范的尺度要高于男生，因而面临的各种压力也大于男生。此外，性别角色的差异致使女生在交往中常常处于被动，然而她们在遇到恋爱问题时却常常无处寻助。当代师范教育应予以她们必要的"爱情培训"，以引导师范女生正确解决与异性交往的问题及增强自我保护意识。男生的非认知智慧比女生高，表现为独立性更强、更自信、更开朗、兴趣更为广泛等。女生的技能智慧、适应智慧、健康智慧和家庭智慧比男生高。这可能是由于职业的刻板印象导致师范女生比男生更重视自身教师技能的培养。健康智慧方面，女生通常比男生更关注健康饮食、关注自身健康，因此健康智慧高于男生。另外，女生比男生更擅长与家庭成员特别是父母进行情感交流，她们与家庭的感情更亲密细腻，也更懂得维护家庭温馨气氛，因此女生的家庭智慧高于男生。

2. 师范生生命智慧的年级特点

对于本科师范生而言，大四学生的认知智慧、技能智慧、适应智慧、健康智慧和家庭智慧显著低于其他三个年级的学生。进一步分析，随着近 20 年来我国高校招生规模不断扩大，大学生就业难的程度也日益增加，师范生也不例外。严峻的就业形势迫使大四的学生无暇关注健康、家庭等问题。另外，大四的学生面临着社会角色的转变，从学校到社会，他们需要克服各种困难。然而许多学生一时间难以适应这种身份和环境转变。低年级学生的技能智慧比大四学生高，可能是由于学校开展的各种技能培训活动大多面向低年级的学生；另外，就业和角色转变等压力使得大四的学生更加清晰地认识到自身的各种不足，总感觉"自己刚毕业，什么都不如别人"。对于专科师范生而言，大三学生所存在的问题和本科大四学生类似，表现为技能智慧、适应智慧和家庭智慧不及低年级的学生。

四、结论

（1）师范生生命智慧平均水平较高。其中技能智慧水平最高，较低的有择业智慧、学校智慧、非认知智慧和学习智慧。

（2）师范生生命智慧存在性别差异和年级差异。女生的非认知智慧和恋爱智慧比男生低，男生的技能智慧、适应智慧、健康智慧和家庭智慧比女生低；高年级师范生的生命智慧比低年级学生低。

第三节　女大学生生命智慧现状

一、研究概述

（一）调查目的与内容

进入 21 世纪以来，大学生自杀和校园暴力事件频发。从表面上看，这些问题行为是大学生无法恰当处理日常生活中面对的压力、挫折的极端表现。事实上，类似事件的发生与他们缺乏良好的抗挫折心理能力和不能正确而有效地使用应对方式密切相关[16]，究其深层次的根源，主要归因于他们缺乏应有的生命智慧及教育对生命关怀的缺失。因此，研究并培养大学生的生命智慧迫在眉睫[17]。从应用价值上来看，本节对于发掘、培养、提升女大学生的生命智慧进而提高生存质量，对于教会大学生适应社会、应对挑战进而健康地成长，对于增强女大学生的抗挫折心理能力、减少自杀现象的发生进而使每一位女大学生都能愉快地入学、成功地就业，都将发挥重要作用。从学术发展的角度来说，研究女大学生的生命智慧现状、特点，可以丰富和发展心理健康教育理论，使之更加完善理论阐释，从而能够更好地为人们认识自我和提升自我服务；同时对于丰富女大学生生命教育提供理论依据。本节对女大学生生命智慧现状及其对挫折感的影响加以分析，帮助她们培养和提升其生命智慧，对促进她们心理健康有着极其重要的现实意义。

（二）研究对象与方法

1. 调查对象

本节从广东省内 9 所高校随机抽取大学生进行施测，其中涵盖了文、理、工、农等学科专业。发放问卷 2000 份，共收回有效问卷 1885 份，有效回收率为 94.3%；其中，女生 1393 人，男生 492 人。

2. 研究工具

采用自编的"生命智慧问卷"，参见附录一。

3. 施测过程和数据处理

以班级为单位，进行团体施测；问卷的所有数据采用 SPSS 和 AMOS 软件进行处理。

二、结果与分析

（一）女大学生生命智慧现状描述性统计结果

对女大学生的生命智慧现状进行描述统计分析，其结果如表 2-13 所示。可以看出，女大学生的生命智慧总体水平较高，其中，技能智慧和家庭智慧最高，学习智慧最低。

表 2-13　女大学生生命智慧现状的描述统计表

生命智慧	认知	非认知	技能	学习	学校	适应	交往	择业	恋爱	健康	家庭	总量表
M	4.024	3.606	4.383	3.519	3.731	4.219	4.017	3.814	3.869	4.194	4.372	3.977
SD	0.573	0.604	0.579	0.809	0.717	0.568	0.641	0.673	0.678	0.673	0.607	0.441

（二）女大学生生命智慧差异检验结果

1. 女本科生生命智慧总体的年级差异

对女本科生生命智慧的年级差异进行单因素方差分析，从表 2-14 的多重范围检验结果可以看出，大四的女本科生的生命智慧水平显著低于其他 3 个年级的女本科生。女专科生生命智慧总体不存在显著的年级。

表 2-14 女本科生生命智慧总量表的年级差异比较

项目因子	指标	大一	大二	大三	大四	F	多重范围检验
	M	4.02	4.01	3.98	3.85		大四<大三
生命智慧总量表						4.635^{**}	大四<大二
	SD	0.383	0.413	0.393	0.649		大四<大一

注：**表示 $P<0.01$

2. 女本科生生命智慧总体的专业类别差异

对女大学生的生命智慧的专业类别特点进行分析，以专业类别（文科与非文科）为分组变量，以生命智慧总体为因变量进行独立样本 T 检验，结果见表 2-15 所示。可以看出，文科女生与非文科女生在生命智慧总体上不存在显著差异。

表 2-15 文科女大学与非文科女大学生的生命智慧总量表得分之间的差异比较

项目因子	指标	非文科生	文科生	T	比较
总量表	M	4.00	3.97	0.941	
	SD	0.466	0.425		

3. 女师范生与女非师范生生生命智慧总体差异

对女大学生的生命智慧的专业性质特点进行分析，以专业性质（师范生与非师范生）为分组变量，以生命智慧总体为因变量进行独立样本 T 检验，结果见表 2-16。可以看出，在女生中，生命智慧总体上不存在师范生与非师范生的显著差异。

表 2-16　女师范生与女非师范生的生命智慧总量表得分之间的差异比较

项目因子	指标	师范生	非师范生	T	比较
总量表	M	3.98	3.97	0.110	P>0.05
	SD	0.425	0.471		

4. 女大学生生命智慧总体的城乡差异比较

对城乡女大学生的生命智慧的特点进行分析,以学生家庭来源(城镇与农村)为分组变量,以生命智慧总体为因变量进行独立样本 T 检验,结果见 2-17 所示。可以看出,来自城镇的女大学生和来自乡村的女大学生在生命智慧水平上没有显著性差异。

表 2-17　女大学生的生命智慧各因子及总量表得分之间的城乡差异比较

项目因子	城镇		乡村		T
	M	SD	M	SD	
总量表	4.00	0.420	3.97	0.454	1.111

5. 重点大学女生与非重点大学女生的生命智慧总体差异比较

在本科女大学生中,以是否重点大学为分组变量,以生命智慧总体为因变量进行独立样本 T 检验,结果见表 2-18 所示。可以看出,重点本科女生与非重点本科女生在生命智慧总体上不存在显著的差异。

表 2-18　重点大学女生与非重点大学女生生命智慧总量表得分间差异比较

项目因子	指标	重点	非重点	T	比较
总量表	M	4.00	3.96	0.849	P>0.05
	SD	0.447	0.474		

6. 女本科生与女专科生生命智慧总体的差异比较

在女生中,以本科和专科为分组变量,以生命智慧总体为因变量进行独立样本 T 检验,结果见表 2-19 所示。可以看出,女本科生和女专科生在生命智慧总体上不存在显著差异。

表 2-19   女本科生与女专科生生命智慧总量表得分间的差异比较

项目因子	指标	本科生	专科生	T	比较
总量表	M	3.97	3.99	−0.902	P>0.05
	SD	0.469	0.387		

7. 职校女生与非职校女生生命智慧总体的差异比较

在专科女生中，以是否职业学校生为分组变量，以生命智慧总体为因变量进行独立样本 T 检验，结果见表 2-20 所示。可以看出，职校女生和非职校女生在生命智慧上不存在显著的差异。

表 2-20   职校女生与非职校女生的生命智慧各因子及总量表得分之间的差异比较

项目因子	指标	职校生	非职校生	T	比较
总量表	M	4.01	3.97	1.070	P>0.05
	SD	0.386	0.452		

三、讨论

（一）女大学生生命智慧的现状讨论

从大学生生命智慧和挫折频数和挫折感的现状的均值来看，大学生生命智慧的整体水平偏高，其中技能智慧的平均数最高，学习智慧的平均数最低。这说明当代大学生生命智慧水平偏高，并突出表现在技能智慧上。学习智慧的水平偏低，说明目前的大学生对于大学中的学习仍没有获得很好的学习方法，许多大学生无法适应大学的教学方式，他们习惯于中学的灌输、接受式的教学，养成了被动、机械的学习习惯。很多大学生不注意用脑卫生，用脑过度，注意力下降，以致学习效率降低、学习成绩下降。高校应当加强对大学生学习观的培养，积极培养大学生的自主学习能力，加强对大学生学习心理的指导，并开展大学生心理咨询工作，帮助大学生解决在学习中产生的心理问题，加强对大学生学习心理的自我教育。

（二）女大学生生命智慧差异检验结果讨论

从生命智慧的年级差异上可以看出，大四女生的生命智慧总体显著低于大一、大二、大三年级女生。这说明了大学生在特定的年龄和生活经验对他们的生命智慧产生了影响。大四年级的女生由于年龄的增长，对自身的发展越来越关注，并面临着就业等现实问题，生活琐事越来越多，感受到的压力也越来越大；有些情绪没有办法消解，与家里的矛盾也越来越多；再加上面对越来越严峻的就业形势，有些大四女生对自己的前途缺乏清醒的认识，对自己所在的学校和所读的专业也越来越不满意。较低年级学生而言，大四女生更加关注自己的职业问题上，更加关注社会适应问题，因而生命智慧出现了下降趋势。大四的学生把更多的精力放在了自身的发展上面，与其他人的交往也就减少了。除年级差异外，文科女大学与非文科女大学生、女师范生与女非师范生生、来自城镇的女大学生和来自乡村的女大学生、重点大学女生与非重点大学女生、女本科生与女专科生、职校女生与非职校女生的生命智慧之间均无显著差异。这说明，在上述 6 个方面，女大学生都表现出了共同的特点。

四、结论

（1）女大学生生命智慧的整体水平较高，其中，技能智慧和家庭智慧最高，学习智慧最低。

（2）女大学生本科生生命智慧总体存在明显的年级差异。

第四节　地方普通院校大学生生命智慧现状

一、研究概述

（一）调查目的与内容

生命智慧就是接受与认识生命的意义、尊重与珍惜生命的价值、适应社会生活、学会如何生存、获得身心的全面发展、实现自我的最大潜能和价值的智慧。张旭东等认为[3]生命智慧品质应包括热爱生命，拥有积极、乐观的生活态度，拥有良好的学习习惯和灵活的学习方法，敢于拼搏，并努力锻炼自身能力，为人宽容，忠于友情，乐于助人，懂得控制情感等，涵盖技能、学习、学校、适应环境、人际交往、择业、恋爱、健康、家庭等方面。目前国内外对大学生生命智慧的研究尚处于起步阶段，大多数学者是从哲学、伦理学、生物学、社会学、教育学的角度进行研究，很少有人从心理学角度对生命智慧问题进行实证研究。

（二）研究对象与方法

1. 调查对象

本节选取地方普通院校学生为被试，共发放问卷 2323 份，回收有效问卷 2091

份，有效率为 90%。其中大一学生 376 名，大二学生 601 名，大三学生 864 名，大四学生 250 名；男生 923 人，女生 1167 人（缺失值 1）；文科生 1044 人，理科生 508 人；其他专业 539 人；独生子女 501 人，非独生子女 1590 人；城镇 857 人，农村 1234 人；师范生 652 人，非师范生 1439 人。

2. 研究工具

采用自编的"生命智慧问卷"，参见附录一。

3. 施测过程和数据处理

以班级为单位进行团体施测；问卷的所有数据采用 SPSS 和 AMOS 软件进行处理。

二、结果与分析

（一）地方普通院校大学生生命智慧描述统计结果

1. 地方普通院校大学生生命智慧水平整体描述统计分析

对地方普通院校大学生生命智慧现状从整体上进行描述统计分析，所得结果如表 2-21 所示。可以看出，地方普通院校大学生生命智慧的总体均值为 104.68，最小值为 50 分，最高得分为 218 分，标准差为 24.309。

表 2-21　地方院校大学生生命智慧总体水平

项目	最小值	最大值	均值	标准差
生命智慧总分	50.00	218.00	104.68	24.309

2. 地方普通院校大学生生命智慧水平的分布情况

根据大学生生命智慧问卷的得分情况，按生命智慧水平将所有被试分为三组：生命智慧水平较弱（总分<106）、生命智慧水平一般（106≤总分<162）和生命智慧水平能力较强（总分≥162）。地方普通院校大学生生命智慧水平的分布情况如表 2-22 所示。

表 2-22　大学生生命智慧水平的分布情况

生命智慧水平	人数／人	百分比／%
较弱	1085	51.89

续表

生命智慧水平	人数/人	百分比/%
一般	981	46.92
较强	25	1.19

可以看出，地方普通院校大学生生命智慧水平较低的有 1085 人，占总体的 51.89%；生命智慧在一般水平的有 981 人，占总体的 46.92%；生命智慧水平较高的有 25 人，占总体的 1.19%。上述结果表明，地方普通院校大学生总体水平较低，处于中等偏下水平。

3. 地方普通院校大学生生命智慧各因子均值比较

将生命智慧的各因子的题目得分加总后，取其平均数，进行以下分析比较。大学生生命智慧各因子具体情况见表 2-23。可以看出，生命非认知智慧水平（$M=33.7795$）均分最高，其次是生命认知智慧水平（$M=12.2310$），而学习智慧水平（$M=4.7312$）均分最低。

表 2-23 地方普通院校大学生生命智慧各因子均值情况

生命智慧	M	SD
生命认知因素	12.23（2.04）	3.481
生命非认知因素	33.78（2.25）	8.950
技能因素	5.60（1.87）	1.911
学习因素	4.73（2.35）	1.691
学校因素	6.73（2.23）	2.232
适应因素	7.79（1.93）	2.498
交往因素	5.99（2.00）	1.983
择业因素	8.72（2.18）	2.838
恋爱因素	6.40（2.13）	2.154
健康因素	5.70（1.90）	2.010
家庭因素	7.02（1.75）	2.683

（二）地方普通院校大学生生命智慧的差异检验结果

1. 地方普通院校大学生生命智慧的性别差异

通过独立样本 T 检验，比较大学生生命智慧的性别差异，结果见表 2-24（不具有显著差异的因子未列入表格中）。可以看出，男女大学生在生命非认知因素、学校因素、择业因素、恋爱因素上存在显著差异，且女生皆明显高于男生。

表2-24　不同性别大学生的生命智慧差异比较（$M\pm SD$）

项目因子	男（$n=923$）	女（$n=1167$）	T
生命非认知因素	32.41±8.89	34.85±8.85	−6.243***
学校因素	6.55±2.26	6.86±2.19	−3.238***
择业因素	8.51±2.87	8.87±2.80	−2.911***
恋爱因素	6.20±2.20	6.54±2.11	−3.541***

注：***表示 $P<0.001$

2. 地方普通院校大学生生命智慧的年级差异

通过单因素方差分析及多重检验，比较不同年级大学生在生命智慧各因子上的差异，结果见表2-25。不具有显著差异的因子未列入表格中。可以看出，地方普通院校大学生生命智慧在学校因素和适应因素上具有显著的年级差异。进一步的多重比较检验显示，大一的学生在学校因素方面明显比大二和大三的低；在适应因素方面，大三学生较大一的高。

表2-25　地方普通院校大学生生命智慧的年级差异比较

项目因子	年级	$M\pm SD$	F	多重范围检验
学校因素	大一	6.34±2.14		
	大二	6.79±2.26	6.064***	大一＜大三
	大三	6.90±2.27		大一＜大二
	大四	6.56±2.11		
适应因素	大一	7.43±2.45		
	大二	7.80±2.61	4.681**	
	大三	7.99±2.45		大一＜大三
	大四	7.67±2.40		

注：**表示 $P<0.01$，***表示 $P<0.001$

3. 地方普通院校独生子女与非独生子女大学生生命智慧的差异

通过独立样本 T 检验，比较地方普通院校大学生生命智慧各因子在独生子女和非独生子女上的差异，结果见表 2-26。不具有显著差异的因子未列入表格中。可以看出，在生命智慧各个因子中，独生子女与非独生子女在适应因素上具有显著差异。独生子女在适应智慧上明显比非独生子女高。

表 2-26 独生子女与非独生子女地方普通院校大学生的生命智慧差异（M±SD）

项目因子	独生子女（n=501）	非独生子女（n=1590）	T
适应因素	8.24±2.81	7.65±2.37	4.232***

注：***表示 P<0.001

4. 地方普通院校大学生生命智慧在师范生与非师范生上的差异

通过独立样本 T 检验，比较地方普通院校大学生生命智慧在是否师范生上的差异，结果见表 2-27（不具有显著差异的因子未列入表格中）。师范生和非师范生在生命智慧的生命非认知因素和学校因素这两个因素上存在显著差异，师范生总分皆明显高于非师范生。

表 2-27 地方普通院校师范生与非师范生生命智慧差异（M±SD）

项目因子	师范生（n=652）	非师范生（n=1439）	T
生命非认知因素	35.13±9.05	33.16±8.84	4.672***
学校因素	6.99±2.37	6.61±2.16	3.517***

注：***表示 P<0.001

三、讨论

（一）地方普通院校大学生生命智慧的现状

根据本结果，地方普通院校大学生生命智慧总体情况处于中等偏低水平，51.89%的大学生具有较低水平的生命智慧。从因子均值来看，生命非认知智慧水平均分最高，其次是生命认知智慧水平，而学习智慧水平最低。与张旭东等[3]在大学生生命智慧与应付方式的关系探讨中发现适应智慧最高，学习智慧最低，存在部分差异。

生命非认知智慧水平得分最高，说明大部分大学生拥有积极、乐观的生活态度，了解自己并能把握自己。多数学生对自己的能力是有信心的，对自身认识和判断有正向的标准。大学生会遇到很多志同道合的人，也会遇到形形色色不同性格、来自不同地方的人，充满新奇刺激。再者，学校组织的丰富多彩的活动，大学学生机构、学生社团等，这都为他们更好地了解自己兴趣，认识自己，拓宽视野，形成良好的生活态度提供了帮助。

而学习智慧水平得分最低，原因可能是大学的学习在学习模式、内容和方法等都与之前初中和高中有很大的差别，多数大学生还未可以真正地学会自主学习，适应大学的学习模式。大学是学生和社会的交接时期，面对市场经济社会，知识经济时代，不知道应该接受哪些资讯或学习什么技能能更有利于就业和服务于社会。再者，由于部分学生学习主动性不高，甚至产生消极的学业情绪，这些都有可能导致大学生形成不良的学习习惯，表现出学习智慧偏低。

（二）地方普通院校大学生生命智慧的特点

1. 地方普通院校大学生生命智慧各因子在性别上的差异

在大学生生命智慧各因子在性别差异研究上发现，男女生在生命非认知因素、学校因素、择业因素、恋爱因素存在差异且男生皆比女生低。之所以出现这种现象，可能与不同性别的心理特点及人们对不同性别的角色期待有关。

相对于生命认知因素而言，生命非认知因素的加强与提高依赖于自我教育和自我形象设计。心理学上有关性别差异的理论认为女大学生心理发育成熟较男大学生早。女生更注重自我教育，自觉性会比男生要高，她们情感细腻，思维具体而细致，会更善于反省、约束和控制自我，因此相比起男生，女生会拥有积极乐观的生活态度，更加了解自己并能把握自己。相对而言，女生的个人距离会比较小，女生喜欢和朋友、闺蜜在一起，大多数女生在情感较为脆弱的时候会产生较强的依赖心理，她们在遭遇恋爱挫折时往往比男性更主动地寻求倾诉渠道，比如向闺蜜倾诉等，以排解压力、痛苦，所以她们的恋爱得分会较男生高。在规划未来就业方面，女生会比男生更早一步规划，开始考虑并规划婚姻和就业的问题，而大多男生对于就业有一定的方向，但可能缺乏详细的规划，因此女生会更懂得为适应职业而调整知识结构及锻炼实践能力。

2. 地方普通院校大学生生命智慧在是否师范生上的差异

师范生与非师范生在生命智慧的生命非认知因素和学校因素上有显著差异，师范生总分皆明显高于非师范生。师范生由于对未来已经有大致的目标——师范方向，因此他们能够着眼于现实的问题，对师范方向的资讯有一定的了解，接受师范教育和自我形象设计，合理地对未来师范道路进行规划。另外，学校会根据师范生技能有针对性地对师范生进行相关的培训，当有了一定的培训和提升之后，相对于非师范生，师范生能够更好地适应社会生活、学会如何生存、获得身心的全面发展、实现自我的最大潜能和价值。这进一步说明师范生更能接纳自己的大学，并认识到成才的关键靠自身能力而不是学校的知名度。

3. 地方普通院校大学生生命智慧在年级上的差异

在生命智慧的年级差异比较可以看出，大一的学校智慧得分明显比大二和大三学生要低；大一学生的适应智慧得分比其他三个年级都低。这说明，大一新生是生命智慧培养的重点对象。大一学生刚进入大学，面对的是一个崭新的学习和生活环境，从单一的为高考学习转变为多样的大学学习。缺乏对本校的了解和认识，加上还没有体验大学学习的任务和有趣，未有深入学习专业知识和技能，使得他们缺乏自信，产生迷茫和抗拒的心理。张丽萍等[17]在大学生生活事件、心理健康与抗挫折心理能力的关系研究中提到，处于心理转折、人格重塑时期的大学生，在充满激烈竞争的校园生活中，在面对贫富差距较大的现实生活里，对自我的认知和评价及对外界周围事物的认识可能会存在偏差。这进一步说明缺乏对学校的了解和认识，使他们难以接纳新学校。加上本书的调查对象大部分来自地方普通院校的学生，有部分学生会认为学校知名度不高对自身成才没有太大帮助，因此会降低对学校的认同感。此外，大学意味着独立，离开父母，甚至离开原先生活的城市，需要重新去适应新环境，对学校认同感不高会降低他们对大学生活的热情与信心。

4. 地方普通院校大学生生命智慧在是否独生子女上的差异

生命智慧在是否独生子女上的差异比较可以看出，独生子女适应能力明显比非独生子女要低。这与以往的对独生子女与非独生子女的研究情况一致，佘丹丹等在独生子女与非独生子女的大学适应性情况调查认为，大学生存在不同程度的适应性问题[18]。而相比起非独生子女，独生子女在家里更少做饭、洗衣服、干家务等，因此当来到大学，离开父母，甚至离开原先生活的城市，需要自己独立生活时，他们就开始感到困难。

四、结论

（1）地方普通院校大学生生命智慧总体水平较低，处于中等偏下水平；其中，生命非认知智慧水平均分最高，学习智慧最低。

（2）地方普通院校大学生的生命智慧存在显著的性别差异、年级差异、独生子女与非独生子女差异、师范生及非师范生的差异。

参 考 文 献

[1] 吴甘霖. 生命智慧——活出自己的阳光. 北京：中国工人出版社，2003.

[2] 张旭东. 大学生生命教育模式研究. 北京：中国科学技术出版社，2008.

[3] 张旭东，陈少珍，李志玲，等. 大学生生命智慧与应付方式的关系探讨. 心理科学，2008，31(3)：725-728.

[4] 车文博. 心理学原理. 哈尔滨：黑龙江人民出版社，1997.

[5] 李晋洲. 高校大学生身体素质发展过程的分析与研究. 淮海工学院学报（自然科学版），2004，13(2)：82-84.

[6] 马建青. 我国大学生心理健康10年研究得失探析. 中国心理卫生杂志，1998，12(1)：57.

[7] 李夏妍，王丹丹，张旭东. 大学生生命智慧与受挫频率的相关研究. 内蒙古民族大学学报（自然科学版），2008，(4)：457-459.

[8] 王滔，张大均，陈建文. 当代大学生心理素质发展特点研究. 心理科学，2003，26(5)：847-850.

[9] 张宝华，黄小华，郑建民. 中山大学学生健康意识状况与体育行为的调查分析. 体育学刊，2008，15(9)：68-70.

[10] 张旭东，车文博. 大学生挫折的成因分析及教育对策. 内蒙古社会科学（汉文版），2001，22(6)：101-104.

[11] 张布和，孙林，张旭东. 大学生生命智慧与心理健康的相关研究. 内蒙古民族大学学报，2008，14(2)：71-72.

[12] 张旭东，张布和，孙林. 大学生生命智慧与抗挫素质的相关研究. 内蒙古民族大学学报，2008，14(2)：69-70.

[13] 李守信. 消除认识误区积极化解大学毕业生"就业难"的讲话. 中国大学生就业，2003，(5)：4.

[14] 周围，李佳，赵霞. 大学生生涯规划的现状调查与干预研究. 黑龙江高教研究，2004，(6)：140.

[15] 肖舒楠. 调查称85%大学生认为教书育人的教师是成功者. 中国青年报，2009-04-14.

[16] 张旭东. 当代大学生心理挫折及调适. 北京：中国科学技术出版社，2002.

[17] 张丽萍，周广亚. 大学生生活事件、心理健康与抗挫折心理能力的关系研究. 心理研究，2012，(2)：67-71.

[18] 佘丹丹，宋少俊. 独生子女与非独生子女的大学适应性情况调查. 医学研究与教育，2011，(4)：41-45.

第三章　大学生生命智慧的影响因素研究

进入 21 世纪以来，大学生自杀和校园暴力事件频发。从表面上看，这些问题行为是大学生无法恰当处理日常生活中面对的压力、挫折的极端表现。事实上，类似事件的发生与他们缺乏良好的抗挫素质和不能正确而有效地使用应付方式密切相关[1]，究其深层次的根源，主要归因于他们缺乏应有的生命智慧及教育对生命关怀的缺失。因此，研究并培养大学生的生命智慧迫在眉睫[2]。

第一节　大学生生命智慧、抗挫折心理能力
与挫折感的关系

一、研究概述

（一）问题提出

近年来，积极心理学成为心理学研究的一个新思潮，与积极心理学理念相契合的抗挫折心理能力也日益受到学者的关注。有关生命智慧研究的发展，为理解抗挫折心理能力与挫折感之间的关系提供了新的研究视角。生命智慧指接受与认识生命的意义，尊重与珍惜生命的价值，适应社会生活，学会如何生存，获得身心的全面发展，实现自我的最大潜能和价值的智慧[3]。已有研究表明，生命智慧与个体的抗挫素质和挫折感都有密切的关系。大学生生命智慧与抗挫素质存在显著的正相关，说明大学生的生命智慧对抗挫素质有重要影响[4]。有人采用问卷法对大学生生命智慧与受挫频率的关系进行了研究，结果表明大学生生命智慧与受挫频率之间存在显著负相关[5]。还有研究表明，大学生生命智慧与挫折感之间存在显著的相关关系，大学生生命智慧对挫折感有重要影响[6]。

在抗挫折心理能力与挫折感的关系中，有一种现象引起了人们的关注，那就是面临同样的挫折事件，有些人产生的挫折感较低，承受和适应挫折的能力强，有些人却无法排解挫折，导致出现心理失常。抗挫折心理能力究竟是如何

在个体面对压力和处于挫折情境时起作用的？本节将深入探讨其中存在的独特心理机制。

基于已有的理论研究，本节假设，抗挫折心理能力在影响挫折感的过程中会受到生命智慧的影响，即生命智慧在抗挫折心理能力对挫折感影响的过程中发挥着部分中介作用。

在假设的基础上，本节通过构建生命智慧在抗挫折心理能力和挫折感之间的中介作用模型，探讨抗挫折心理能力对挫折感影响中可能存在的因素，寻找提高大学生抗挫折心理能力的有效应对措施，同时也为高校的心理咨询、心理健康教育提供理论依据和实践参考。

（二）研究方法

1. 调查对象

本节从全国 42 所高校随机抽取在校大学生进行施测，其中涵盖了文、理、工、农、医等学科专业。共发放问卷 3950 份，收回有效问卷 3181 份，有效率为 80.53%。调查对象分布在我国的东北、华北、西北、华中、华东、西南和华南七大区域，具有一定的代表性。其中，男生 1506 人，女生 1675 人；理工类 1609 人，文法类 1572 人；大一 570 人，大二 1002 人，大三 1270 人，大四 339 人。

2. 研究工具

（1）生命智慧问卷
采用自编的"生命智慧问卷"，参见附录一。
（2）抗挫折心理能力问卷
采用自编的"抗挫折心理能力问卷"，参见附录二。
（3）大学生挫折感问卷
采用自编的"大学生挫折感问卷"，参见附录三。

3. 问卷实施与数据处理

问卷调查采用团体测试形式，所有数据采用 SPSS 和 AMOS 软件进行处理。

二、结果与分析

（一）大学生生命智慧、抗挫折心理能力与挫折感的相关分析

为了探讨大学生生命智慧、抗挫折心理能力与挫折感的关系，对三者进行 *Pearson* 相关分析，其结果见表 3-1。可以看出，抗挫折心理能力与生命智慧存在

显著的正相关（$r=0.841$，$P<0.001$），抗挫折心理能力、生命智慧与挫折感存在显著的负相关（$r=-0.519$，$r=-0.540$，$P<0.001$）。其中抗挫折心理能力各因子与生命智慧存在显著的正相关（$0.419 \leqslant r \leqslant 0.747$，$P<0.001$），抗挫折心理能力各因子与挫折感存在显著的负相关（$-0.168 \leqslant r \leqslant -0.463$，$P<0.001$）。

表 3-1　大学生生命智慧与抗挫折心理能力与挫折感的相关分析

	K1	K2	K3	K4	K5	K6	K7	K8	K9	K10	K	S
K2	0.573	—										
K3	0.511	0.340	—									
K4	0.489	0.287	0.375	—								
K5	0.426	0.506	0.271	0.255	—							
K6	0.422	0.545	0.259	0.256	0.469	—						
K7	0.318	0.548	0.275	0.143	0.459	0.466	—					
K8	0.588	0.684	0.347	0.311	0.496	0.515	0.521	—				
K9	0.471	0.491	0.279	0.281	0.323	0.370	0.310	0.431	—			
K10	0.473	0.566	0.321	0.323	0.371	0.428	0.376	0.537	0.483	—		
K	0.834	0.845	0.544	0.510	0.656	0.679	0.608	0.796	0.602	0.673		
S	0.674	0.747	0.419	0.429	0.535	0.581	0.512	0.690	0.525	0.595	0.841	—
C	-0.442	-0.463	-0.168	-0.226	-0.355	-0.390	-0.323	-0.416	-0.293	-0.315	-0.519	-0.540

注：K代表抗挫折心理能力，S代表生命智慧，C代表挫折感；挫折容忍力（K1），挫折复原力（K2），挫折经验（K3），生涯规划能力（K4），信心（K5），人际交往能力（K6），挫折认知水平（K7），意志品质（K8），心理准备（K9），归因（K10）；下同

（二）大学生生命智慧、抗挫折心理能力与挫折感的逐步多元回归分析

以挫折感为因变量，以生命智慧、抗挫折心理能力为自变量进行逐步多元回归分析。结果见表 3-2。大学生生命智慧、抗挫折心理能力与挫折感的复相关系数 R 分别为0.540、0.553，大于0.3，判断系数 R^2 分别为0.291、0.306，证明它们存在高相关。其中生命智慧和抗挫折心理能力对挫折感具有显著的负向作用，即具有预测作用。标准化回归系数 β 依次为-0.351、-0.224。

表 3-2　大学生生命智慧、抗挫折心理能力与挫折感的回归分析表

因变量	预测变量	R	R^2	ΔR^2	F	B	β	T
挫折感	生命智慧	0.540	0.291	0.291	1306.426***	-0.500	-0.351	-12.865***
	抗挫折心理能力	0.553	0.306	0.306	700.536***	-0.339	-0.224	-8.208***

注：***表示 $P<0.001$

为了进一步探讨生命智慧各因子中哪些因子对挫折感起预测作用,以挫折感为因变量,分别以生命智慧各因子为自变量进行逐步多元回归分析,结果如表3-3所示。大学生生命智慧中非认知因素、家庭因素、适应因素、交往因素、学习因素、学校因素、健康因素进入了回归方程,他们与挫折感的复相关系数R大于0.3,判断系数R^2见表3-3,证明它们存在高相关。其中生命智慧进入回归方程的各因子对挫折感具有显著的预测作用。由β值的大小可知,生命非认知因素对挫折感的影响最大,家庭因素和适应因素对挫折感的影响较大,其他的因子对挫折感的影响相对较弱。

表3-3 大学生生命智慧各因子与挫折感的回归分析表

因变量	预测变量	R	R^2	ΔR^2	F	B	β	T
	生命非认知因素	0.498	0.248	0.248	1050.448***	−19.438	−0.339	−15.881***
	家庭因素	0.539	0.291	0.290	651.967***	−6.592	−0.133	−7.325***
	适应因素	0.554	0.307	0.306	468.775***	−6.213	−0.118	−6.213***
挫折感	交往因素	0.557	0.310	0.309	357.206***	−3.127	−0.066	−3.530***
	学习因素	0.559	0.313	0.312	289.106***	3.292	0.080	4.415***
	学校因素	0.562	0.316	0.315	244.719***	−3.442	−0.071	−3.897***
	健康因素	0.564	0.318	0.317	211.390***	−2.639	−0.052	−2.850**

注:**表示$P<0.01$,***表示$P<0.001$

(三)路径分析

1. 生命智慧的中介效应检验

采用温忠麟等提出的中介效应检验程序进行检验[7]。第一步:分别以挫折感为因变量(y),抗挫折心理能力为自变量(x)进行回归分析;第二步:以生命智慧(m)为因变量,抗挫折心理能力为自变量进行回归分析;第三步:分别以挫折感为因变量(y),抗挫折心理能力和生命智慧为自变量,进行回归分析。由于抗挫折心理能力、生命智慧和挫折感均为连续变量,故检验三步回归均采用linear过程,结果见表3-4。

表3-4 生命智慧中介效应的依次检验

检验程序	标准化回归方程	挫折感	回归系数检验
第一步	$y=-0.593x+4.455$	$SE=0.20$	$t=-30.241$***
第二步	$m=0.803x+0.841$	$SE=0.011$	$t=75.789$***
第三步	$y=-0.486x-0.203m+4.863$	$SE=0.032$	$t=-6.396$***
		$SE=0.032$	$t=-15.34$***

注:***表示$P<0.001$

将所有变量中心化（即均值为零），以抗挫折心理能力为自变量对挫折感进行回归分析，回归方程 F 值显著（$F=914.498$，$P<0.001$），标准回归系数为-0.593（$t=-30.241$，$P<0.001$）。在考虑生命智慧的中介作用后，抗挫折心理能力对挫折感的预测系数由原来的-0.593 下降为-0.486，有明显的减少，但依然显著（$P<0.001$）。说明生命智慧在抗挫折心理能力和挫折感之间存在部分中介效应。

2. 生命智慧在抗挫折心理能力与挫折感之间的中介作用分析

上述相关检验结果表明，抗挫折心理能力与生命智慧相关显著，生命智慧是影响挫折感的主要因素，且由于结构方程模型在模型建构及参数估计上优于线性回归分析，本节尝试使用 AMOS 软件构建抗挫折心理能力以生命智慧为中介影响挫折感的路径模型（n=3181），进一步揭示大学生抗挫折心理能力、生命智慧和挫折感之间的关系。由于中介效应是间接效应，无论变量是否涉及潜变量，都可以用结构方程模型分析中介效应[7]，因此提出假设关系模型，见图 3-1，即假设抗挫折心理能力各维度均可以独立预测生命智慧和挫折感，且抗挫折心理能力还可以通过生命智慧间接预测挫折感。利用 AMOS 结构方程模型对数据与假设模型的拟合程度进行验证。

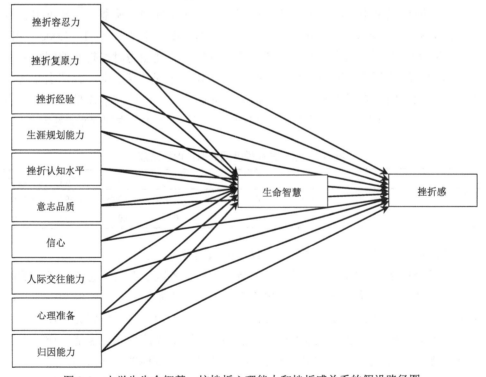

图 3-1　大学生生命智慧、抗挫折心理能力和挫折感关系的假设路径图

根据假设模型,进一步检验生命智慧对抗挫折心理能力与挫折感的中介效应,通过一组模型的比较,寻找最佳拟合模型。在该假设模型基础上,本节采用模型设定策略,即事先设定多个模型进行评价,通过模型比较得到一个可以接受的相对有效模型。本节同时建立两个模型,其中一个为部分中介变量模型,一个为完全中介变量模型,两者的区别主要在于,部分中介变量模型为所有的路径系数设为自由,完全中介变量模型为抗挫折心理能力各因子和挫折感路径系数设为 0。其中模型 1 为修正后的部分中介变量模型,模型 2 为完全中介变量模型。

　　根据侯杰泰等[8]提出的结构方程拟合指标和吴明隆的模型适配度评价指标及其评价标准[9],NNFI、NFI、TLI、CFI、IFI、GFI、AGFI 在 0.90 以上最合适,RMSEA 小于 0.08 最合适,χ^2/df 小于 5 最合适的原则,发现假设模型有多项指标未能达到要求,因此对其进行修订形成模型 1。首先,对假设模型进行检验,然后根据模型拟合输出结果中给出的两两变量之间路径系数的临界比率(即 CR 值)和残差之间两两相关的协方差的临界比率,删除 CR 值小于 1.96(即 $P>0.05$)的路径关系及对挫折感无法预测的路径关系,每删除一条路径后就重新运行一次程序,经过若干次修正,建立了大学生生命智慧、抗挫折心理能力与挫折感的路径模型(标准化路径系数)。模型 1 是抗挫折心理能力与生命智慧对挫折感的关系模型,同时该模型也是部分中介变量模型。从表 3-5 可知,模型 1 对数据拟合较好,拟合指数为 $\chi^2/df=1.290$,RMSEA＝0.010,GFI＝1.000,CFI＝1.000,NFI＝1.000,均达到了可接受的拟合标准,并且抗挫折心理能力对挫折感的间接效应与直接效应均达到了显著性水平,因此,在部分中介变量模型中,存在生命智慧的中介效应作用。为了进一步分析生命智慧的中介效应,建立了模型 2,发现当生命智慧作为一个完全中介变量的时候,模型多项拟合度未达到要求,见表 3-5。

表 3-5　结构方程模型间的拟合指标比较

模型	χ^2	df	χ^2/df	GFI	CFI	NFI	TLI	AGFI	RMSEA
模型 1	5.159	4	1.290	1.000	1.000	1.000	0.999	0.995	0.010
模型 2	100.871	9	11.986	0.994	0.994	0.994	0.959	0.952	0.059

　　通过模型 1 和模型 2 的检验与比较,可知模型 1 更加有效。

　　模型分析结果如图 3-2 所示,抗挫折心理能力各因子对挫折感均有显著的间接效应;并且抗挫折心理能力中的挫折容忍力、挫折复原力、挫折经验、信心、人际交往能力、归因能力对挫折感有直接效应,其他因子对挫折感无直接效应。挫折容忍力、挫折复原力、挫折经验、信心、人际交往能力和归因能力通过生命智慧对挫折感的中介效应占总效应比分别为 28.00%,50.49%,8.46%,29.40%,34.40%,87.50%。抗挫折心理能力对生命智慧有正向的预测作用;抗挫折心理能力通过生命智慧对挫折感有负向的预测作用。其中当挫折经验和归因能力直接影响挫折感时，挫折经验和归因能力对挫折感具有正向预测作用，而当挫折经验和归因能力通过生命智慧影响挫折感时，挫折经验和归因能力对挫折感具有负向预测作用。表3-6呈现的是抗挫折心理能力对挫折感的直接或间接效应值和总效应。

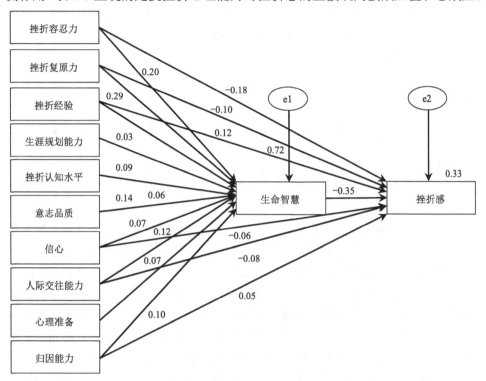

图 3-2 大学生生命智慧、抗挫折心理能力和挫折感关系的路径分析图

表 3-6 抗挫折心理能力对挫折感的直接或间接效应分析表

项目	作用路径直接效应值（β）	间接效应值（β）	总效应（β）
挫折容忍力—挫折感	-0.18***	-0.07***	-0.250***
挫折复原力—挫折感	-0.10***	-0.102***	-0.202***
挫折经验—挫折感	0.12***	-0.011***	-0.131***
生涯规划能力—挫折感	—	-0.032***	-0.032***
信心—挫折感	-0.06**	-0.025***	-0.085***
人际交往能力—挫折感	-0.08***	-0.042***	-0.122***
挫折认知水平—挫折感	—	-0.021***	-0.021***
意志品质—挫折感	—	-0.049***	-0.049***
心理准备—挫折感	—	-0.025***	-0.025***
归因能力—挫折感	0.05**	-0.035***	-0.040***

注：**表示 $P<0.01$，***表示 $P<0.001$

抗挫折心理能力各因子变量能解释生命智慧变异的 71.6%；抗挫折心理能力各因子变量和生命智慧变量联合解释挫折感变异的 32.9%，即模型能解释挫折感32.9%的方差。

以上结果表明，抗挫折心理能力对挫折感有直接的影响，同时，抗挫折心理能力以生命智慧为中介对挫折感有间接影响，该结果支持本节原先的假设。总体上，抗挫折心理能力对挫折感的影响机制是通过以生命智慧为中介对大学生的挫折感产生间接影响。

三、讨论

（一）大学生生命智慧、抗挫折心理能力与挫折感的相关关系

从总体上讲，大学生生命智慧、抗挫折心理能力与挫折感之间存在显著的相关关系，大学生生命智慧在抗挫折心理能力与挫折感的关系中，发挥积极的中介作用。

目前，抗挫折心理能力影响大学生挫折感的研究基本上没有涉及生命智慧在抗挫折心理能力与挫折感间的中介作用，但是有一些研究提供了理论证据：大学生生命智慧与抗挫素质存在显著正相关关系[10]，大学生生命智慧与挫折感之间存在相关关系，生命智慧对挫折感起着重要的作用。本节建立了生命智慧影响挫折感的中介模型，表明抗挫折心理能力以生命智慧为中介对大学生的挫折感产生间接效应。结果表明，大学生抗挫折心理能力除直接影响其挫折感外，还通过生命智慧水平间接影响其挫折感，即抗挫折心理能力通过提升大学生的生命智慧，进而降低大学生的挫折感程度。大学生生命智慧在抗挫折心理能力与挫折感的关系中，发挥积极的中介作用。

研究结果发现，抗挫折心理能力各因子对生命智慧均有正向预测作用；抗挫折心理能力通过生命智慧对挫折感有负向预测作用。抗挫折心理能力越强，个体的生命智慧越高。大学生挫折心理产生的主要原因是个体的种种因素造成的，这些个体因素主要包括个体的生理因素、心理冲突、个性因素、过去经验、挫折容忍力及个体抱负水平等方面[10]。大学生抗挫折心理能力的高低，最直接地反映在大学生应对挫折感上。大学生在挫折的承受力、排解力、生涯规划能力、信心、人际交往能力和归因能力等的增强，必然会促进大学生生命智慧的进一步提高。而生命智慧高的大学生往往更能接受挫折和困难带来的挑战，他们在生活学习中会更加积极主动面对问题，努力解决自己在生活学习中遇到的困难，因此他们的挫折感水平较低。

在抗挫折心理能力对挫折感的直接影响中，挫折经验与挫折感呈现负相关，

在一定的时间段内遭遇的挫折越多会导致挫折感的增强。这与已有研究中挫折经验能使个体更有效地适应环境、应对挫折[11]，挫折经验能使大学生增强挫折容忍力的研究结果有所不同[12]，可能的原因是，个体经历的挫折越多，当抗挫素质不强时，挫折事件引起的挫折感就会越大。经常受挫，加之挫折容忍力低，很容易产生心理障碍[13]。

（二）大学生生命智慧、抗挫折心理能力与挫折感的预测关系

研究发现，无论是对挫折感这样的负性心理体验，还是对生命智慧这样的积极因素，抗挫折心理能力都具有预测作用。这个结果支持了抗挫折心理能力在大学生心理健康中所发挥的重要作用的观点，并且支持生命智慧是抗挫折心理能力对挫折感影响中的独特心理机制的假设。生命智慧中的生命非认知因素、家庭因素、适应因素、交往因素、学习因素、学校因素、健康因素对挫折感具有显著预测作用。研究发现生命智慧不仅可以预测挫折感，而且对挫折感的预测作用具有解释效应。其中，生命非认知因素对挫折感的影响最大，富有生命非认知智慧的人，拥有积极、乐观的态度，了解自己并能把握自己[10]，所以在面对挫折时会产生较弱的挫折感。家庭因素和适应因素对挫折感的影响较大，在家庭因素方面，和睦的家庭氛围、民主的沟通方式及开放式的家庭教育对于大学生的挫折感也起着重要的影响作用；在适应因素方面，敢于拼搏，并努力锻炼自身能力，拥有"如何生存的智慧"。交往因素、学校因素和健康因素对挫折感的影响相对较低，但仍然达到显著水平，在交往因素方面，为人宽容，忠于友情，乐于助人；在学校因素方面，能接纳自己的大学，并认识到成才的关键靠自己而不是学校的知名度；在健康因素方面，懂得健康的意义，拥有合理的起居饮食习惯。由此可见，通过培养生命智慧的上述因素将有助于降低大学生面对挫折时产生的挫折感，个体的挫折感与生命智慧有着密切的关系，这与已有的研究相一致。这个发现不仅支持将生命智慧作为研究挫折感的一个重要组成部分，而且表明生命智慧对于大学生具有重要的价值。当前大学生不珍爱生命的现象时有发生，大学生应对挫折情境的状况并不乐观，因此大学生的生命智慧急需得到教育工作者的高度重视。

（三）大学生生命智慧、抗挫折心理能力与挫折感的中介作用

本节通过构建结构方程模型，揭示了大学生生命智慧在抗挫折心理能力对挫折感影响的过程中发挥着积极的中介作用，大学生抗挫折心理能力除直接影响其挫折感外，还通过生命智慧间接影响其挫折感水平，由此可知抗挫折心理能力可以通过激发个体对生命智慧的感知和利用，间接地影响挫折感，从而影响心理健

康水平。

在构建的结构模型中，本节针对抗挫折心理能力的各个方面对挫折感的不同影响进行了深入探讨。对于大学生来说，抗挫折心理能力中的挫折容忍力、挫折复原力、挫折经验、生涯规划能力、意志品质、信心、人际交往能力、挫折认知水平、心理准备和归因能力均具有不可忽视的作用，但相对而言，挫折容忍力、挫折复原力的作用更为关键，对大学生挫折感的总效应值是最大的（-0.242、-0.187）。这意味着挫折容忍力、挫折复原力在其抗挫折心理能力体系中占有非常重要的地位，能够极显著地影响到大学生的挫折感。另外，与抗挫折心理能力的其他因素相比，挫折容忍力、挫折复原力的积极程度最高，是大学生积极应对方式的重要来源，在促进心理健康方面占有重要的分量，因此挫折容忍力和挫折复原力可以看作大学生的主导性抗挫折心理能力。挫折容忍力是保护个体心理健康的一道防线，挫折容忍力如何，直接关系到个体是否能经得起挫折打击。挫折容忍力较强者，往往挫折反应较轻，受挫折的消极影响少，高挫折容忍力的大学生会比低挫折容忍力的大学生有更建设性的失败反应，而挫折容忍力较弱者，则容易受挫折的消极影响，甚至意志消沉，一蹶不振。复原力对个体的适应水平具有正向预测作用[11]，当大学生遭遇挫折后能够对挫折进行直接的调适，积极改善挫折情境，个体就会具有舒缓压力的意识和行为，从而降低挫折感。复原力在负性生活事件与大学生心理健康间有显著调节作用[12]，即复原力减弱了负性生活事件对于大学生的心理困扰或心理问题的影响，复原力可以作为一种行之有效的资源来协助大学生积极有效应对压力事件，从而使大学生较少受到消极情感困扰，较快从挫折中恢复信心，找回希望，并且能在此基础上进一步发展和完善自我。Friborg 等的研究发现，虽然复原力与压力密切相关，压力是复原力产生并得以发展的先决条件，但高复原力的个体知觉到更少的痛苦和压力[13]，这说明高复原力对处理生活中的压力事件是有所裨益的，复原力能缓解挫折对个体的影响。从干预实践的角度来看，对主导性的挫折容忍力、挫折复原力进行干预有利于提高大学生的对负性生活事件及挫折的应对能力。

在抗挫折心理能力对挫折感影响的过程中，当挫折经验直接影响挫折感时，挫折经验对挫折感具有正向预测作用，即个体的挫折经验越多，个体的挫折感越强。由于没有激活内在的生命智慧，个体在面对接踵而来的挫折时，不会利用已有的挫折经验去战胜挫折，往往不能够正视挫折，从而产生更强的挫折感，不利于个体的心理健康发展。而当挫折经验通过生命智慧影响挫折感时，挫折经验对挫折感具有负向预测作用，也就是挫折经验越丰富，个体的挫折感越弱，证实了由于生命智慧的中介作用，个体的潜能得到了最大的发掘，挫折经验多并没有对个体产生负面的影响，而是起到了降低个体挫折感的积极作用，由此可见，当挫折经验直接影响挫折感时发挥的是消极作用，而挫折经验通过生命智慧影响挫折感时发挥的是积极作用。与挫折经验相似，当归因能力直接影响挫折感时，归因能力对挫折感具有正向预测作用，即个体的归因能力越强，个体的挫折感越强，由于个体没有感知和利用内在的生命智慧，个体在遭受挫折时，不会利用正确的归因方式去战胜挫折，从而产生更强的挫折感。而当归因能力通过生命智慧影响挫折感时，归因能力对挫折感具有负向预测作用，也就是归因能力越强，个体的挫折感越弱。在面对挫折时，由于生命智慧的桥梁作用，个体能够进行正确的归因，从而降低了个体的挫折感。因此，生命智慧在抗挫折心理能力对挫折感影响的过程中发挥着积极的中介作用。

本节探索了生命智慧在抗挫折心理能力和挫折感之间的中介作用，探讨了抗挫折心理能力对挫折感产生影响的独特心理机制，结果支持并拓展了已有研究的发现，即生命智慧是抗挫折心理能力影响大学生挫折感的重要中介因素，揭示了抗挫折心理能力对挫折感影响中存在的因素，为提高大学生抗挫折心理能力提供了新的教育方向。

四、结论

（1）大学生生命智慧、抗挫折心理能力和挫折感两两之间存在显著的相关。

（2）大学生生命智慧、抗挫折心理能力对挫折感具有显著的负向预测作用。

（3）在结构模型中，生命智慧在抗挫折心理能力对挫折感影响的过程中发挥着部分中介作用。其中，挫折容忍力和挫折复原力对挫折感的影响是主导性的，挫折经验和归因能力直接影响挫折感时发挥的是消极作用，而挫折经验和归因能力通过生命智慧影响挫折感时发挥的是积极作用。

第二节　地方普通院校大学生生命智慧的影响因素

一、研究概述

（一）问题提出

适应社会发展和进步是人基本的需要，而心理素质是满足这基本需要必不可少的条件之一，抗挫折心理能力又是我们适应社会十分重要的心理素质。大学生是一个特殊的群体，面对的问题和挫折处境十分复杂，有相当一部分大学生缺乏应有的生命智慧和较强的抗挫折心理素质，不能正确对待问题而选取消极的态度和做法，导致自杀事件频频发生。国内关于大学生自杀的调查显示，大学生的自杀率高于非大学生同龄人，大约是后者的 2～4 倍[14,15]。事实上，类似事件的发生，究其深层次的根源，主要是因为他们缺乏应有的生命智慧和抗挫折心理能力，以及教育对人文关怀的缺失，这需要我们重新审视和深掘能够提高大学生抗挫折心理能力的有效应对措施。生命智慧品质应包括热爱生命，拥有积极、乐观的生活态度，拥有良好的学习习惯和灵活的学习方法，敢于拼搏，并努力锻炼自身能力，为人宽容，忠于友情，乐于助人、懂得控制情感等，涵盖技能、学习、学校、适应环境、人际交往、择业、恋爱、健康、家庭等方面[16]。

挫折感是指个人在目标行为过程中，认识并感受到自己的动机性活动受到阻碍后所引起的心理状态和情绪反应。著名心理学家勒温认为个体的需要若得不到满足，就会出现紧张、焦虑等心理状态，从而使心理失去平稳，产生失败的情绪体验，即挫折感[17]。在抗挫折心理能力与挫折感的关系中，有一种现象引起了人们的关注，那就是面临同样的挫折事件，有些人产生的挫折感较低，承受和适应挫折的能力强，而有些人却无法排解挫折，导致出现心理失常。大学生心理承受力观测值的存在说明，在一定程度上，个人的身心健康状况与外在压力成反比，而与个人的心理承受力成正比，用公式表示就是 $H=R/S$，其中 H 表示身心健康状况，S 表示压力大小，R 表示心理承受力大小。其实，在现实情境中，在大学生个人心理承受力与其承受的压力量及身心健康指标之间并不是简单的函数关系[18]。

近年来有关挫折感和生命智慧的研究，为我们理解抗挫折心理能力提供了新的研究视角。抗挫折心理能力，又称挫折承受力或耐挫能力，是指个体对挫折的可忍耐、可接受程度的大小。也就是人们适应挫折、抵抗和应对挫折的一种能力。挫折容忍力和挫折复原力都是对挫折的适应能力，共同组成为抗挫折心理能力。挫折容忍力和挫折复原力分别表现在挫折适应过程的不同阶段，挫折容忍力是适应的前一阶段，为挫折复原力提供基础，而挫折复原力是适应的后一阶段，是对挫折容忍力的进一步发展。抗挫折心理能力是人格结构中的重要部分，也是人心理生活中最基本的内在品质之一。有研究表明，当挫折压力超过人的承受能力，心理适应会受到威胁，个体的身心健康会遭到损害[19]，而在负性生活事件压力的作用过程中，压力源只起直接的激发作用，人们心理调节能力的高低和优劣决定着应对的质量[20]。人们能够通过一些个性特征表现出个人心理调节能力的，一方面作为一种心理特质包含在个体内在的心理结构中，另一方面抗挫折心理能力也外显地表现在个体挫折应对的心理和行为过程中。

基于已有的理论与研究成果，本节根据心理学的角度研究生命智慧的现状，假设地方普通院校大学生生命智慧在影响挫折感的过程中会受到抗挫折心理能力的影响，即抗挫折心理能力在生命智慧对挫折感影响的过程中发挥着部分中介作用。因此，通过探讨大学生生命智慧现状和对挫折感的影响，对提高大学生抗挫折心理能力显得尤为重要。而且，抗挫折能力是素质教育和生命教育的重要组成部分，有效针对大学生遇到的挫折情景探讨影响大学生挫折感的影响因素，有助于高校教育加强人文关怀，同时为地方高校教育的心理咨询、心理健康教育等提供理论依据及实践参考，营造和谐健康的高校心理环境。

（二）研究方法

1. 调查对象

本节选取地方普通院校学生师为被试，共发放问卷 2323 份，回收有效问卷 2091 份，有效率为 90.0%。其中大一学生 376 名，大二学生 601 名，大三学生 864 名，大四学生 250 名；男生 923 人，女生 1167 人（缺失值 1）；文科生 1044 人，理科生 508 人；其他专业 539 人；独生子女 501 人，非独生子女 1590 人；城镇 857 人，农村 1234 人；师范生 652 人，非师范生 1439 人。

2. 研究工具

（1）生命智慧问卷
采用自编的"生命智慧问卷"，参见附录一。
（2）抗挫折心理能力问卷
采用自编的"抗挫折心理能力问卷"，参见附录二。
（3）大学生挫折感问卷
采用自编的"大学生挫折感问卷"，参见附录三。

3. 施测过程和数据处理

以班级为单位，进行团体施测；所有数据采用 SPSS 和 AMOS 统计软件进行处理。

二、结果与分析

（一）地方普通院校大学生生命智慧、挫折感、抗挫折心理能力的相关分析

1. 地方普通院校大学生生命智慧与挫折感的相关分析

将生命智慧各因子与挫折感各因子作双变量相关分析，结果见表 3-7。可以

看出，生命智慧的生命非认知因素（S2）与挫折感的学习挫折感（C1）、择业挫折感（C9）具有显著正相关关系；挫折感的家庭挫折感（C7）与生命智慧的家庭因素 S11 具有显著正相关关系。

表 3-7　生命智慧和挫折感各因子的相关分析

	S1	S2	S3	S4	S5	S6	S7	S8	S9	S10	S11
C1	0.296**	0.477**	0.186**	0.273**	0.311**	0.261**	0.279**	0.306**	0.269**	0.191**	0.165**
C2	0.319**	0.458**	0.294**	0.205**	0.309**	0.370**	0.391**	0.324**	0.329**	0.280**	0.312**
C3	0.236**	0.290**	0.233**	0.144**	0.216**	0.303**	0.252**	0.219**	0.209**	0.254**	0.286**
C4	0.252**	0.482**	0.178**	0.280**	0.284**	0.235**	0.276**	0.297**	0.252**	0.212**	0.168**
C5	0.287**	0.295**	0.323**	0.034	0.207**	0.401**	0.334**	0.244**	0.231**	0.335**	0.395**
C6	0.284**	0.328**	0.286**	0.074**	0.195**	0.370**	0.328**	0.253**	0.250**	0.296**	0.370**
C7	0.281**	0.275**	0.342**	0.017	0.178**	0.410**	0.347**	0.244**	0.241**	0.352**	0.484**
C8	0.275**	0.417**	0.228**	0.205**	0.346**	0.323**	0.296**	0.299**	0.267**	0.255**	0.272**
C9	0.301**	0.465**	0.219**	0.277**	0.303**	0.302**	0.295**	0.363**	0.262**	0.210**	0.207**

注：**表示 *P*<0.01

2. 地方普通院校大学生生命智慧与抗挫折心理能力的相关分析

将生命智慧各因子与抗挫折心理能力各因子作双变量相关分析，结果见表 3-8。可以看出，抗挫折心理能力的挫折复原力（K2）与生命智慧的生命认知因素（S1）、生命非认知因素（S2）、适应因素（S6）具有显著的正相关关系。抗挫折心理能力的挫折容忍力（K1）与生命智慧的生命非认知因素（S2）具有显著的正相关关系。

表 3-8　生命智慧和抗挫折心理能力各因子的相关分析

	K1	K2	K3	K4	K5	K6	K7	K8	K9	K10
S1	0.529**	0.621**	0.356**	0.322**	0.504**	0.495**	0.474**	0.566**	0.444**	0.490**
S2	0.740**	0.641**	0.415**	0.443**	0.498**	0.504**	0.361**	0.601**	0.494**	0.546**
S3	0.341**	0.604**	0.221**	0.211**	0.495**	0.463**	0.521**	0.539**	0.377**	0.452**
S4	0.455**	0.346**	0.323**	0.450**	0.277**	0.268**	0.177**	0.346**	0.304**	0.406**
S5	0.433**	0.428**	0.260**	0.347**	0.367**	0.414**	0.301**	0.437**	0.346**	0.409**
S6	0.409**	0.598**	0.234**	0.217**	0.484**	0.441**	0.458**	0.531**	0.393**	0.439**
S7	0.443**	0.550**	0.257**	0.252**	0.494**	0.492**	0.395**	0.495**	0.401**	0.410**
S8	0.516**	0.539**	0.337**	0.391**	0.426**	0.420**	0.347**	0.488**	0.410**	0.465**
S9	0.415**	0.488**	0.267**	0.264**	0.358**	0.397**	0.335**	0.425**	0.365**	0.384**
S10	0.282**	0.479**	0.142**	0.170**	0.395**	0.363**	0.369**	0.425**	0.275**	0.332**
S11	0.225**	0.511**	0.114**	0.100**	0.493**	0.449**	0.464**	0.439**	0.278**	0.353**

注：**表示 *P*<0.01

3. 地方普通院校大学生抗挫折心理能力与挫折感的相关分析

将抗挫折心理能力各因子与挫折感各因子作双变量相关分析,结果见表3-9。可以看出,抗挫折心理能力的挫折容忍力(K1)与挫折感的学习挫折感(C1)、择业挫折感(C9)、情绪挫折感(C4)具有显著的负相关;抗挫折心理能力的人际交往能力(K6)与挫折感的人际交往挫折感(C2)具有显著的负相关。相关分析说明,抗挫折心理能力与挫折感具有显著负相关关系,但相关性较弱。这说明地方普通院校大学生抗挫折心理能力越强,他们的挫折感就越低。该结果表明,可以进一步考察抗挫折心理能力和挫折感之间的关系,进行中介作用检验。

表3-9 抗挫折心理能力和挫折感各因子的相关分析

	K1	K2	K3	K4	K5	K6	K7	K8	K9	K10
C1	-0.455**	-0.313**	-0.196**	-0.296**	-0.257**	-0.269**	-0.148**	-0.294**	-0.255**	-0.268**
C2	-0.375**	-0.388**	-0.133**	-0.201**	-0.323**	-0.400**	-0.253**	-0.342**	-0.240**	-0.292**
C3	-0.217**	-0.301**	-0.045*	-0.107**	-0.228**	-0.260**	-0.215**	-0.258**	-0.149**	-0.183**
C4	-0.420**	-0.289**	-0.137**	-0.224**	-0.229**	-0.259**	-0.141**	-0.285**	-0.186**	-0.231**
C5	-0.202**	-0.367**	-0.038	-0.042	-0.345**	-0.349**	-0.318**	-0.342**	-0.165**	-0.202**
C6	-0.257**	-0.349**	-0.062*	-0.086*	-0.299**	-0.292**	-0.269**	-0.309**	-0.201**	-0.200**
C7	-0.194**	-0.380**	-0.031	-0.051*	-0.361**	-0.335**	-0.338**	-0.331**	-0.188**	-0.220**
C8	-0.341**	-0.328**	-0.125**	-0.170**	-0.263**	-0.298**	-0.217**	-0.294**	-0.227**	-0.228**
C9	-0.422**	-0.327**	-0.157**	-0.281**	-0.288**	-0.271**	-0.192**	-0.322**	-0.227**	-0.290**

注:*表示 $P<0.05$,**表示 $P<0.01$

(二)地方普通院校大学生生命智慧、挫折感、抗挫折心理能力的回归分析

1. 地方普通院校大学生生命智慧对挫折感的回归分析

以挫折感总分为因变量,以生命智慧总分及其各维度为自变量,进行逐步回归分析,探索生命智慧对挫折感的预测力。结果见表3-10。可以看出,在生命智慧中,学习因素、生命非认知因素、家庭因素、适应因素、学校因素、交往因素逐层进入回归方程,可有效解释挫折感 32.8%的变异量。生命非认知因素、家庭因素、适应因素、学校因素、交往因素五个因子对挫折感有显著正向预测作用,学习因素对挫折感有显著负相预测作用。

表 3-10 地方普通院校大学生生命智慧对挫折感的逐步回归分析

因变量	预测变量	R	R^2	ΔR^2	F	B	β	T
挫折感总分	方程模型	0.575	0.330	0.328	171.258***	49.518		18.414
	学习因素					-1.909	-0.093	-4.153
	生命非认知因素					1.437	0.371	13.546
	家庭因素					1.822	0.141	6.324
	适应因素					1.825	0.132	5.342
	学校因素					1.072	0.069	3.039
	交往因素					0.887	0.051	2.053

注：***表示 $P<0.001$

2. 地方普通院校大学生抗挫折心理能力对生命智慧的回归分析

以生命智慧总分为因变量，以抗挫折心理能力总分及其各维度为自变量，进行逐步回归分析，探索抗挫折心理能力对生命智慧的预测力。结果见表 3-11。可以看出，在抗挫折心理能力中，抗挫折心理能力总分、挫折复原力、挫折经验、挫折容忍力、挫折认知水平、信心逐层进入回归方程，可有效解释生命智慧 71.5%的变异量。其中抗挫折心理能力总分和挫折复原力两个因子对生命智慧具有显著正向预测作用；挫折经验、挫折容忍力、挫折认知水平、信心对生命智慧具有显著负向预测作用。

表 3-11 地方普通院校大学生抗挫折心理能力对生命智慧的逐步回归分析

因变量	预测变量	R	R^2	ΔR^2	F	B	β	T
生命智慧总分	方程模型	0.846	0.716	0.715	875.769***	13.301		10.065
	抗挫总分					1.093	1.016	18.044
	挫折复原力					0.159	0.037	1.365
	挫折经验					-0.863	-0.061	-4.158
	挫折容忍力					-0.447	-0.136	-4.548
	挫折认知水平					-0.593	-0.049	-2.883
	信心					-0.408	-0.041	-2.184

注：***表示 $P<0.001$

3. 地方普通院校大学生抗挫折心理能力对挫折感的回归分析

以挫折感总分为因变量，以抗挫折心理能力总分及其各维度为自变量，进行逐步回归分析，探索抗挫折心理能力对挫折感的预测力。结果见表 3-12。可以看出，在抗挫折心理能力中，抗挫折心理能力总分、挫折经验、归因能力、人际交往能力、挫折容忍力、挫折复原力逐层进入回归方程，可有效解释挫折感 28.8%的变异量。其中抗挫折心理能力总分、人际交往能力、挫折容忍力、挫折复原力四个因子对挫折感有显著正向预测作用；挫折经验、归因能力两个因子对挫折感有显著负向预测作用。

表 3-12　地方普通院校大学生抗挫折心理能力对挫折感的逐步回归分析

因变量	预测变量	R	R^2	ΔR^2	F	B	β	T
	方程模型	0.539	0.290	0.288	141.922***	50.945		17.139
	抗挫总分					0.540	0.352	3.602
	挫折经验					−3.329	−0.166	−6.931
挫折感总分	归因能力					−0.791	−0.047	−1.687
	人际交往能力					1.275	0.109	3.484
	挫折容忍力					0.681	0.145	3.056
	挫折复原力					0.576	0.094	2.103

注：***表示 $P<0.001$

（三）地方普通院校大学生生命智慧、抗挫折心理能力、挫折感的模型构建

1. 生命智慧的中介作用检验

根据中介效应检验程序[8]，中介变量的定义为：考虑自变量 X 对因变量 Y 的影响，如果 X 通过影响变量 M 来影响 Y，则称 M 为中介变量。因此，本研究分三个步骤对生命智慧的中介作用进行检验。具体步骤：第一步，以抗挫折心理能力作为自变量（x），挫折感作为因变量（y），进行回归分析，检验 c；第二步，以抗挫折心理能力作为自变量（x），生命智慧为因变量（w），进行回归分析，检验 a；第三步，以抗挫折心理能力（x）和生命智慧（w）作为自变量，挫折感作为因变量（y），进行多元回归分析，检验 b 和 c'。具体分析结果见表 3-13，其中的结果为标准化解。可以看出，将所有变量中心化（即均值为零），以抗挫折心理能力作为自变量对挫折感进行回归分析，回归方程 F 值显著（$F=725.143$，$P<0.001$），标准回归系数为 0.508（$t=26.928$，$P<0.001$）。本研究假设中介模型的回归系数 c 显著，可以做 Baron 和 Kenny 的部分中介检验，依次检验系数 a 和 b。通过检验发现，以抗挫折心理能力作为自变量对生命智慧进行回归分析，其回归方程 F 值显著（$F=5028.908$，$P<0.001$），标准回归系数为 0.841（$t=70.915$，$P<0.001$），即回归系数 a 显著，而将自变量与中介变量同时代入回归方程解释因

变量进行第三步检验时，中介变量对因变量的标准回归系数为0.406（$t=12.067$，$P<0.001$），即系数 b 显著。说明抗挫折心理能力对挫折感的影响通过生命智慧的中介作用显著，是通过直接途径和间接途径共同起作用。

表3-13　生命智慧的中介作用分析结果

	标准化回归方程	回归系数检验
第一步	$y=0.508x$	$SE=0.029$，$t=26.928***$
第二步	$w=0.841x$	$SE=0.013$，$t=70.915***$
第三步	$y=0.406w-0.166x$	$SE=0.048$，$t=12.067***$
		$SE=0.052$，$t=4.942***$

注：***表示 $P<0.001$

2. 抗挫折心理能力的中介作用检验

根据上述的中介效应检验程序[21]，本研究分三个步骤对抗挫折心理能力的中介作用进行检验。具体步骤：第一步，以生命智慧作为自变量（x），挫折感作为因变量（y），进行回归分析，检验 c；第二步，以生命智慧作为自变量（x），抗挫折心理能力为因变量（w），进行回归分析，检验 a；第三步，以生命智慧（x）和抗挫折心理能力（w）作为自变量，挫折感作为因变量（y），进行多元回归分析，检验 b 和 c'；具体分析结果见表3-14，其中的结果为标准化解。

表3-14　抗挫折心理能力的中介作用分析结果

	标准化回归方程	回归系数检验
第一步	$y=0.546x$	$SE=0.026$，$t=29.775***$
第二步	$w=0.841x$	$SE=0.011$，$t=70.915***$
第三步	$y=0.166w+0.406x$	$SE=0.052$，$t=4.942***$

注：***表示 $P<0.001$

表3-14说明，将所有变量中心化（即均值为零），以生命智慧作为自变量对挫折感进行回归分析，回归方程 F 值显著（$F=886.571$，$P<0.001$），标准回归系数为0.546（$t=29.7758$，$P<0.001$）。本研究假设中介模型的回归系数 c 显著，可以做 *Baron* 和 *Kenny* 的部分中介检验，依次检验系数 a 和 b。通过检验发现，以生命智慧作为自变量对抗挫折进行回归分析，其回归方程 F 值显著（$F=5028.908$，$P<0.001$），标准回归系数为0.841（$t=70.915$，$P<0.001$），即回归系数 a 显著，而将自变量与中介变量同时代入回归方程解释因变量进行第三步检验时，中介变量对因变量的标准回归系数为0.166（$t=4.942$，$P<0.001$，即系数 b 显著。说明生

命智慧对挫折感的影响通过抗挫折心理能力的中介作用显著，是通过直接途径和间接途径共同起作用。

3. 挫折感的中介作用检验

根据上述的中介效应检验程序[21]，本书分三个步骤对抗挫折心理能力的中介作用进行检验。具体步骤：第一步，以生命智慧作为自变量（x），抗挫折心理能力作为因变量（y），进行回归分析，检验 c；第二步，以生命智慧作为自变量（x），挫折感为因变量（w），进行回归分析，检验 a；第三步，以生命智慧（x）和挫折感（w）作为自变量，抗挫折心理能力作为因变量（y），进行多元回归分析，检验 b 和 c'；具体分析结果见表 3-15，其中的结果为标准化解。

表3-15　挫折感的中介作用分析结果

	标准化回归方程	回归系数检验
第一步	$y=0.841x$	$SE=0.11$，$t=70.915^{***}$
第二步	$w=0.546x$	$SE=0.026$，$t=29.778^{***}$
第三步	$y=0.070w+0.803x$	$SE=0.009$，$t=4.942^{***}$

注：***表示 $P<0.001$

表 3-15 说明，将所有变量中心化（即均值为零），以生命智慧作为自变量对抗挫折心理能力进行回归分析，回归方程 F 值显著（$F=5028.908$，$P<0.001$），标准回归系数为 0.841（$t=70.915$，$P<0.001$）。本书假设中介模型的回归系数 c 显著，可以做 *Baron* 和 *Kenny* 的部分中介检验，依次检验系数 a 和 b。通过检验发现，以生命智慧作为自变量对挫折感进行回归分析，其回归方程 F 值显著（$F=886.571$，$P<0.001$），标准回归系数为 0.546（$t=29.775$，$P<0.001$），即回归系数 a 显著，而将自变量与中介变量同时代入回归方程解释因变量进行第三步检验时，中介变量对因变量的标准回归系数为 0.070（$t=4.942$，$P<0.001$），即系数 b 显著。说明生命智慧对抗挫折心理能力的影响通过抗挫折感的中介作用显著，是通过直接途径和间接途径共同起作用。

4. 生命智慧的 AMOS 结构方程检验

前文运用回归的方法验证了抗挫折心理能力的中介作用，但由于常用的回归方法一次只能处理一组自变量和因变量，对于多组自变量和因变量却无法进行计算，由于需要打破这个限制同时处理多组变量关系，所以本书尝试采用 AMOS 结构方程进一步验证抗挫折心理能力的中介效应，构建抗挫折心理能力、生命智慧和挫折感的结构方程模型，具体结果见表 3-16。

表3-16 抗挫折心理能力作为中介变量的拟合指数

模型	χ^2/df	IFI	TLI	NFI	AGFI	RMSEA
模型修正前	19.216	0.804	0.787	0.795	0.650	0.093
模型修正后	9.529	0.919	0.900	0.911	0.859	0.064

由表3-16可以看出，中介模型修正前的拟合指数 $\chi^2/df=19.216$；RMSEA为0.093接近0.08，IFI、TLI和NFI的指标在0.8左右，AGFI的指标接近0.7，由于模型拟合度还达不到常用模型评价标准，所以根据修正指标对初始结构模型进行进一步修正。修正后的模型拟合指数 $\chi^2/df=9.529$，与之前相比有大幅的降低，RMSEA为0.064，低于0.08，模型拟合可以接受，IFI、TLI和NFI均大于0.9，AGFI大于0.8，说明修正后的模型拟合度较好，在可以接受的范围内。所以本节采用修订后的模型作为中介，抗挫折心理能力的中介作用显著。

从表3-17可以看出，生命智慧对抗挫折心理能力的路径显著，生命智慧对挫折感的路径显著，抗挫折心理能力对挫折感的路径不显著，因此，抗挫折心理能力在生命智慧与挫折感之间起完全中介作用，验证了本节的假设。

表3-17 结构方程模型的路径系数

路径	Estimate	SE	CR	P
抗挫折心理能力←生命智慧	0.920	0.017	29.092	0.000
挫折感←生命智慧	0.547	0.144	7.439	0.000
挫折感←抗挫折心理能力	0.056	0.266	0.783	0.434

三、讨论

（一）生命智慧、抗挫折心理能力与挫折感的相关分析

地方普通院校大学生生命智慧、抗挫折心理能力与挫折感两两相关显著。较高水平的生命智慧与抗挫折心理能力和挫折感具有显著的正相关关系。这说明拥有较强的抗挫折心理能力的大学生，其生命智慧水平也会相应地比较高，面对挫折情景时，能有效降低挫折感。这与以往的研究一致，如卢毅等利用问卷测量法对南昌市5所高校的大学生的调查显示，拥有积极向上的生命价值观的大学生，能够正确面对困难与挫折，乐观面对生活[22]。也就是说，生命智慧水平较高的大学生，能够有效地面对生活中的挫折和困难，积极乐观地生活，实现自身发展的目标。另外，较低水平的生命智慧与挫折感显著正相关，与抗挫折心理能力显著负相关。这说明，地方普通院校大学生较低水平的生命智慧会使其抵抗挫折的能力、态度、人际交往能力、对挫折的认知能力、意志和归因能力均出现明显的下

降。当遭遇失败或挫折情景时，产生的挫折感会显著增强，产生消极的情绪。较低水平的生命智慧会导致各种心理问题和消极行为，抗挫折心理能力也会下降。

因此，地方普通院校有必要重视生命智慧对大学生产生的影响作用，加强大学生生命智慧的培育，特别是生命非认知智慧、适应智慧、学习智慧的培养，引导学生树立正确的生命价值观，培养健康的心理素质。作为大学生，对挫折和困难应采取的积极态度，积极地面对，从逆境和低潮中奋起，吸取教训，发挥聪明才智，启动智慧能量和潜能，取得最后的成功。

（二）地方普通院校大学生生命智慧、抗挫折心理能力、挫折感的回归分析

1. 地方普通院校大学生生命智慧对挫折感的回归分析

回归分析结果显示，生命智慧中生命非认知因素、家庭因素、适应因素、学校因素、交往因素 5 个因子对挫折感有显著正向预测作用，学习因素对挫折感有显著负向预测作用，这 6 个因子可有效解释挫折感 32.8% 的变异量。这提示我们，如果要降低大学生的挫折感，可以从他们的生命非认知因素、家庭、适应、学校、交往 5 个方面着手，且如果他们的学习方面没有太大问题，学习态度良好，就可以预测他们的挫折感较低。

2. 地方普通院校大学生抗挫折心理能力对生命智慧的回归分析

回归分析结果显示，抗挫折心理能力总分和挫折复原力两个因子对生命智慧具有显著正向预测作用；挫折经验、挫折容忍力、挫折认知水平、信心对生命智慧具有显著负向预测作用。6 个因子可有效解释生命智慧 71.5% 的变异量，这可以解释为当个体的抗挫折心理能力总分较高及其中的挫折复原力较好的时候，表明他们的生命智慧较高，进一步说明抗挫折心理能力是心理素质的重要组成部分。个体经历许多的挫折情境及对挫折情境错误的认知，会造成自信心下降等消极情绪，导致生命智慧水平下降，所以假如个体采取积极的应对方式，将有助于其获得更高的生命智慧和生活满意度[13]。

3. 地方普通院校大学生抗挫折心理能力对挫折感的回归分析

回归分析结果显示，在抗挫折心理能力中抗挫折心理能力总分、人际交往能力、挫折容忍力、挫折复原力 4 个因子对挫折感有显著正向预测作用；挫折经验、归因能力 2 个因子对挫折感有显著负向预测作用，6 个因子可有效解释挫折感 28.8% 的变异量。这提示我们可以从培养大学生的人际交往能力入手，高校可以提供相关的人际交往的技巧训练和课程，帮助大学生克服人际交往的心理障碍，在不断

交往中降低他们的挫折感。另外，总结挫折经验和正确归因也是能够降低挫折感的有效途径。

（三）地方普通院校大学生生命智慧、抗挫折心理能力、挫折感的模型分析

以生命智慧为自变量，抗挫折心理能力为中介变量，挫折感为因变量，构建抗挫折心理能力在生命智慧与挫折感之间的中介作用模型。

中介检验结果显示，生命智慧对挫折感的总效应 c 显著（$F=886.571$，$P<0.001$）。依次检验系数 a 和 b。通过检验发现，以生命智慧作为自变量对抗挫折进行回归分析，其回归方程 F 值显著（$F=5028.908$，$P<0.001$），即回归系数 a 显著，而将自变量与中介变量同时代入回归方程解释因变量进行第三步检验时，中介变量对因变量的标准回归系数为 0.166（$t=4.942$，$P<0.001$），即系数 b 显著。说明生命智慧对挫折感的影响通过抗挫折心理能力的中介作用显著，是通过直接途径和间接途径共同起作用。

在 AMOS 分析中，通过构建无中介变量、完全中介变量及部分中介变量三种模型进行对比，最后发现完全中介变量模型比部分中介变量拟合更优，这证实了本节的假设。

结果表明，抗挫折心理能力在生命智慧与挫折感之间的中介效应显著，且是完全中介作用。这给予我们信息是，当个体想要降低挫折感时，可以采取培养抗挫折能力的方法，从而有效地提高大学生生命智慧。

四、结论

（1）地方普通院校大学生生命智慧、挫折感及抗挫折心理能力之间两两相关显著；较高水平的生命智慧与抗挫折心理能力、挫折感具有显著的正相关关系；抗挫折心理能力与挫折感具有显著的负相关。

（2）抗挫折心理能力对生命智慧有显著正向预测作用。

（3）抗挫折心理能力在生命智慧与挫折感之间起完全中介作用。

第三节　高职生生命智慧、抗挫折心理能力与挫折感的关系

高职生较早地面临择业及社会化的问题，现实与理想的矛盾在他们身上表现得更为直接、明显，同时他们受到的教育程度不同，还常常伴随有自卑等负性情

绪体验。高职生所受到的心理问题比大学生严峻，高职生的心理状态表现为学习动机较强，但学习意志力较弱；自我认可度较高，但自我认识较弱；对待他人较友善，但沟通能力较弱；社会定位较理性，但就业信心较弱；异性交往较开放，但责任意识较弱[23]。考虑高职生特殊的社会身份，本书设想，如果能研究影响其挫折感的因素，探寻导致其产生不良情绪反应的根源，这将是高职院校解决此类问题的一大福音。为此，本节探讨高职生生命智慧、抗挫折心理能力与挫折感的关系。

一、研究概述

（一）问题提出

由于高职生身份的特殊性和客观条件限制，他们在承受来自社会人才供求失衡状况、家庭期望值太高或经济困难、校内的学习、考证与各种社会工作竞争、自身期望值过高或自我肯定不足所带来的心理压力时，比一般大学生更难以适从，表现出种种不安和焦虑[24]。目前，很多研究都表明高职生的抗挫折能力比大学生的弱，他们受到的挫折相对较多，主要是由于家庭和社会的压力，以及本身的价值观和生活观等问题引起的。"生命智慧对受挫频率的相关研究"已提出了生命智慧对受挫频率有着显著的预测作用[25]，这也是对于生命智慧如何影响挫折感的前沿研究。受挫频率在一定程度上反映了挫折感的高低，受挫次数越多，挫折感就越高。也就是说，生命智慧和挫折感之间也存在着密切的关系。

在"大学生生命智慧与抗挫素质的相关研究"中提出的大学生生命智慧与抗挫素质之间存在着密切关系[5]，以及在"大学生抗挫折素质问题研究"中提出的生命智慧是抗挫素质影响大学生适应的中介因素[10]，说明生命智慧对抗挫折心理能力效应显著，这些都证明了生命智慧的预测性和效标性。

生命智慧会不会是通过某一个变量的间接效应来增强它的预测性呢？既然生命智慧会对挫折感产生影响，而生命智慧又会对抗挫折心理能力产生影响，那么有没有存在一种可能，使得抗挫折心理能力成为生命智慧影响挫折感的中介因素呢？又考虑到抗挫折心理能力的宽泛性和研究对象的特殊性，我们提出高职生可能会因为接触空间的狭隘，会因为认知上的缺陷，而使得抗挫折心理能力中的某个维度成为中介变量的假设。

已有研究涉及生命智慧与抗挫折心理能力、受挫频率的关系，但对其影响机制却很少研究。这方面的研究能为社会提供了另一个方向去了解高职生的心理问题，为他们及时指导和教育高职生做一个参考。因此，我们提出以下假设：抗挫折能力或其中的某个维度是高职生生命智慧影响挫折感的中介变量。

（二）研究方法

1. 调查对象

随机抽取 8 所学校三个年级的高职生进行问卷调查，共获得有效问卷 997 份。其中男生 411 人，女生 586 人；来自城镇的高职生 281 人，乡村的 716 人；独生子女 85 人，非独生子女 912 人；一年级 559 人，二年级 423 人，三年级 15 人。

2. 研究工具

（1）生命智慧问卷
采用自编的"生命智慧问卷"，参见附录一。
（2）抗挫折心理能力问卷
采用自编的"抗挫折心理能力问卷"，参见附录二。
（3）大学生挫折感问卷
采用自编的"大学生挫折感问卷"，参见附录三。

3. 施测过程与统计分析

对抽取的高职生群体以班级为单位施测；所得数据用 EXCEL 建立数据库，采用 SPSS 统计软件进行处理。

二、结果与分析

（一）描述统计分析

表 3-18 列出了高职生抗挫折心理能力、生命智慧、挫折感在不同性别、不同家庭、是否独生子女等变量上的平均数、标准差。

表 3-18　性别、家庭来源、独生子女各个变量的平均数、标准差

变量	性别		家庭来源		独生子女	
	男	女	城镇	乡村	独生	非独生
生命认知	23.83±3.70	24.00±3.70	23.01±3.77	23.01±3.77	23.01±3.77	23.98±3.69
生命非认知	57.78±8.76	56.23±8.73	56.33±8.81	57.22±8.77	56.33±8.81	57.22±8.77
生命行为	115.44±14.60	114.33±14.22	110.39±14.58	115.41±14.37	110.39±14.58	115.41±14.37
抗挫折能力总分	200.55±15.93	196.91±13.86	197.49±15.21	199.66±15.18	197.47±14.67	199.20±15.26
挫折感总分	132.40±41.93	129.23±37.07	128.92±36.97	131.95±41.13	124.98±33.06	131.67±40.56
生命智慧总分	197.09±24.86	194.72±24.58	194.78±24.26	196.64±24.95	189.73±24.92	196.71±24.68

独立样本 *T* 检验表明,在性别上,男生的抗挫折能力总分(*t* =3.75, *P* < 0.001)、生命非认知因素(*t* =2.77, *P* =0.006)显著高于女生。而在生命智慧总分(*t* =1.49, *P* =0.14)、挫折感总分(*t* =1.23, *P* =0.22)、生命认知(*t* =−0.70, *P* =0.49)、生命行为(*t* =1.19, *P* =0.23)男女均没有显著差异;对于独生子女,非独生子女在生命智慧(*t* =−2.49, *P* =0.01),生命认知(*t* =2.31, *P* =0.02)、生命行为(*t* =−3.08, *P* =0.002)上显著高于独生子女。而在抗挫折能力(*t* =−1.00, *P* =0.32)、生命非认知(*t* =−0.89, *P* =0.37)这两个变量上并没有显著差异;在家庭来源上,来自乡村的高职生在抗挫折能力总分(*t* =−2.04, *P* =0.04)显著高于城镇的高职生,但在生命智慧(*t* =−1.07, *P* =0.29)、挫折感(*t* =−1.08, *P* =0.28)、生命认知(*t* =−0.29, *P* =0.77)、生命非认知(*t* =−0.65, *P* =0.52)、生命行为(*t* =−1.63, *P* =0.11)上并没有显著差异。

(二)各变量之间的相关分析

为了探讨高职生生命智慧、抗挫折心理能力及挫折感这三者之间的关系,采用相关分析的方法分别对高职生的生命智慧(包括各维度)、抗挫折心理能力和挫折感(包括各因子)进行两两相关分析,结果表明,生命智慧的三个维度——生命认知、生命非认知、生命行为与抗挫折心理能力显著相关,但却与挫折感总分均不相关。抗挫折心理能力与挫折感相关不显著,但挫折感与抗挫折心理能力的其中一个因子——挫折经验显著相关。生命智慧三个维度与生命智慧总分两两相关显著(表3-19)。

表3-19　高职生的生命智慧、抗挫折心理能力和挫折感的相关矩阵

项目	生命认知	生命非认知	生命行为	挫折经验	抗挫折能力总分	挫折感总分	生命智慧总分
生命认知	1.00	—	—	—	—	—	—
生命非认知	0.635**	1.00	—	—	—	—	—
生命行为	0.710**	0.769**	1.00	—	—	—	—
挫折经验	0.243**	0.268**	0.269**	1.00	—	—	—
抗挫折能力总分	0.642**	0.741**	0.724**	0.521**	1.00	—	—
挫折感总分	0.047	0.031	0.043	−0.073*	0.012	1.00	—
生命智慧总分	0.788**	0.896**	0.962**	0.289**	0.597**	−0.44	1.00

注:*表示 *P* <0.05,**表示 *P* <0.01

(三)抗挫折心理能力对挫折感的预测分析

以抗挫折心理能力总分及其各因子分为预测变量,以挫折感为因变量进行逐

步多元回归分析，结果发现只有挫折经验进入回归方程（表3-20）。

表3-20　挫折感的回归分析

变量	第一步		
	B	SE	β
挫折经验	-2.656	1.158	-0.073
R^2		0.005	
F		5.259*	

注：*表示 $P<0.05$

（四）高职生生命智慧对挫折感影响中介变量分析

采用结构方程建模分析生命智慧对挫折感的影响，并检验挫折经验在其中的作用。通过一组模型的比较，寻找最佳拟合模型。本节拟建立以挫折经验为中介的模型。

该模型拟合度良好：CMIN＝1.102，GFI＝1.000，AGFI＝0.998，NFI＝0.999，CFI＝1.000，RMSEA＝0.000。各个路径系数的 P 值都能达到显著性水平，也就是说，该路径图是正确的。从图上可以看出，生命智慧三个维度的变量都通过挫折经验间接影响挫折感，而不存在对挫折感的直接影响。所以，挫折经验是生命智慧对挫折感影响过程中的中介因素。除此之外，还能得出另外一些信息：生命非认知因素对挫折经验效应显著，影响最大。而生命认知因素对挫折经验的影响最小，只是边缘性显著。挫折经验与挫折感的负相关也再次验证了先前的结论。

三、讨论

（一）生命智慧总分（包括三个维度）与其他变量的关系以及挫折经验的预测作用

已有研究表明，大学生生命智慧与抗挫素质存在显著的正相关；生命智慧总分、生命非认知智慧、家庭智慧和择业智慧对抗挫素质起显著的正向预测作用[25]；大学生生命智慧与受挫频率之间存在显著的负相关；生命非认知智慧、适应智慧、交往智慧对受挫频率有预测作用[5]。对于高职生，是否存在这些关系？由本书可知，高职生生命智慧与抗挫折心理能力存在显著相关，而生命智慧、抗挫折心理能力与挫折感却没有明显的负相关，但挫折感与抗挫折能力中的一个因子——挫折经验有明显的负相关。对挫折感的多元逐步回归分析也发现挫折经验能够预测挫折感，既能够建立挫折经验与挫折感的回归方程。抗挫折心理能力与挫折感不相关，这已经初步说明我们的假设一是不能成立的。这有可能是因为抗挫折心理能力在各维度上并没有反映出高职生的真实素质。可以说，高职生的抗挫折心理能力相对集中地投射在个人的生活学习中，高职的生活经历在某种程度上是他们挫折经验的来源。而生命智慧与挫折感的不相关则反映出高职生与本科生实质上的区别：高职生的人生观、价值观存在偏差，无法积极地与外间世界事物进行互动，过多地封闭自我，不愿把自己暴露在偌大的空间领域里。但是，他们的内心却是极度渴望关爱，所以也蕴藏着一些非认知的心理因素把挫折经验向挫折感低的方向不断推进。

（二）挫折经验成为生命智慧影响挫折感的中介变量的分析

高职院校的学生大多是高考成绩落后者，其学习能力、意志力等与普通高校本科生是有区别的。据调查，60%的学生认为自己文化基础差，成绩欠佳，只能就读职业院校。再加上大部分学生对高职教育的内涵了解不清，认为这种教育是低层次教育，社会地位低，求职竞争力差。有的学生是由于自身的原因，如经济困难、生理缺陷、家庭关系不和等导致的自卑而心情沮丧、情绪低落。高职高专学生论理论水平不及本科生；论实践能力不及技校生。理想与现实的落差，决定了他们面临的挫折更多。许多学生把希望寄托在"专升本"上，但艰难的专升本考试、昂贵的专升本学费仍然困扰着他们，以致举步维艰[26]。这些都是高职生所要面对的挫折经验。

挫折经验之所以成为生命智慧影响挫折感的中介因素，很大程度上是因为高职生特殊的社会身份。高职生所承受的压力远远大于本科生，这种压力并不是单一地只是由以往的精神创伤引起的，接连不断的困难和残酷的现实所带来的打击与冷漠更让他们失去同龄人所应持有的朝气与活力。来自四面八方的挫折经验使他们不堪重负，加重了他们的心理挫折感。

他们的人生价值观在某种程度上存在一定的偏差，表现在非认知的因素上。高职生的成就动机、求知欲望、学习热情、自信心、自尊心、好胜心、责任感、义务感、荣誉感、自制性、坚持性，独立性等方面都明显地比本科院校的学生匮乏，这是有主客观原因的。高职生接触的空间比本科生狭隘很多，这势必会禁锢他们的认知领域。再加上竞争日益激烈的社会总是给他们灌输高职比不上本科院校的理念，他们渐渐对自身的存在是否有意义都产生了怀疑，这是很严重的一种心理障碍。淡薄的生命情感与生命意志是他们遇到挫折经验时经常会错误归因的根本原因。而匮乏的积极生命意识一旦陷入挫折经验的罅隙，挫折感就会更加猖狂地滋长。挫折经验使他们体会到更多更强烈的挫折感。

因此，教师、父母、政府应从以下四个方面解决存在于高职生身上的问题。

①重视高职生的生命教育，帮助学生主动去认识自我，进而尊重自己、热爱自己。培养社会能力，提升与他人和谐相处的能力。认识生存环境，了解人与环境生命共同体的关系。协助学生探索生命的意义，提升对生命的尊重与关怀，使他们能意识到生命的价值，进一步增强他们的生命智慧水平。②扩大高职生的知识范围，在教学过程中注重实践与理论相结合，逐步提高高职生的抗挫折心理能力，拓宽他们认识世界的视野，使他们形成正确的人生观价值观。③关注高职生思想动态变化，了解他们的心理过程，用心理辅导或心理咨询等方式减轻他们精神上的压力，削弱挫折经验的作用，从而让他们健康快乐地成长。④作为高职生的父母应用赏识教育对待自己的孩子，减少他们直面挫折的机会，使他们能以乐观积极的态度面对社会上的竞争。

四、结论

（1）抗挫折能力在性别和家庭来源上存在显著差异，高职院校的男生比女生、乡村的孩子比城镇的孩子表现出更强的抗挫能力。

（2）生命智慧和抗挫能力与挫折感的相关关系在高职生身上并没有体现出来，但生命智慧和抗挫折能力是密切相关的。

（3）挫折经验能预测挫折感，成为生命智慧影响挫折感的中介变量。

参 考 文 献

[1] 张旭东. 当代大学生心理挫折及调适. 北京：中国科学技术出版社，2002.

[2] 张旭东. 生命智慧与人的抗挫素质培养——大学生生命教育课程体系建构与实施研究. 南京：南京师范大学博士后出站报告.2006.

[3] 陈建文，王滔. 关于大学生心理承受力的几个基本问题. 现代教育学，2004，(4)：72-74.

[4] 张布和，孙林，张旭东. 大学生生命智慧与心理健康的相关研究. 内蒙古民族大学学报，2008，(3)：71-72.

[5] 李夏妍，王丹丹，张旭东. 大学生生命智慧与受挫频率的相关研究. 内蒙古民族大学学报，2008，(7)：457-459.

[6] 张旭东. 大学生抗挫折心理能力状况调查报告. 武汉：武汉大学出版社，2013.

[7] 温忠麟，张雷，候泰杰，等. 中介效应检验程序及其应用. 心理学报，2004，36(5)：614-620.

[8] 侯杰泰，温忠麟，成子娟. 结构方程模型及其应用. 北京：教育科学出版社，2004.

[9] 吴明隆. 结构方程模型—AMOS 的操作与应用. 重庆：重庆大学出版社，2010.

[10] 张旭东，张布和，孙林. 大学生生命智慧与抗挫素质的相关研究. 内蒙古民族大学学报，2008，(2)：69-70.

[11] 但俊辰. 大学生复原力与适应状况的关系研究. 中国健康心理学杂志，2010，(7)：869-872.

[12] 王秀希，许峰. 复原力在大学生负性生活事件与心理健康间作用机制的探讨. 教育与教学研究，2010，(9)：59-61.

[13] Friborg O，Hjemdal O，Rosenvinge J H. Resilience as a moderator of pain and stress.Journal of Psychosomatic Research，2006，61，213-219.

[14] 刘华山. "高校学生自杀状况及干预对策" 课题. 第十届全国心理学学术大会，2005.

[15] 马艳玲. 关于大学生自杀的调查分析及启示. 山东省青年管理干部学院学报，2004，(1)：32-33.

[16] 张旭东. 大学生生命智慧与应付方式的关系探讨. 心理科学，2008，(3)：725-728.

[17] 时蓉华. 现代社会心理学. 上海：华东师范大学出版社，2001.

[18] 陈建文，王滔. 关于大学生心理承受力的几个基本问题. 现代教育科学，2004，(4)：72-74.

[19] Manne S L，Taylor K L，Dougherty J，et al. Supportive and negative responses in the partner relationship：Their association with psychological adjustment among individuals with cancer. Journal of Behavioral Medicine，1997，20(4)：101-125.

[20] Manne S. Intrusive thoughts and psychological distress among cancer patients： The role of spouse avoidance and criticism. Journal of Consulting and Clinical Psychology，1999，67(1)：539-546.

[21] 温忠麟，侯杰泰，张雷. 调节效应与中介效应的比较和应用. 心理学报，2005，(2)：268-274.

[22] 卢毅,蒋意春. 大学生生命价值观分析与加强生命教育对策研究.宜春学院学报,2009,(12)：27-29.

[23] 颜苏勤. 高职生心理现状特点分析与对策. 上海商学院学报，2010，11(3)：69-72.

[24] 任彤. 浅谈如何利用心理学正确面对挫折. 网络财富，2010，6(3)：113.

[25] 潘登斌. 浅谈高职生的心理压力及缓解对策. 广西青年干部学院学报，2002，12(2)：44-45.

[26] 王红时. 高职院校应关注学生抗挫折能力的培养. 成都中医药大学学报，2006,8(2)：63-64.

第四章　大学生生命智慧的相关研究

随着我国改革开放进程的不断深入，人们的生活节奏逐渐加快，各种压力也随之而来，这些压力已严重影响了人们的生活质量。如何让自己的生命更有价值，自然而然成了人们提高生活质量的主题。大学生是我国的特殊群体，既受学业压力的影响，又受到来自社会、学校、家庭、交往、恋爱等压力。在这多重的压力之下，他们的心理承受能力已经超负荷。有些学生受不了压力的折磨，选择了自杀来求解脱，严重影响了大学生的生活质量。本章着重探讨大学生生命智慧与自杀意念、自杀态度、应对方式、应对性质和心理健康之间的关系。

第一节　粤西大学生生命智慧现状及其对自杀意念影响研究

一、研究概述

（一）研究目的与内容

2005 年 10 月在华东师范大学举行的第十届全国心理学学术大会上，刘华山教授的统计数字显示，国内大学生自杀率大约在十万分之二到四之间[1]。大学生自杀现象已引起了社会人士的普遍关注，其自杀率是同龄人群的 2～4 倍[2]，它给社会、家庭和个人带来的后果和创伤十分惨痛。大学生为何在人生的黄金时期选择自杀来结束自己的生命，这是个需要全社会重视并亟待解决的严肃课题。自杀是一种有意地杀死自己的行为。通常把自杀分为 3 种情况：成功自杀（自杀已遂）、自杀未遂、自杀意念[3]。其中，自杀意念是自杀企图的游离因子[4]。自杀意念并不一定导致自杀行为，但有研究发现自杀的想法是自杀行动最为敏感的预测因素，它是导致自杀行为发生的心理过程的主要环节和必然阶段[5]。因此，了解自杀意念的影响因素，对于自杀行为的预防，具有重要的现实意义。

近几年来，随着生命教育的提出，生命智慧越来越受到人们的重视。但我国尚未推出"生命教育"课程，只是在公共基础课马克思主义哲学中涉及了人生观和价值观的内容。但由于其过于抽象化和理想化，再加上学生对公共基础课的普遍忽视，所以并未真正地影响大学生。目前极少院校开设生命伦理学课程，虽也涉及生死的问题，但更多的是侧重医学高科技对生死传统理念的挑战，而对生命观的引导较少[6]。生命教育重在让学生拥有生命智慧。生命智慧是接受与认识生命的意义，尊重与珍惜生命的价值，适应社会生活，学会如何生存，获得身心的全面发展，实现自我的最大潜能和价值的智慧[7]。

本节旨在从心理学角度来研究粤西大学生的生命智慧现状，以及自杀意念与生命智慧之间的深层关系，为大学生自杀预防工作和生命教育工作提供一定的理论依据。大学生为什么要自杀呢？究其深层次的根源，主要归因于他们缺乏应有的生命智慧及教育中对生命关怀的缺失[8]。因此，研究大学生的生命智慧，对于自杀意念的减少和自杀行为的预防，具有重要现实意义。

（二）研究对象与方法

1. 调查对象

随机抽取湛江师范学院、广东海洋大学与广东医学院 3 所本科高校，以及湛江师范学院基础教育学院与湛江现代科技职业学院等多所职业院校的学生为被试。收回有效问卷 974 份。被试涵盖了文、理、工、农、医等专业。调查对象如表 4-1 所示。

表 4-1 研究对象的基本情况

学校类别	性别	大一	大二	大三	大四	合计
本科	男生	50	46	53	32	181
	女生	70	130	75	125	400
高职	男生	27	40	73	—	140
	女生	101	20	132	—	253
合计		248	236	333	157	974

2. 研究工具

（1）生命智慧问卷

采用自编的"生命智慧问卷"，参见附录一。特别提示：在本研究中，1 表示很符合，以此类推，5 表示很不符合，得分越高，智慧水平越低。

（2）自杀意念自评量表

本量表（SIOSS）由夏朝云等编制[9]，由 26 个项目组成，包括 4 个因子，即绝望因子、乐观因子、睡眠因子和掩饰因子。自杀意念总分由前 3 个因子分相加，条目均以"是"或"否"记分，得分越高，则自杀意念越强。该量表的重侧信度为 0.86，内部一致性系数为 0.79，分半信度为 0.824。研究证实该量表有较高的信度和效度。

3. 数据处理

以班级、宿舍为单位团体施测；采用 SPSS 软件进行统计分析，对资料进行描述性统计、T 检验、方差分析、相关分析与多元逐步回归分析。

二、结果与分析

（一）粤西大学生生命智慧的描述性统计结果

从表 4-2 可以看出，粤西大学生生命智慧的整体水平偏高，其中技能智慧及家庭智慧的平均数最低，说明智慧水平最高；学习智慧的平均数最高，说明智慧水平最低。

表 4-2　粤西大学生生命智慧现状的描述统计表

项目因子	M	SD
生命认知因素	1.94	0.57
生命非认知因素	2.35	0.62
技能因素	1.60	0.58
学习因素	2.50	0.88
学校因素	2.15	0.74
适应因素	1.72	0.54
交往因素	1.99	0.68
择业因素	2.15	0.71
恋爱因素	2.10	0.69
健康因素	1.72	0.64
家庭因素	1.60	0.60
总量表	2.05	0.44

从表 4-3 可以看出，粤西大学生自杀意念的整体水平较低，其中乐观因子（Z2）得分最低，绝望因子（Z1）得分最高。

表4-3 粤西大学生自杀意念现状的描述统计表

自杀意念指标	绝望因子	乐观因子	睡眠因子	总量表
M	0.32	0.02	0.31	0.22
SD	0.22	0.06	0.24	0.13

（二）粤西大学生生命智慧的差异检验结果

1. 粤西大学生生命智慧的家庭来源特点

由表4-4可知，城镇大学生生命智慧在生命认知因素、学校因素、健康因素上显著低于农村学生。

表4-4 不同家庭来源学生生命智慧的差异比较（$M\pm SD$）

项目因子	城镇	农村	T
生命认知因素	2.01±0.57	1.89±0.55	3.30***
学校因素	2.22±0.76	2.11±0.72	2.302**
健康因素	1.78±0.67	1.69±0.62	2.22**

注：**表示 $P<0.01$，***表示 $P<0.001$

2. 粤西大学生生命智慧的性别特点

由表4-5可以看出，女生的生命智慧在技能因素、适应因素、交往因素和家庭因素上显著大于男生，而男生的生命智慧水平在生命非认知因素上显著大于女生。

表4-5 不同性别粤西大学生生命智慧的差异比较（$M\pm SD$）

项目因子	男	女	T
生命非认知因素	2.23±0.61	2.41±0.61	-4.420**
技能因素	1.72±0.61	1.55±0.55	4.369**
适应因素	1.84±0.59	1.66±0.51	4.799**
交往因素	2.09±0.70	1.95±0.66	3.030**
家庭因素	1.68±0.65	1.55±0.56	3.029**

注：**表示 $P<0.01$

3. 粤西大学生生命智慧的年级特点

由表4-6可以看出，粤西大学生的生命智慧在生命认知因素、生命非认知因素、适应因素、家庭因素方面存在显著差异。在生命认知因素中，大四学生的生命智慧显著低于大一、大二、大三的学生。在生命非认知因素中，大四学生的生命智慧显著低于大二和大三的学生，大一学生的生命智慧显著低于大二学生。在适应因素中，大三学生的生命智慧显著低于大二和大一的学生。在家庭因素中，大二学生的生命智慧显著高于大四和大一的学生。

表 4-6 粤西大学生生命智慧的年级差异比较（$M \pm SD$）

项目因子	大四	大三	大二	大一	F	多重范围检验
生命认知因素	2.08±0.54	1.95±0.56	1.89±0.56	1.88±0.58	5.148**	大三<大四* 大二<大四** 大一<大四***
生命非认知因素	2.45±0.60	2.32±0.59	2.29±0.64	2.40±0.63	2.811*	大三<大四* 大二<大四** 大二<大一*
适应因素	1.73±0.48	1.80±0.57	1.65±0.52	1.66±0.55	5.171**	大二<大三** 大一<大三**
家庭因素	1.69±0.64	1.59±0.55	1.50±0.50	1.64±0.70	3.598*	大二<大四* 大二<大一*

注：*表示 $P<0.05$，**表示 $P<0.01$，***表示 $P<0.001$

4. 粤西独生大学生与非独生大学生生命智慧的特点

从表 4-7 可以看出，独生与非独生学生的生命智慧在生命非认知因素、择业因素、健康因素上存在显著差异，非独生子女的生命智慧在生命非认知因素和择业因素上显著地低于独生子女的，但在健康因素上就高于独生子女。

表 4-7 独生子女与非独生子女生命智慧的差异比较（$M \pm SD$）

项目因子	独生	非独生	T
生命非认知因素	2.16±0.57	2.37±0.62	-3.300**
择业因素	2.01±0.65	2.17±0.71	-2.067*
健康因素	1.88±0.69	1.71±0.63	2.531*

注：*表示 $P<0.05$，**表示 $P<0.01$

5. 粤西大学生生命智慧的专业特点

从表 4-8 可知，粤西不同专业的大学生生命智慧在技能因素、适应因素、健康因素方面存在非常显著差异；在学校因素及家庭因素存在显著性差异。从这些因素的多重范围检测所显示的结果可以看出：在技能因素方面，其他专业学生的生命智慧最低；而学校因素中，工科专业学生的生命智慧却是最高的；农科专业学生在适应因素、健康因素和家庭因素中的生命智慧都是最低的；同时在适应因素方面，工科专业学生的生命智慧显著高于农科、医科、理科和其他科的学生。

表 4-8　粤西大学生生命智慧的专业差异比较（$M \pm SD$）

项目因子	专业	M	SD	F	多重范围检验
F3 技能因素	理	1.62	0.59	3.120**	
	文	1.55	0.55		理<其他**
	工	1.59	0.59		文<其他**
	农	1.83	0.51		工<其他**
	医	1.66	0.57		医<其他*
	其他	1.87	0.68		文<医*
F5 学校因素	理	2.17	0.78	2.390*	
	文	2.19	0.73		
	工	1.95	0.64		工<理*
	农	2.00	0.42		工<文**
	医	2.11	0.72		工<其他**
	其他	2.33	0.83		
F6 适应因素	理	1.73	0.52	4.244**	理<农**
	文	1.69	0.54		文<农**
	工	1.59	0.50		工<农**
	农	2.46	0.33		医<农**
	医	1.79	0.57		其他<农**
	其他	1.79	0.62		工<医**
					工<理*
					工<其他*
F10 健康因素	理	1.66	0.61	4.149**	理<农**
	文	1.72	0.62		文<农**
	工	1.67	0.64		工<农**
	农	2.72	0.71		医<农**
	医	1.81	0.69		其他<农**
	其他	1.77	0.73		理<医*
F11 家庭因素	理	1.62	0.62	3.009*	
	文	1.57	0.56		理<农**
	工	1.56	0.59		文<农**
	农	2.46	1.12		工<农**
	医	1.63	0.62		医<农**
	其他	1.57	0.54		其他<农**

注：*表示 $P<0.05$，**表示 $P<0.01$

（三）粤西大学生生命智慧与自杀意念的关系分析结果

1. 粤西大学生生命智慧与自杀意念关系的相关分析

由表 4-9 可以看出，粤西大学生生命智慧及其各因子与自杀意念多个因子存在显著的相关。生命智慧与自杀意念相关较高，生命智慧各因子与自杀意念各因子均存在显著的正相关。其中生命智慧各因子均与自杀意念的绝望因子存在非常显著的正相关，生命智慧中的非认知因素与绝望因子和自杀意念总分的相关最高。

表 4-9 粤西大学生生命智慧各因子与自杀意念各因子之间的相关分析

项目因子	绝望因子	乐观因子	睡眠因子	自杀意念
生命认知因素	0.288**	0.0799*	0.085**	0.229**
生命非认知因素	0.440**	0.006	0.154**	0.346**
技能因素	0.203**	0.145**	0.060	0.176**
学习因素	0.186**	−0.006	0.024	0.119**
学校因素	0.237**	0.063*	0.047	0.174**
适应因素	0.271**	0.122**	0.106**	0.239**
交往因素	0.206**	0.067*	0.052	0.160**
择业因素	0.262**	0.009	0.101**	0.213**
恋爱因素	0.181**	0.011	0.064*	0.144**
健康因素	0.149**	0.114**	0.042	0.129**
家庭因素	0.266**	0.136**	0.038	0.197**
生命智慧总分	0.420**	0.077*	0.131**	0.332**

注：*表示 $P<0.05$，**表示 $P<0.01$

2. 粤西大学生生命智慧与自杀意念关系的回归分析

为了进一步了解粤西大学生生命智慧中的哪些因子对自杀意念产生影响，本节以大学生自杀意念的各个因子为因变量，以大学生生命智慧各个因子为预测量进行多元回归分析，结果如表 4-10 所示。从得到的对应相关系数的检验值可以看出，生命智慧与自杀意念之间的相关存在着显著性的意义。

从总体上看，生命智慧总分、生命认知因素、生命非认知因素对自杀意念有预测作用，它们的复相关系数为 0.963，判断系数为 0.908，证明它们存在高相关。大学生生命非认知智慧和家庭、适应、交往智慧是绝望因子的有效预测变量；粤西大学生的技能因素、家庭因素、生命非认知因素、适应因素对乐观因子有预测作用。而在睡眠因子上，只有生命非认知因素对其有预测作用。

表4-10 粤西大学生生命智慧与自杀意念各维度的多元回归分析

因变量	预测变量	R	R^2	F	B	β	T
绝望	方程模型	0.466[d]	0.217	233.773***	−0.110		−3.900***
	生命非认知因素				0.147	0.406	11.638***
	家庭因素				0.042	0.112	3.485**
	适应因素				0.044	0.107	3.207
	交往因素				−0.031	−0.095	−2.691
乐观	方程模型	0.200[d]	0.040	21.003***	−0.007		−0.795
	技能因素				0.012	0.112	3.103**
	家庭因素				0.110	0.110	3.110**
	生命非认知因素				−0.011	−0.103	−2.864**
	适应因素				0.009	0.004	2.033*
睡眠	方程模型	0.154[a]	0.024	23.708***	0.171		5.702***
	生命非认知因素				0.060	0.154	4.869***
自杀意念	方程模型	0.963[c]	0.908	8.523***	0.102		5.834***
	生命智慧总分				0.999	1.181	46.023***
	生命认知因素				−0.076	−0.115	−8.075***
	生命非认知因素				−0.104	−0.172	−7.904***

注：*表示 $P<0.05$，**表示 $P<0.01$，***表示 $P<0.001$

三、讨论

（一）粤西大学生生命智慧的现状

1. 粤西大学生生命智慧和自杀意念的整体水平

分析表4-2、表4-3可知，从生命智慧的均值来看，粤西大学生生命智慧的整体水平偏高，其中技能智慧及家庭智慧最高，学校智慧最低。这说明大部分粤西大学生都懂得运用大学里的资源锻炼自身能力，能坦然处理大学里不尽如人意的事情。同时也说明了大部分粤西大学生是在民主的家庭中成长，能与父母很好地沟通。一方面是因为现代的大学生注重技能锻炼，他们认为利用学校的资源来提升自己的能力是非常重要的。特别是高职院校，更加注重技能的培养，他们更倾向于学得一技之长，以便以后更容易找工作。另一方面是随着生活水平的提高，父母文化程度的逐渐提高，粤西大学生的家庭教育更加民主，从而拉近了他们与父母的距离，沟通也变得更容易。但是，粤西大学生的学习智慧较低，这与粤西学校的知名度有关，很多粤西大学生都不能接纳自己的学校。粤西高校相对于珠三角地区的高校来说，知名度不高，竞争力小于其他发达地区的重点学校。因此，粤西大学生认为自己所在的大学不尽如人意，他们无法排除学校知名度影响就业的观念，自己实际上付出的努力也不够。这也是因为在就业面试中，很多面试官都是根据毕业院校对毕业产生第一印象，这大大地影响了粤西大学生的就业门槛。

粤西大学生自杀意念的整体水平较低，其中乐观因子得分最低，绝望因子得分最高。这说明粤西大学生总体的自杀意念较弱，有自杀念头的人只是较少数，大部分大学生对待生活还是持乐观的态度。但是，粤西大学生普遍还是存在不自信的现象，有时甚至会感到悲观失望。一方面，粤西地区竞争力相对较小，没有发达地区的竞争来得激烈。粤西大学生的心态较好，没有太多的压力，因此自杀意念也相对较弱，基本上对生命保持一种乐观的态度。另一方面，由于粤西的经济发展水平还赶不上很多发达地区，粤西的学校也相对落后一点，这使得粤西的大学生容易产生自卑感，对自己的能力不够自信，看待事物也变得比较悲观。

2. 粤西大学生生命智慧的家庭来源特点

根据表 4-4 可知，城镇与农村的大学生生命智慧在生命认知因素、学校因素、健康因素上存在显著差异，并且城镇学生的智慧水平都低于农村学生。农村学生生活比较艰苦，更容易认识到生命的可贵，他们会更热爱生命，热爱生活，因此，他们的生命认知智慧水平较城镇学生高。同时，由于农村学生的生活水平相对较低，对学校的要求也相对较低，上了大学之后，他们对学校的满足感比城镇学生强，因此，农村学生的学校智慧水平也比城镇学生高。此外，农村的学生懂得吃苦耐劳，起居饮食习惯也显得更加有规律和节制，因此，在健康智慧上，农村学生的智慧水平也比城镇学生的高。

3. 粤西大学生生命智慧的性别特点

从表 4-5 可以看出，女生的生命智慧在技能因素、适应因素、交往因素和家庭因素上显著高于男生，而男生的生命智慧在生命非认知因素上显著高于女生。在技能因素、适应因素和家庭因素上，男女生之间的差异研究结果与前人的研究结果相同[10]。这可能是由于传统性别角色的差异及人们对不同性别的期望值不同所致。男生在家里较少做家务活，因此到了大学之后，独立生活时会遇到更多的困难。在家里，男生的情感不易外露，与父母的情感交流也较少。上了大学之后，男生与父母的沟通会变得更少。这些差异也可能与男生在家庭、适应上的压力感较强有关[11]。在技能上，粤西学校的女生更擅长利用学校资源来培养自己的技能，这也跟大部分师范生都是女生有关，她们的技能掌握得比男生要好。在交往上，女生的语言表达通常比男生要好，交往技巧也比男生多，因此，女生比男生更善于交往。在生命非认知智慧上，由于男女生的性格差异，男生更加开朗外向，做事较积极，而女生相对内敛，显得更加感性，容易情绪化。因此男生比女生更拥有积极、乐观的生活态度，能够更好地了解自己并把握自己。

4. 粤西大学生生命智慧的年级特点

由表 4-6 可以看出，粤西大学生的生命智慧在生命认知因素、生命非认知因素、适应因素、家庭因素中存在显著差异。其中，大四学生的生命认知智慧显著低于大一、大二、大三的学生；在生命非认知因素中，大四学生的智慧显著低于大二和大三的学生，大一学生的智慧显著低于大二学生；大三学生的适应因素智慧显著低于大二和大一的学生；大二学生的家庭智慧因素显著高于大四和大一的学生。大四的学生因为经历了更多挫折，并且面临着就业的抉择，对自我认识会出现暂时的混乱。特别是在金融危机的影响下，大学生就业变得更加困难，大四学生的压力会变得更大。因此，大四学生对生活的积极、乐观态度会变弱，对自我的认识也出现混乱，把成功看得过重，在生命认知智慧和生命非认知智慧上反而比低年级的学生还低。在家庭智慧上，大二的学生经过大一的懵懂时期，对学校各方面的环境变得更加适应，也更能理解父母的心思，因此与父母的沟通相对于大一的学生会显得更深入。而大四的学生即将踏入社会，即将要脱离父母的照顾，自己独立生活，因此，他们与父母的沟通也会比大二的学生要少。在适应智慧上，大三的学生反而低于大一和大二的学生，这说明低年级的学生适应能力比大三学生的要强。这可能由于大一、大二的学生刚进入大学，对很多事物都存在着好奇心和激情，更乐于去调整自己和锻炼自己。而大三的学生对学校已有足够多的了解，对很多事物也开始缺乏激情，因此对很多事物便不会积极地去探索和追求了。

5. 粤西大学生独生子女与非独生子女生命智慧的特点

从表 4-7 中可以看出，粤西大学生的生命智慧在生命非认知因素、择业因素、健康因素上存在显著差异，非独生子女的生命非认知智慧和择业智慧显著低于独生子女，但在健康智慧上就高于独生子女。这可能是由于家庭的差异，非独生子女受到的关注比独生子女少，受到的挫折比独生子女多，因此独生子女更持有积极、乐观的生活态度，也拥有更具弹性的择业心态，他们的生命非认知智慧和择业智慧水平更高。同时，非独生子女的承受能力较独生子女强，在生活上的自理能力更强，具有更加合理的起居饮食习惯，生理健康智慧高于独生子女。

6. 粤西大学生生命智慧的专业特点

从结果分析可知，粤西不同专业的大学生生命智慧在技能因素、适应因素、健康因素、学校因素及家庭因素上存在显著的差异。其中工科专业学生的学校智慧是最高的；农科专业学生的适应智慧、健康智慧和家庭智慧都是最低的；工科专业学生的适应智慧显著高于农科、医科、理科和其他科的学生。这和不同专业学生在思考问题上的广度、深度有关，且不同专业涉及的生命智慧教育也会有不同的倾向。工科学生能够更理性地对待生命的相关问题，而且工科学生的就业范围较广，技能性较强，在对学校的满意度上相对较高。因此，他们的学校智慧和适应智慧水平较高。而文科学生则会较感性，情绪化的情况较多，所以其生命智慧水平较理工科学生低。农科学生涉及的多是农业方面知识，就业前景相对较差，与他人的交往过少，自我表现能力较差，对于生理健康方面的知识也较少，其适应智慧、健康智慧和家庭智慧水平较低。

（二）粤西大学生生命智慧与自杀意念的关系

（1）粤西大学生的自杀意念与生命智慧存在非常显著的正相关，说明了大学生的生命智慧显著影响其自杀意念的水平。富有生命智慧的粤西大学生面对压力和挫折时产生的自杀意念较弱，反之，缺乏生命智慧的粤西大学生产生的自杀意念较强。作为大学生，当面对压力和挫折时，应该是乐观积极地面对，从逆境和低潮中奋起，发挥聪明才智，启动智慧潜能，善于总结失败教训，才能取得最后的成功。如果他们采取的态度是怨天尤人，消极悲观，把事物看得过于糟糕，最终就会导致出现自杀的念头。研究进一步发现，生命智慧总分、生命认知因素和生命非认知因素是自杀意念最重要的预测因子，并且生命认知和生命非认知智慧对自杀意念起显著的负向预测作用，说明了生命认知智慧和生命非认知智慧低的大学生面对压力时多采取自杀的方式来解脱痛苦。有些大学生把"求知、求偶、求事业"作为大学阶段要完成的使命。找到恋人、找到一份好的工作等每一件眼前能把握的事情都成了大学生活的全部，一旦受挫，就什么意义都找不到了。这主要是因为他们的人生观、价值观等方面存在着缺陷。生命认知智慧和生命非认知智慧高的大学生则能够积极看待挫折和压力，具有较正确的人生观和价值观，能够热爱和珍惜生命，较少产生自杀的念头。价值观念、人生态度与自杀有密切的关系，它是决定自杀行为的重要思想基础。对生命的认知、已有的价值观念和人生态度既可以成为自杀的原因，也可以成为抗自杀的资源。可见，要降低自杀意念首先必须从提高他们的生命智慧水平入手，进而增强他们的抗挫素质。从研究结果中可以发现，培养生命非认知智慧最有利于降低自杀意念。相对于其他方面的生命智慧来说，生命非认知智慧的加强与提高更多地依赖于自我教育和自我形象设计。因为生命非认知智慧培养的主动权主要由学生自己操纵，同时它又较少依赖于客体条件。因此，教师应当鼓励学生自我教育。从整体来说，培养大学生各方面的生命智慧都有助于减少其面对挫折时产生的自杀意念倾向，促进其心理健康的发展。

（2）生命智慧各个因子都与绝望因子存在非常显著的正相关，生命智慧高的大学生对生活的绝望感低。这表明培育大学生的生命智慧有助于降低大学生在面对压力时产生的绝望感。从回归分析中可以看出，大学生的生命智慧对绝望感有重要影响，特别是生命非认知智慧和家庭智慧对绝望感起显著的正向预测作用。可见生命非认知智慧和家庭智慧高的大学生在面对挫折时，会采取积极乐观的生活态度，遇事能与父母进行很好的沟通，注意调节自己的情绪和想法，对事物依然充满希望，抗挫折心理能力较强。而生命非认知智慧和家庭智慧低的大学生面对挫折时就容易产生绝望感，抗挫折心理能力较低[7]。因此，对于在不良家庭环境下成长且生命非认知智慧低的大学生，高校应该给予他们重点的关注，建立学校、社会、家庭一体化的大学生生命教育模式，加强学生面对挫折时所具有的积极、乐观等心理品质的培养，使他们对未来充满希望，以预防和降低他们的自杀倾向。

（3）生命智慧多个因子也与自杀意念的睡眠因子存在显著的正相关。生命智慧高的大学生较少产生睡眠问题，睡眠质量较好，表明生命智慧对睡眠有积极的影响，而高质量的睡眠是预防、减少自杀意念产生的重要途径。具有高生命智慧的大学生对生活的态度是积极乐观的，情绪自我调控能力较强，烦恼和困惑的持续时间不会太长。因此他们的精神状态较好，具有良好的睡眠习惯，很少出现难以入眠的情况。多元回归分析进一步发现，生命非认知智慧是睡眠因子的显著正向预测变量。这说明培养粤西大学生的生命非认知智慧能够提高大学生的睡眠质量，从而降低自杀意念的出现。

（4）生命智慧各个因子中除了学习智慧外，其他因子都与自杀意念存在着显著正相关。因此，对粤西大学生生命智慧的培养，也有利于使大学生形成乐观、自信的性格。回归分析发现，技能、家庭、生命非认知和适应上的智慧是乐观因子的显著有效预测变量。拥有技能智慧、家庭智慧、生命非认知智慧和适应智慧的大学生在面对压力时常能进行积极主动的自我调节，对自我的认识较为乐观。其中技能智慧高的大学生勤奋，懂得如何生存，将知识发挥得淋漓尽致；拥有家庭智慧的大学生深爱着家庭和父母，家庭教育十分民主，家庭可以成为大学生心灵停靠的港湾；生命非认知智慧高的大学生具有自信、乐观、热情、勇敢、合群等积极的心理品质；适应智慧高的大学生拥有较高的生存智慧并敢于拼搏。这些智慧都会使个体养成积极乐观的性格，对自我充满信心，对生活充满激情，敢于拼搏和努力。因此，培养大学生生存技能，多对他们进行家庭亲子关系的引导，培养个体正面积极、乐观进取的生命价值观，关注社会适应能力低的学生，有利于大学生形成积极自我调节策略，保持乐观的态度，促进其心理健康发展。

（5）综合回归分析的结果可看出，生命非认知因素是绝望、乐观、睡眠、自杀意念的有效预测变量。可见培养学生的非认知因素对于预防自杀，塑造健康的心理品质有重要意义。具有较高生命非认知因素的人能对生活持有乐观积极向上的态度，因此，在心理健康教育上应该注重培养学生的坚强性、心理韧性、乐观积极性等心理品质。

四、结论

（1）粤西大学生生命智慧整体水平偏高，自杀意念整体水平较低。

（2）粤西大学生生命智慧多个因子在家庭来源、性别、年级、是否独生子女和专业上存在一定的显著差异。

（3）粤西大学生的生命智慧与自杀意念之间存在非常显著的正相关，其中生命智慧中的非认知因素与自杀意念的相关最高；生命智慧总分、生命认知因素、生命非认知因素对自杀意念有显著预测作用。生命非认知因素是绝望、乐观、睡眠、自杀意念的有效预测变量。

第二节　大学生生命智慧与应对方式的关系

一、研究概述

（一）问题提出

近年来，大学生自杀和校园暴力事件频发，从表面上看，这些问题行为是大学生无法正确面对压力和挫折的极端表现。事实上，类似事件的发生与他们缺乏良好的抗挫折心理能力和不能正确而有效地使用应对方式密切相关[12]，究其深层次的根源，主要归因于他们缺乏应有的生命智慧及教育对生命关怀的缺失。因此，研究并培养大学生的生命智慧迫在眉睫[8]。

应对方式可简单地理解为人们为了对付内外环境要求及其相关的情绪困扰而采用的方法、手段或策略[14]。根据应对方式的内涵，分为狭义的应对方式和广义的应对方式。狭义的应对方式是自我防御机制，广义的应对方式是自我调节机制。自我防御机制像自我调节机制一样，都能减轻心理应激强度；而且，自我防御还是自我调节的必要基础，甚至是前提[14,15]。自我防御机制是指个体处在挫折与冲突的紧张情境时，在其内部心理活动中具有自觉或不自觉地解脱烦恼、减轻内心不安，以恢复情绪平衡与稳定的一种适应性倾向[16]。自我调节是皮亚杰发生认识论术语，指个体受到环境的作用而促进原有心理状态的变化和创新以适应外界环境的过程[17]。自我调节是在自我意识的作用下，发挥自身的能动性和内在潜力而实现的。任何自我调节活动，必然要有自我认知、自我体验、自我监控参与其中。自我调节是人们根据自己所掌握的心理学知识和生活经验，对自己心理发展过程中所产生的心理困扰进行干预，促使挫折带来的不良情绪得以解脱，保持心理健康发展。

本节旨在探讨大学生生命智慧的现状，揭示生命智慧与应对方式的关系，为挖掘、培养和提升大学生的生命智慧，使他们更多地使用积极的应对方式，促进大学生心理健康有着极其重要的现实意义。

（二）研究方法

1. 调查对象

选取广东海洋大学和湛江师范学院两所普通高等院校大学生为调查对象。共回收有效问卷为 472 份，其中，男生 275 人、女生 197 人，大一至大四分别为 119 人、108 人、126 人、119 人，涵盖了文、理、工、农等学科专业；调查的大学生户籍所在地涵盖广东全省范围，具有一定的代表性。

2. 研究工具

（1）生命智慧问卷
采用自编的"生命智慧问卷"，参见附录一。
（2）应对方式问卷
采用自编的"应对方式问卷"，参见附录四。
以班级为单位团体施测；所有数据均采用 SPSS 软件进行统计分析。

二、结果与分析

（一）大学生生命智慧与应对方式的相关分析

从表 4-11 可见，大学生生命智慧和应对方式的多个因子之间存在高度相关。大学生的生命智慧与积极的应对方式存在非常显著的正相关关系，与消极的应对方式存在显著或非常显著的负相关关系。说明富有生命智慧的大学生更多地采用积极的应对策略，如常使用调整心态、调节情绪、总结经验和转换视角等自我调节机制；缺乏生命智慧的大学生更多地使用消极的应对策略，如常使用幻想、退缩、推诿、发泄等自我防御机制。

表4-11 生命智慧各因子与应对方式各因子之间的相关分析

项目	生命非认知	生命认知	择业智慧	交往智慧	学校智慧	家庭智慧	学习智慧	技能智慧	适应智慧	健康智慧	恋爱智慧
调整心态	0.558***	0.403***	0.439***	0.394***	0.340***	0.280***	0.298***	0.364***	0.324***	0.319***	0.388***
调节情绪	0.456***	0.341***	0.388***	0.375***	0.218***	0.199***	0.245***	0.328***	0.268***	0.306***	0.311***
总结经验	0.459***	0.341***	0.413***	0.376***	0.305***	0.223***	0.271***	0.259***	0.249***	0.276***	0.294***
转换视角	0.430***	0.346***	0.340***	0.305***	0.252***	0.230***	0.231***	0.272***	0.207***	0.266***	0.304***
自我安慰	0.211***	0.224***	0.181***	0.206***	0.176***	0.066	0.105*	0.191***	0.145**	0.198***	0.158**
压抑	-0.143**	-0.125**	-0.070	-0.034	-0.063	-0.132*	-0.011	-0.084	-0.098*	-0.050	-0.043
放松	0.388***	0.236***	0.281***	0.245***	0.164**	0.130*	0.155**	0.225***	0.223***	0.211***	0.242***
幻想	-0.171***	-0.205***	-0.133**	-0.139**	-0.123*	-0.172***	-0.066	-0.139**	-0.138**	-0.040	-0.109*
倾诉	0.300***	0.227***	0.228***	0.207***	0.131**	0.192***	0.190***	0.077	0.059	0.080	0.090
退缩	-0.081	-0.132**	-0.192***	-0.092*	-0.102*	-0.162***	-0.067	-0.213***	-0.237***	-0.113*	-0.149**
否认	0.092*	-0.027	-0.012	-0.038	-0.037	-0.088	0.047	-0.079	-0.114*	-0.046	-0.041
推诿	-0.059	-0.140**	-0.125**	-0.151**	-0.112*	-0.281***	0.008	-0.233***	-0.248***	-0.187***	-0.166***
发泄	0.000	-0.079	-0.078	-0.036	-0.033	-0.151**	-0.012	-0.156**	-0.173***	-0.132**	-0.110*

注: *表示 $P<0.05$, **表示 $P<0.01$, ***表示 $P<0.001$

（二）大学生生命智慧对应对方式的回归分析

表 4-11 结果表明，大学生生命智慧和应对方式的多个因子之间存在高度相关。为了进一步了解诸因素之间的关系，以应对方式的三个维度为因变量，以生命智慧的各个因子为预测变量，进行逐步回归，结果见表 4-12。可以看出，大学生生命非认知智慧、生理健康智慧、择业智慧和交往智慧是使用心理调节机制的有效预测变量；家庭智慧、适应智慧和学习智慧是使用自我防御机制的有效预测变量；生命非认知智慧和技能智慧是使用外部疏泄机制的有效预测变量。其中，生命非认知智慧是应对方式使用的重要预测变量。

表 4-12　大学生生命智慧与应对方式各维度的多元回归分析

因变量	预测变量	R	R²	F	B	β	T
心理调节	方程模型	0.606	0.368	67.914***			
	生命非认知因素				0.661	0.085	7.733***
	生理健康因素				0.894	0.301	2.973**
	择业因素				0.710	0.281	2.526*
	交往因素				0.863	0.396	2.177*
自我防御	方程模型	0.261	0.068	11.391***			
	家庭因素				−1.058	−0.177	−3.685***
	适应因素				−1.438	−0.162	−3.248**
	学习因素				0.981	−0.103	2.134*
外部疏泄	方程模型	0.307	0.094	24.406***			
	生命非认知因素				0.378	0.350	6.907***
	技能因素				−0.534	−0.127	−2.512*

注：*表示 $P<0.05$，**表示 $P<0.01$，***表示 $P<0.001$

三、讨论

大学生在生命非认知、生理健康、择业和交往上的智慧是使用心理调节机制的积极应对方式的有效预测变量，而家庭、适应和学习方面的智慧是使用自我防御机制应对策略的有效预测变量，生命非认知智慧和技能智慧是使用外部疏泄机制的有效预测变量。其中，生命非认知智慧是应对方式使用最重要的预测变量。

（1）同时拥有生命非认知智慧、生理健康智慧、择业智慧和交往智慧的大学生在面对压力时常能进行积极主动的自我调节。其中，生命非认知智慧高的大学生具有自信、乐观、热情、勇敢、合群等积极的心理品质；拥有生理健康智慧的大学生能认识到健康的重要性，饮食作息习惯合理；择业智慧表现在努力锻炼实践能力，并调整知识结构来适应未来的职业，树立了弹性的择业心态；交往智慧则表现出忠于友情，宽容待人，通情达理而又明辨是非等个性特点。因此，培养大学生积极的心理品质，关注他们的生理健康，加强就业和人际交往的指导，有利于大学生形成积极心理调节策略，促进其心理健康发展。

（2）家庭智慧和适应智慧低但学习智慧高的大学生多采取自我保护方式，不敢正视问题。家庭智慧表现为深爱着家庭和父母，家庭教育十分民主；适应智慧高的大学生则拥有较高的生存智慧并敢于拼搏；学习智慧高的大学生通常是学习习惯良好、学习方法灵活的优等生。因此，在不良家教环境下成长，社会适应能力低的优等生也应成为高校在进行生命教育时的重点关注对象，多对他们进行家庭亲子关系的引导，加强适应能力训练，将有助于降低大学生使用自我防御应对方式的频率。

（3）生命非认知智慧高但技能智慧低的大学生喜欢采用外部疏泄机制，借助外部手段减少压力。这可能是因为人生态度积极的大学生在面对挫折时，希望保持良好的心理状态，但由于自身的技能欠缺，只好借助发泄、放松等外部手段来减轻压力，维持心理平衡。

四、结论

（1）大学生生命智慧的整体水平较高，他们在面临压力时，采用调整心态、调节情绪、总结经验、转换视角等心理调节机制的积极应对方式最多，而自我防御机制（包括退缩、否认和推诿等方式）和外部疏泄机制（包括发泄、放松等方式）的使用频率相对较低。

（2）大学生生命智慧与应对策略存在性别差异，男大学生在家庭、适应、生理健康和技能方面的生命智慧皆比女生低。女生比男生更多地通过转换视角积极应对内心的不安和焦虑，而男生比女生更多地采用推诿这种消极的防御机制。

（3）大学生生命智慧与应对策略存在年级差异，大三、大四学生的家庭智慧明显比大一、大二学生低，技能智慧随着年级的递增而逐年降低，大二学生的恋爱智慧则比其他三个年级高。大三学生在面临压力时比其他三个年级多采用发泄这种消极应对策略，大三、大四学生明显比大一、大二学生更多采用幻想这种消极应对策略，而退缩这种消极应对策略的使用率则随着年级的递增而上升。

（4）大学生生命智慧与应对策略有高度相关，其中，生命非认知智慧是应对策略使用最重要的预测变量。

第三节　大学生生命智慧与心理健康的关系

一、研究概述

（一）研究目的与内容

生命智慧是接受与认识生命的意义，尊重与珍惜生命的价值，适应社会生活，学会如何生存，获得身心的全面发展，实现自我的最大潜能和价值的智慧。目前国内外对大学生生命智慧的研究尚在起步阶段，多数学者是从生物学、哲学、伦理学、社会学、教育学的角度进行研究，很少有人从心理学角度对生命智慧问题进行实证研究，更少有人从实证研究角度对大学生生命智慧与心理健康的关系进行探索。事实上，在影响大学生心理健康的诸多因素中，生命智慧应该是非常重要的因素。本节旨在揭示大学生生命智慧与心理健康的关系，为大学生心理健康教育及心理疾病防治提供理论支持。

（二）研究方法

1. 研究对象

随机抽取某本科院校的文理科大学生作为被试，发放问卷 280 份，收回有效问卷 244 份，回收率为 87.14%。

2. 研究工具

（1）生命智慧问卷

采用自编的"生命智慧问卷"，参见附录一。

（2）症状自评量表

该量表（SCL-90）由 Derogatis 在 1973 年编制，20 世纪 80 年代引入我国，是应用最广泛的心理健康量表。据 Derogatis 报告，SCL-90 各项症状效度系数为 0.77～0.99，$P<0.01$。该量表共有 90 道题目，反映 10 个因子的存在状况，分别是 ①躯体化：主要反映身体不适感，包括心血管、胃肠道、呼吸和其他系统的不适，头痛、背痛、肌肉酸痛，以及焦虑等躯体不适表现；②强迫症状：主要指那些明知没有必要，但又无法摆脱的无意义的思想、冲动和行为，还有一些比较一般的认知障碍的行为征象也在这一因子中反映；③人际关系敏感主要是指某些人际的

不自在与自卑感，特别是与其他人相比较时更加突出，在人际交往中的自卑感，心神不安，明显的不自在，以及人际交流中的不良自我暗示，消极的期待等是这方面症状的典型原因；④抑郁：苦闷的情感与心境为代表性症状，以生活兴趣的减退，动力缺乏，活力丧失等为特征，还表现出失望、悲观及与抑郁相联系的认知和躯体方面的感受，此外还包括有关死亡的思想和自杀观念；⑤焦虑：一般指那些烦躁、坐立不安、神经过敏、紧张及由此产生的躯体征象，如震颤等；⑥敌对：主要从三方面来反映敌对的表现：思想、感情及行为，其项目包括厌烦的感觉、摔物、争论直到不可控制的脾气暴发等各方面；⑦恐怖：恐惧的对象包括出门旅行、空旷场地、人群或公共场所和交通工具，此外还有社交恐怖；⑧偏执：主要指投射性思维、敌对、猜疑、妄想、被动体验和夸大等；⑨精神病性：反映各式各样的急性症状和行为，即限定不严的精神病性过程的症状表现；⑩其他因子：作为附加项目或其他，以便使各因子分之和等于总分。量表采用 Likert 式 5点计分的方法。J1-躯体化，J2-强迫症状，J3-人际关系敏感，J4-抑郁，J5-焦虑，J6-敌对，J7-恐怖，J8-偏执，J9-精神病性，J10-其他，JZ-健康总分。[转引自汪向东主编，《心理卫生评定量表手册》（增订版），中国心理卫生杂志 1999 年增刊，31～35，下同]

3. 程序与数据处理

问卷以班为单位对被试进行团体施测；数据采用 SPSS 软件进行统计、分析处理。

二、结果与分析

（一）大学生生命智慧与心理健康的相关分析

由表 4-13 可知，除躯体化与生命认知智慧、学习智慧、择业智慧、恋爱智慧、家庭智慧，恐怖与家庭智慧，偏执与生命认知智慧无显著相关外，生命智慧总分及其各因子与心理健康总分及其各因子均呈显著的负相关。除躯体化因子外，大学生生命智慧总分与心理健康各因子及总分之间均存在显著的负相关，相关系数在 0.355～0.535；大学生生命非认知智慧与心理健康各因子及总分之间均存在显著的负相关，相关系数在 0.344～0.554。

表 4-13　大学生生命智慧各因子与心理健康各因子之间的相关

r	S1	S2	S3	S4	S5	S6	S7	S8	S9	S10	S11	SZF
J1	0.015	0.201**	0.135*	0.068	0.199**	0.150*	0.160*	0.090	0.103	0.139*	0.093	0.194**

续表

r	S1	S2	S3	S4	S5	S6	S7	S8	S9	S10	S11	SZF
J2	0.205**	0.498**	0.215**	0.250**	0.313**	0.241**	0.312**	0.315**	0.279**	0.157*	0.177**	0.461**
J3	0.272**	0.545**	0.218**	0.236**	0.287**	0.301**	0.295**	0.309**	0.300**	0.214**	0.202**	0.500**
J4	0.238**	0.554**	0.234**	0.255**	0.406**	0.364**	0.319**	0.354**	0.348**	0.193**	0.259**	0.535**
J5	0.143*	0.455**	0.258**	0.177**	0.234**	0.291**	0.305**	0.249**	0.198**	0.191**	0.130*	0.408**
J6	0.202**	0.367**	0.229**	0.221**	0.345**	0.351**	0.378**	0.157*	0.145*	0.242**	0.203**	0.394**
J7	0.141*	0.398**	0.265**	0.142*	0.180**	0.308**	0.267**	0.238**	0.178**	0.229**	0.091	0.369**
J8	0.125	0.344**	0.145*	0.126*	0.291**	0.319**	0.255**	0.227**	0.238**	0.218**	0.179**	0.355**
J9	0.187**	0.480**	0.241**	0.200**	0.283**	0.285**	0.304**	0.270**	0.241**	0.223**	0.218**	0.448**
J10	0.189**	0.417**	0.322**	0.220**	0.308**	0.274**	0.277**	0.333**	0.288**	0.183**	0.193**	0.433**
JZ	0.204**	0.507**	0.265**	0.227**	0.338**	0.331**	0.332**	0.306**	0.281**	0.225**	0.208**	0.485**

注：*表示 $P<0.05$，**表示 $P<0.01$，r 为相关系数，SZF 为生命智慧总分，表中负号省略

（二）大学生生命智慧与心理健康逐步多元回归分析

1. 大学生心理健康对其生命智慧具有预测作用

以生命智慧总分为因变量，以心理健康总分及其各因子为自变量进行逐步回归分析，结果显示，如下变量进入回归方程：抑郁、躯体化、其他。这三个预测变量分别解释了生命智慧总方差的 28.3%、31% 和 33.2%，回归方程显著。抑郁、其他对生命智慧总分具有显著的正向作用，躯体化对生命智慧总分起显著的负向作用（表 4-14）。

表 4-14　心理健康与生命智慧总分逐步多元回归分析摘要

变量	R	R^2	ΔR	F	B	β	T
抑郁	0.535	0.286	0.283	97.105***	21.794	0.548	7.005***
躯体化	0.562	0.316	0.310	55.659***	−14.247	−0.311	−4.234***
其他	0.583	0.340	0.332	41.267***	9.881	0.249	2.976**

注：**表示 $P<0.01$，***表示 $P<0.001$

2. 大学生生命智慧对其心理健康具有预测作用

以心理健康总分为因变量，以生命智慧总分及其各因子为自变量进行逐步回归分析，结果显示，如下变量进入回归方程：生命非认知智慧、适应智慧。这两个预测变量分别解释了心理健康总方差的 25.4% 和 26.4%，回归方程显著。生命非认知智慧、适应智慧对心理健康具有显著的正向作用，即具有预测作用（表 4-15）。

表4-15　生命智慧总分与心理健康逐步多元回归分析摘要

变量	R	R^2	ΔR	F	B	β	T
生命非认知因素	0.507	0.257	0.254	83.597***	1.903	0.449	7.269***
适应因素	0.519	0.270	0.264	44.504***	2.858	0.128	2.069*

注：*表示 $P<0.05$，***表示 $P<0.001$

三、讨论

（一）大学生生命智慧与心理健康相关显著

生命智慧总分及其各因子与心理健康总分及其各因子普遍存在显著的负相关。大学生生命智慧总分与心理健康各因子及总分之间均存在显著的负相关，表明培育大学生的生命智慧是增强大学生心理健康水平的有效模式；大学生生命非认知智慧与心理健康各因子及总分之间均存在显著的负相关，表明培育大学生的生命非认知智慧是预防、减少心理疾病发生的重要途径。

（二）大学生生命智慧与心理健康的相互关系

1. 大学生心理健康对其生命智慧的预测作用

抑郁、躯体化、其他三个预测变量分别解释了生命智慧总方差的28.3%、31%和33.2%，回归方程显著。抑郁、其他对生命智慧总分具有显著的正向作用，躯体化对生命智慧总分起显著的负向作用。说明大学生的心理健康状况对其生命智慧有一定的影响。

2. 大学生生命智慧对其心理健康的预测作用

生命非认知智慧、适应智慧两个预测变量分别解释了心理健康总方差的25.4%和26.4%，回归方程显著。生命非认知智慧、适应智慧对心理健康具有显著的正向作用，说明大学生的生命智慧对其心理健康状况具有一定的影响作用。

四、结论

（1）大学生生命智慧与心理健康存在显著的负相关。
（2）生命非认知智慧、适应智慧对心理健康具有显著的正向预测作用。
（3）说明大学生的生命智慧对心理健康有重要影响。

第四节 大学生生命智慧与自杀态度、应对性质的 关系研究

一、研究概述

（一）问题提出

社会态度对自杀行为的影响，也并不仅仅局限于对自杀行为性质的态度上。其他方面比如对自杀者（包括自杀死亡者与自杀未遂者）的态度及对自杀者家属的态度，都有可能在一定程度上对一个企图自杀者是否决定采取自杀行动，或一个自杀未遂者是否会再次自杀产生影响。安乐死一直是引起社会各界广泛关注的问题，从广义上来讲，安乐死实际上属于自杀的一种特殊形式，对安乐死的态度可以在一定意义上反映出人们对生命质量和生命价值的认识。因此，除了了解人们对自杀行为性质的态度外，研究和了解公众对自杀者、自杀者家属的态度乃至对安乐死的态度，都会对预防自杀工作起到有益的帮助和积极的作用。人们从心理上适应环境主要是通过应对方式来实现的。应对方式是应激与心理健康的中介机制，对人的身心健康起着调节作用。随着应对研究的兴起，人们已经认识到仅从外部去考虑适应过程是不够的，个体在应激源面前并不是无能为力的，人的主观能动性极大程度上影响到了适应的过程及其后效。应激能否引起健康损害与应激源的强度、社会支持、性格特征、生活经历、解决问题的能力、身体健康状态、性别、年龄和应对方式等因素有关。其中，采取不同的应对方式会为相同的心理问题提供不同的解决问题的途径。因此，在应激状态下，采取合理的应对方式来增强心理适应能力和缓解由应激造成的心理紧张就显得至关重要。本节假设，无论是自杀态度，还是应对性质，都会受到主观因素的影响，其中，生命智慧对二者的影响会是显著的。

（二）研究方法

1. 研究对象

（1）大学生生命智慧与自杀态度的关系研究：随机抽取北方和南方两所本科院校的大学生作为被试；发放问卷 1350 份，收回有效问卷 1225 份，有效回收率为 90.74%。

（2）大学生生命智慧与应对性质的关系研究：随机抽取广东某本科院校的大

学生作为被试；发放问卷 400 份，回收有效问卷 356 份，有效回收率为 89%。

2. 研究工具

（1）生命智慧问卷

采用自编的"生命智慧问卷"，参见附录一。

（2）自杀态度问卷

该问卷（QSA）内容包括 29 个条目，都是关于自杀态度的陈述，分为 4 个维度：对自杀行为性质的认识（F1）、对自杀者的态度（F2）、对自杀者家属的态度（F3）、对安乐死的态度（F4）。根据每个维度的条目均分，以 2.5 和 3.5 分为 2 个分界值，将对自杀的态度分为 3 种情况：≤2.5 分为对自杀持肯定、认可、理解和宽容的态度；2.5～3.5 分为矛盾或中立态度；≥3.5 分为对自杀持反对、否定、排斥和歧视态度。该问卷具有良好的重测信度（0.535～0.890），稳定性好，具有一定的表面效度、内容效度及结构效度[转引自汪向东主编，《心理卫生评定量表手册》（增订版），中国心理卫生杂志 1999 年增刊]。

（3）特质应对方式问卷

该问卷由姜乾金编制和修订，包含消极应对（NC）和积极应对（PC）两个分量表各 10 个条目，共 20 个条目，采用 1～5 级评分（1 肯定不是，2 可能不是，3 不确定，4 可能是，5 肯定是）。NC 和 PC 的 Cronbach's α 分别为 0.69 和 0.70，间隔四周的重测系数分别为 0.75 和 0.65，显示问卷有较好的信度和效度支持，是目前国内较为经典的应对方式量表。在本研究中两个分量表的内部一致性 a 系数分别为 0.63 和 0.66[转引自汪向东主编，《心理卫生评定量表手册》（增订版），中国心理卫生杂志 1999 年增刊]。

二、结果与分析

（一）大学生生命智慧与自杀态度的关系

1. 生命智慧与自杀态度的相关分析

表 4-16 表明：①大学生"对自杀行为性质的认识（F1）"与生命智慧总分及技能因素、学校因素、适应因素、交往因素、健康因素和家庭因素呈显著负相关。②大学生"对自杀者的态度（F2）"与技能因素、适应因素、交往因素呈显著正相关，与学习因素呈显著负相关。③大学生"对自杀者家属的态度（F3）"与技能因素、交往因素和家庭因素呈显著正相关，与生命非认知因素和学习因素呈显著负相关。④大学生"对安乐死的态度（F4）"与生命智慧总分及生命非认知因素、学习因素、学校因素和交往因素呈显著的负相关。

表 4-16 生命智慧与自杀态度相关

相关	生命认知因素	生命认知因素	技能因素	学习因素	学校因素	适应因素	交往因素	择业因素	恋爱因素	健康因素	家庭因素	生命智慧总分
F1	-0.013	-0.004	-0.096**	-0.024	-0.151**	-0.072*	-0.074**	0.005	0.023	-0.098**	-0.102**	-0.059*
F2	0.034	-0.035	0.110**	-0.115**	-0.004	0.100**	0.085**	0.042	0.050	0.041	0.043	0.024
F3	-0.009	-0.101**	0.104**	-0.098**	-0.011	0.036	0.066*	0.010	-0.019	0.042	0.073*	-0.025
F4	0.002	-0.094**	0.008	-0.140**	-0.142**	-0.020	-0.107**	-0.03	0.005	-0.041	-0.048	-0.090**

注：*表示 $P<0.05$，**表示 $P<0.01$

2. 大学生生命智慧对自杀态度（F1）的预测作用

表 4-17 表明，以"对自杀行为性质的认识（F1）"为因变量，以生命智慧总分及其各因子为自变量进行多元逐步回归分析，结果显示，如下变量进入回归方程：学校因素、家庭因素、择业因素。这三个预测变量分别解释了 F1 总方差的 2.2%、4.4%、4.8%，回归方程显著。学校因素、家庭因素对 F1 起显著的负向作用，择业因素对 F1 具有显著的正向作用。

表 4-17 生命智慧总分与自杀态度（F1）逐步多元回归分析摘要

变量	R	R^2	ΔR	F	B	β	T
学校因素	0.151	0.023	0.022	28.386***	-0.390	-0.169	-5.408***
家庭因素	0.218	0.047	0.044	15.208***	-0.167	-0.075	-2.391*
择业因素	0.227	0.051	0.048	13.234***	0.132	0.073	2.157*

注：*表示 $P<0.05$，***表示 $P<0.001$

3. 大学生生命智慧对自杀态度（F2）的预测作用

表 4-18 表明，以"对自杀者的态度（F2）"为因变量，以生命智慧总分及其各因子为自变量，进行多元逐步回归分析，结果显示，如下变量进入回归方程：学习因素、技能因素、生命非认知因素、交往因素。这四个预测变量分别解释了 F2 总方差的 4.6%、5.4%、5.9%、7.3%，回归方程显著。技能因素、交往因素对 F2 具有显著的正向作用，学习因素、生命非认知因素对 F2 起显著的负向作用。

表4-18　生命智慧总分与自杀态度（F2）逐步多元回归分析摘要

变量	R	R²	ΔR	F	B	β	T
学习因素	0.219	0.048	0.046	30.706***	−0.521	−0.174	−5.338***
技能因素	0.236	0.056	0.054	24.071***	0.273	0.080	2.603**
生命非认知因素	0.250	0.063	0.059	20.342***	−0.102	−0.176	−4.283***
交往因素	0.278	0.077	0.073	16.969***	0.239	0.088	2.425*

注：*表示 $P<0.05$，**表示 $P<0.01$，***表示 $P<0.001$

4. 大学生生命智慧对自杀态度（F3）的预测作用

由表4-19可见，以"对自杀者家属的态度（F3）"为因变量，以生命智慧总分及其各因子为自变量，用逐步回归的方法，得出如下变量进入回归方程：生命非认知因素、交往因素、学习因素、技能因素。多元逐步回归分析结果显示：这四个预测变量分别解释了 F3 总方差的 3.8%、5.2%、7.4%、7.8%，回归方程显著。交往因素、技能因素对 F3 起显著的正向作用，而生命非认知因素、学习因素对 F3 具有显著的负向作用。

表4-19　生命智慧总分与自杀态度（F3）逐步多元回归分析摘要

变量	R	R²	ΔR	F	B	β	T
生命非认知因素	0.198	0.039	0.038	25.027***	−0.070	−0.230	−5.811***
交往因素	0.233	0.054	0.052	23.374***	0.202	0.141	3.975***
学习因素	0.280	0.078	0.074	17.231***	−0.138	−0.088	−2.683**
技能因素	0.288	0.083	0.078	15.775***	0.143	0.079	2.562*

注：*表示 $P<0.05$，**表示 $P<0.01$，***表示 $P<0.001$

5. 大学生生命智慧对自杀态度（F4）的预测作用

由表4-20可知，以"对安乐死的态度（F4）"为因变量，以生命智慧总分及其各因子为自变量，用逐步回归的方法，得出如下变量进入回归方程：学校因素、生命认知因素、学习因素、交往因素、生命智慧总分。多元逐步回归分析结果显示，这五个预测变量分别解释了 F4 总方差的 1.9%、5.0%、5.6%、6.5%、6.7%，回归方程显著。生命认知因素、生命智慧总分对 F4 对起显著的正向作用，学校因素、学习因素、交往因素对 F4 具有显著的负向作用。

表4-20　生命智慧总分与自杀态度（F4）逐步多元回归分析摘要

变量	R	R²	ΔR	F	B	β	T
学校因素	0.142	0.020	0.019	25.184***	−0.268	−0.144	−4.063***
生命认知因素	0.231	0.054	0.050	17.257***	0.077	0.064	1.679

续表

变量	R	R^2	ΔR	F	B	β	T
学习因素	0.245	0.060	0.056	15.611***	−0.302	−0.137	−3.673***
交往因素	0.265	0.070	0.065	13.137***	−0.274	−0.131	−3.311**
生命智慧总分	0.271	0.074	0.067	12.060***	0.037	0.193	2.541*

注：*表示 $P<0.05$，**表示 $P<0.01$，***表示 $P<0.001$

（二）大学生生命智慧与应对性质的关系

1. 大学生生命智慧与应对性质的相关分析

从表 4-21 可见，生命智慧与大学生的应对存在相关。积极应对与生命智慧总分及其各因子存在显著的正相关（除与技能因素呈负相关外）；消极应对与生命认知因素、生命非认知因素、学校因素、适应因素、择业因素、家庭因素及生命智慧总分存在显著的负相关。

表 4-21　生命智慧与应对性质相关

相关	生命认知因素	生命认知因素	技能因素	学习因素	学校因素	适应因素	交往因素	择业因素	恋爱因素	健康因素	家庭因素	生命智慧总分
J	0.319**	0.459**	−0.254**	0.256**	0.318**	0.314**	0.320**	0.336**	0.267**	0.307**	0.210**	0.497**
X	−0.152**	−0.262**	0.064	−0.096	−0.155**	−0.156**	−0.095	−0.154**	−0.056	−0.064	−0.107*	−0.220**

注：*表示 $P<0.05$，**表示 $P<0.01$；J 表示积极应对维度，X 表示消极应对维度

2. 大学生生命智慧总分与应对性质的逐步多元回归分析

（1）应对性质对大学生生命智慧的预测作用。表 4-22 表明，以生命智慧总分为因变量，以简易应对各因子为自变量进行逐步回归分析，结果显示，如下变量进入回归方程：积极应对维度、消极应对维度。这两个预测变量分别解释了生命智慧总方差的 24.5%、40.8%，回归方程显著。消极应对维度对生命智慧总分具有显著的负向作用，积极应对维度对生命智慧总分起显著的正向作用。

表 4-22　生命智慧总分与应对性质逐步多元回归分析摘要

变量	R	R^2	ΔR	F	B	β	T
积极应对维度	0.497	0.247	0.245	116.177***	1.664	0.401	9.430***
消极应对维度	0.646	0.417	0.408	50.013***	−0.576	−0.109	−2.520*

注：*表示 $P<0.05$，***表示 $P<0.001$

（2）大学生生命智慧对积极应对的预测作用。由表 4-23 可见，以积极应对维度为因变量，以生命智慧总分及其各因子为自变量进行逐步回归分析，结果显示，仅有变量生命智慧总分进入回归方程。生命智慧总分这一预测变量对积极应对维度总方差的解释率为 24.5%，回归方程显著；生命智慧总分对积极应对维度起显著的正向作用。

表 4-23　生命智慧总分与应对性质逐步多元回归分析摘要

变量	R	R^2	ΔR	F	B	β	T
生命智慧总分	0.497	0.247	0.245	116.177***	0.120	0.497	10.779***

注：***表示 $P<0.001$

（3）大学生生命智慧对消极应对的预测作用。从表 4-24 可发现，以消极应对维度为因变量，以生命智慧总分及其各因子为自变量进行逐步回归分析，结果显示，如下变量进入回归方程：生命非认知因素、技能因素。这两个预测变量分别解释了消极应对维度总方差的 10.9% 和 12.1%，回归方程显著。技能因素对消极应对维度具有显著的正向作用，生命非认知因素对消极应对维度起显著的负向作用。

表 4-24　生命智慧总分与应对性质逐步多元回归分析摘要

变量	R	R^2	ΔR	F	B	β	T
生命非认知因素	0.342	0.117	0.109	15.551***	-0.082	-0.180	-2.813**
技能因素	0.362	0.131	0.121	13.230***	0.316	0.128	2.377*

注：*表示 $P<0.05$，**表示 $P<0.01$，***表示 $P<0.001$

三、讨论

（一）大学生生命智慧与自杀态度的关系

1. 大学生生命智慧与自杀态度的相关

大学生"对自杀行为性质的认识（F1）"与生命智慧总分及技能因素、学校因素、适应因素、交往因素、健康因素和家庭因素呈显著负相关；大学生"对自杀者的态度（F2）"与技能因素、适应因素、交往因素呈显著正相关，与学习因素呈显著负相关；大学生"对自杀者家属的态度（F3）"与技能因素、交往因素和家庭因素呈显著正相关，与生命非认知因素和学习因素呈显著负相关；大学生

"对安乐死的态度（F4）"与生命智慧总分及生命非认知因素、学习因素、学校因素和交往因素呈显著的负相关。

2. 生命智慧总分与自杀态度逐步多元回归分析

大学生生命智慧对自杀态度 F1、F2、F3、F4 具有预测作用。大学生生命智慧总分、技能因素、学校因素、适应因素、交往因素、健康因素和家庭因素对其"对自杀行为性质的认识（F1）"有显著的负面影响；大学生学习因素对其"对自杀者的态度（F2）"有显著的负面影响；大学生技能因素、适应因素、交往因素对其"对自杀者的态度（F2）"有显著的正面影响，即生命智慧有助于防止大学生自杀；大学生技能因素、交往因素和家庭因素对其"对自杀者家属的态度（F3）"有显著的正面影响，生命非认知因素和学习因素对其"对自杀者家属的态度（F3）"有显著的负面影响；大学生生命智慧总分、生命非认知因素、学习因素、学校因素和交往因素对其"对安乐死的态度（F4）"有显著的负面影响。

（二）大学生生命智慧与应对性质的关系

1. 大学生生命智慧与应对性质的相关分析

一方面，大学生生命智慧与应对性质的相关分析，生命智慧与大学生的应对存在相关。即积极应对与生命智慧总分及其各因子存在显著的正相关；消极应对与生命非认知因素、生命认知因素、学校因素、适应因素、择业因素、家庭因素及生命智慧总分存在显著的负相关。说明有生命智慧的大学生易采用积极的应对策略，相反，缺乏生命智慧的大学生易采用消极的应对策略。

2. 大学生生命智慧总分与应对性质之间相互作用

应对性质对大学生生命智慧具有预测作用。积极应对维度对生命智慧总分起显著的正向作用，消极应对维度对生命智慧总分具有显著的负向作用。说明宜采用积极的应对策略的大学生具有生命智慧。

大学生生命智慧总分对积极应对维度起显著的正向预测作用，说明有生命智慧的大学生易采用积极的应对策略；大学生生命智慧总分对消极应对维度具有负向预测作用，说明缺乏生命智慧的大学生宜采用消极的应对策略。

四、结论

（1）大学生生命智慧与自杀态度的相关显著。
（2）生命智慧对大学生自杀态度的具有预测作用。

（3）大学生生命智慧与应对性质的相关显著。

（4）应对性质对大学生生命智慧具有预测作用。

（5）大学生生命智慧对积极应对的具有预测作用。

参 考 文 献

[1] 刘华山."高校学生自杀状况及干预对策"课题.第十届全国心理学学术大会，2005.

[2] 翟书涛. 危机干预与自杀预防. 北京：人民卫生出版社，1997.

[3] 胡泽卿. 自杀的概念与分类. 华西医学，1995，10(1)：38.

[4] 何兆雄. 自杀病学. 北京：中国中医药出版社，1997.

[5] Deykin E Y，Buka S L.Suicidal ideation and attempts among chemically dependent adolescents.American Journal of Public Health，1994，84(4)：634-639.

[6] 郑林娟. 从大学生自杀现象谈生命教育. 中国医学伦理学，2005，6(18)：3.

[7] 张旭东，张布和，孙林. 大学生生命智慧与心理健康的相关研究. 内蒙古民族大学学报，2008，(03)：71-72.

[8] 张旭东. 生命智慧与人的抗挫素质培养——大学生生命教育课程体系建构与实施研究. 南京师范大学博士后出站报告，2006.

[9] 夏朝云，王东波，吴素琴，等. 自杀意念自评量表的初步制定. 临床精神医学杂志，2002，12(2)：100-102.

[10] 张旭东，陈少珍，李志玲，等. 大学生生命智慧与应付方式的关系探讨. 心理科学，2008，31(3)：725-728.

[11] 车文博，张林，黄冬梅，等. 大学生心理压力感基本特点的调查研究. 应用心理学，2003，9(3)：3-9.

[12] 张旭东. 当代大学生心理挫折及调适. 北京：中国科学技术出版社，2002.

[13] 梁宝勇，郭倩玉，杜桂芝，等. 应付方式的评定、分类与估价. 中国临床心理学杂志，1999，7(4)：200-203.

[14] 贾晓波. 心理适应的本质与机制. 天津师范大学学报（社会科学版），2001，(1)：19-23.

[15] 梁宝勇. 应对研究的成果、问题与解决办法. 心理学报，2002，34(6)：643-650.

[16] 范伦特. 怎样适应生活——保持心理健康，颜文伟等译. 上海：华东师范大学出版社，1996，348-354.

[17] 车文博. 当代西方心理学新词典. 长春：吉林人民出版社，2001.

第五章 师范生生命智慧的影响因素研究

在社会竞争日益激烈的今天,作为未来教师的师范生自然成为一个特殊群体,面对的压力和遇到的挫折复杂多样,许多师范生在面临压力和挫折时,不知所措,无法正确对待,选择消极的态度和应对方式,导致极端负性生活事件频发。究其深层次根源,主要归因于他们缺乏应有的生命智慧及教育对生命关怀的缺失[1]。为此,探索师范生生命智慧现状及其影响因素,寻找提升其生命智慧水平的有效措施,显得越来越重要。

第一节 师范生生命智慧与抗挫折心理能力、 挫折感的关系

当今社会竞争日益激烈,探索师范生抗挫折心理能力现状及影响因素,寻找提高师范生抗挫折心理能力的有效措施,显得越来越重要。国内关于师范生自杀的调查显示,师范生的自杀率高于非大学生同龄人,大约是其2~4倍[2,3]。类似事件的发生,这需要重新审视和深掘能够提高师范生抗挫折心理能力的有效应对措施。

一、研究概述

(一) 问题提出

师范生的心理健康问题不仅会影响其自身的生命质量和生存发展,还会影响我国中小学教师队伍的建设,直接影响对中小学教育教学效果及中小学生的心理健康水平。关注师范生的心理健康问题既是社会需要,也是个人需要。这需要重新审视和深入挖掘提高师范生抗挫折心理能力的有效措施。

在解决每个问题的过程中,人类逐渐演化形成了独特的心理机制,指导人的行为、思想和情感解决面临的问题[3]。进化心理学认为,人的心理机制是演化形成的解决问题的策略[4][5]。依据进化心理学理论,个体在面对压力和处于挫折情境时也同样存在一个独特的心理机制,即抗挫折心理能力究竟是如何在个体面对

压力和处于挫折情境时起作用的。本节将深入探讨其中存在的独特心理机制。基于已有的理论和研究成果，本节假设，师范生的生命智慧在抗挫折心理能力对挫折感影响的过程中发挥着中介作用，试图通过揭示师范生抗挫折心理能力的作用机制，找到提高师范生抗挫折心理能力的有效应对措施，同时也为师范生的心理健康教育等提供理论依据及实践参考。

（二）研究方法

1. 调查对象

本节选取 9 所高校的在校师范生进行施测，调查对象分布在我国的东北、西北、华中、西南及华南地区，共发放问卷 600 份，收回有效问卷 556 份，回收率为 92.67%。

2. 研究工具

（1）生命智慧问卷
采用自编"生命智慧问卷"，参见附录一。
（2）抗挫折心理能力问卷
采用自编"抗挫折心理能力问卷"，参见附录二。
（3）大学生挫折感问卷
采用自编"大学生挫折感问卷"，参见附录三。

3. 施测过程和数据处理

采用统一的指导语整个施测；所有数据采用 SPSS 和 AMOS 统计软件进行处理。

二、结果与分析

（一）师范生生命智慧、抗挫折心理能力与挫折感的相关分析

为了探讨师范生的生命智慧、抗挫折心理能力与挫折感的关系，对三者进行 Pearson 相关分析，结果见表 5-1。可以看出，师范生的抗挫折心理能力与生命智慧存在显著的正相关（$r=0.834$，$P<0.01$），抗挫折心理能力与挫折感存在显著的负相关（$r=-0.464$，$P<0.01$），生命智慧与挫折感存在着显著的负相关（$r=-0.496$，$P<0.01$）。抗挫折心理能力、生命智慧、挫折感两两相关均在 0.01 水平上显著，满足了进行中介效应检验的前提条件，这一结果预示着生命智慧对抗挫折心理能力和挫折感可能存在中介作用。

表 5-1　师范生抗挫折心理能力、生命智慧和挫折感的积差相关分析

项目	抗挫折心理能力	生命智慧	挫折感
抗挫折心理能力	1.00		
生命智慧	0.834**	1.00	
挫折感	−0.464**	−0.496**	1.00

注：**表示 $P<0.01$

（二）师范生抗挫折心理能力与生命智慧的回归分析

以生命智慧总分作为因变量，师范生抗挫折心理能力的各因子作为自变量进行多元线性逐步回归分析，进入标准 0.05，排除标准 0.10，结果见表 5-2。

表 5-2　师范生抗挫折心理能力与生命智慧的多元回归分析

因变量	预测变量	R	R^2	F	B	β	T
挫折感	方程模型	0.831	0.690	174.109***			
	挫折复原力				0.294	0.370	10.683***
	人际交往能力				0.144	0.186	5.770***
	意志品质				0.142	0.174	5.180***
	生涯规划能力				−0.059	−0.126	−4.793***
	信心				0.086	0.118	3.632***
	归因				0.061	0.096	3.490***
	挫折经验				0.033	0.063	2.413**

注：**表示 $P<0.01$，***表示 $P<0.001$

结果表明，挫折复原力、人际交往能力、意志品质、生涯规划能力、信心、归因、挫折经验共 7 个因子进入回归方程，即这 7 个因子是生命智慧的有效预测变量，回归方程的复相关系数为 0.831，复相关系数的平方为 0.69，说明回归方程解释了整个因变量变异程度的 69%。其中，对生命智慧影响较大的依次为挫折复原力、人际交往能力、意志品质、生涯规划能力、信心、归因、挫折经验。

（三）结构建模

1. 师范生生命智慧的中介效应检验

采用温忠麟等提出的中介效应检验程序进行检验[6]。第一步：分别以挫折感为因变量（y），抗挫折心理能力为自变量（x）进行回归分析；第二步：以生命智慧（m）为因变量，抗挫折心理能力为自变量进行回归分析；第三步：分别以挫折感为因变量（y），抗挫折心理能力和生命智慧为自变量，进行回归分析。由于抗挫折心理能力、生命智慧和挫折感均为连续变量，故检验三步回归均采用

linear 过程，结果见表 5-3。

表 5-3　生命智慧中介效应的依次检验

检验程序	标准化回归方程	挫折感	回归系数检验
第一步	$y=-0.464x$	$SE=0.063$	$t=-12.318^{***}$
第二步	$m=0.834x$	$SE=0.027$	$t=35.637^{***}$
第三步	$y=-0.104x-0.360m$	$SE=0.112$	$t=-2.455^{*}$
		$SE=0.098$	$t=-5.397^{***}$

注：*表示 $P<0.05$，***表示 $P<0.001$

将所有变量中心化（即均值为零），以抗挫折心理能力为自变量对挫折感进行回归分析，回归方程 F 值显著（$F=151.731$，$P<0.001$），标准回归系数为-0.464（$t=-12.318$，$P<0.001$）。在考虑生命智慧的中介作用后，抗挫折心理能力对挫折感的负向预测系数由原来的 0.464 下降为 0.104，有明显的减少，但依然显著（$P<0.05$）。根据 Baron 和 Kenny 的研究[7]，中介效应的存在必须满足以下几个条件：①自变量对因变量存在显著影响；②中介变量对因变量存在显著影响；③自变量与中介变量同时代入回归方程解释因变量时，中介变量的效应显著而自变量的效应消失（完全中介效应）或者减弱（部分中介效应）。根据以上条件，生命智慧在抗挫折心理能力和挫折感之间存在部分中介效应。中介效应占总效应的比例为 $0.834×0.360/0.464=64.7\%$。

2. 生命智慧在抗挫折心理能力与挫折感之间的路径分析

上述相关检验结果表明，抗挫折心理能力与生命智慧相关显著，生命智慧是影响挫折感的主要因素，且由于结构方程模型在模型建构及参数估计上优于线性回归分析，本节尝试使用 AMOS 软件构建抗挫折心理能力以生命智慧为中介影响挫折感的路径模型（$n=556$），进一步揭示大学生抗挫折心理能力、生命智慧和挫折感之间的关系。师范生生命智慧、抗挫折心理能力与挫折感关系的假设路径为：抗挫折心理能力→生命智慧→挫折感。

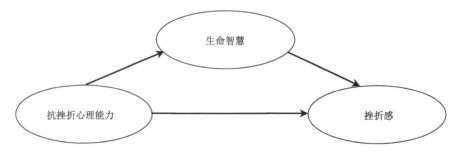

图 5-1　大学生生命智慧、抗挫折心理能力与挫折感关系的假设路径图

结合前人研究和相关理论分析，本节提出假设关系模型，见图 5-1。即假设抗挫折心理能力可以独立预测挫折感，并且抗挫折心理能力还可以通过生命智慧间接预测挫折感。利用 AMOS 结构方程模型对数据与假设模型的拟合程度进行验证。

根据假设模型，进一步检验生命智慧对抗挫折心理能力与挫折感的中介效应，通过一组模型的比较，寻找最佳拟合模型。在该假设模型基础上，本节采用模型设定策略，即事先设定多个模型进行评价，通过模型比较得到一个可以接受的相对有效和节俭的模型。在该假设模型基础上，本节拟同时建立三个模型，其中一个为无中介变量模型，一个为完全中介变量模型。一个为部分中介变量模型，其中三者的区别主要在于，无中介变量模型是生命智慧与挫折感的路径系数设为 0，完全中介变量模型为抗挫折心理能力和挫折感路径系数设为 0。部分中介模型为三者的路径系数设为自由，其中模型 1 为修正后的无中介变量模型，模型 2 为修正后的完全中介变量模型，模型 3 为修正后的部分中介变量模型。

根据侯杰泰等[8]提出的结构方程拟合指标和吴明隆[9]的模型适配度评价指标及其评价标准，NNFI、NFI、TLI、CFI、IFI、GFI、AGFI 在 0.90 以上最合适，RMSEA 小于 0.08 最合适，χ^2/df 小于 5 最合适的原则，发现假设模型 1 和模型 2 有多项指标未能达到要求（表 5-4）。模型 2 和模型 3 为嵌套关系，与模型 2 相比，模型 3 的拟合效果更好，不仅 RMSEA 下降了 0.12，而且 GFI、CFI、NFI、TLI 和 AGFI 分别提升了 0.07、0.09、0.09、0.15、0.14。同时，模型 3 的 χ^2 值较之模型 2 相比有显著降低，拟合优度得到显著提高，$\chi^2/df = 1.490$，RMSEA $= 0.030$，GFI $= 0.992$，CFI $= 0.997$，NFI $= 0.990$，SRMR $= 0.034$，均达到了可接受的拟合标准。并且抗挫折心理能力对挫折感的间接效应与直接效应均达到了显著性水平，在部分中介变量模型中，存在生命智慧的中介效应作用。因此，本书接受模型 3 部分中介模型，其路径图如图 5-2。由图可知其潜变量的测量指标采用项目组合法。

表 5-4　结构方程模型间的拟合指标比较

模型	χ^2	df	χ^2/df	GFI	CFI	NFI	TLI	AGFI	RMSEA
模型 1	32.451	12	2.704	0.983	0.988	0.981	0.979	0.961	0.055
模型 2	173.255	13	13.327	0.927	0.905	0.899	0.847	0.844	0.149
模型 3	16.389	11	1.490	0.992	0.997	0.990	0.994	0.979	0.030

通过模型 1、模型 2 和模型 3 的检验与比较，可知模型 3 更加有效。

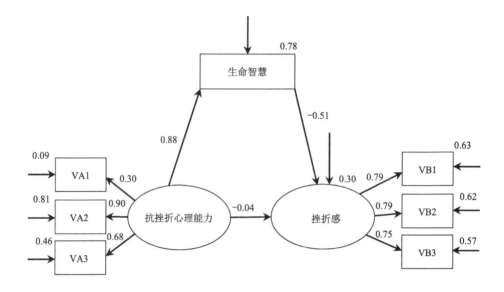

图 5-2 大学生生命智慧、抗挫折心理能力与挫折感关系的路径分析图

模型分析结果如图 5-2 所示，师范生的抗挫折心理能力可直接影响挫折感，同时生命智慧对挫折感产生了显著影响，抗挫折心理能力和生命智慧对挫折感的直接效应分别是-0.04、-0.51。抗挫折心理能力能解释生命智慧变异的 78%；抗挫折心理能力和生命智慧变量联合解释挫折感变异的 30%，即模型能解释挫折感 30%的方差。

抗挫折心理能力通过生命智慧（$\beta=0.88$，$P<0.001$）对挫折感产生间接影响，抗挫折心理能力对挫折感的间接效应（$\beta=0.45$，$P<0.001$）达到了显著水平，中介效应占总效应比分别为 64.7%。由此可知，抗挫折心理能力对生命智慧有正向的预测作用，生命智慧对挫折感有负向预测作用，而抗挫折心理能力通过生命智慧对挫折感有负向的预测作用。表 5-5 呈现的是部分中介模型外源变量与内生变量的效应分解。

表 5-5 部分中介模型外源变量与内生变量的效应分解

作用路径	抗挫折心理能力—挫折感	生命智慧—挫折感	抗挫折心理能力—生命智慧
直接效应值 β	-0.04	-0.51***	0.88***
间接效应值 β	-0.45***	—	—
总效应 β	-0.49***	-0.51***	0.88***

注：***表示 $P<0.001$

以上结果表明，抗挫折心理能力对挫折感有直接的影响，同时，抗挫折心理能力以生命智慧为中介对挫折感有间接影响，该结果支持本节原先的假设，即抗挫折心理能力对挫折感的影响机制是通过生命智慧的中介作用对大学生的挫折感产生间接影响的。

三、讨论

（一）师范生生命智慧、抗挫折心理能力与挫折感的关系

（1）已有研究揭示了大学生生命智慧与抗挫素质存在显著的正相关关系[10]，大学生生命智慧与受挫频率之间存在显著负相关[4]，大学生生命智慧与挫折感之间存在显著的相关关系。本研究结果表明师范生的抗挫折心理能力与挫折感具有显著的负相关（$r=-0.464$，$P<0.01$），抗挫折心理能力与生命智慧存在显著的正相关（$r=0.834$，$P<0.01$），生命智慧与挫折感存在着显著的负相关（$r=-0.496$，$P<0.01$），师范生的抗挫折心理能力、生命智慧和挫折感呈显著的线性相关，师范生的抗挫折心理能力随着生命智慧水平的水平提高而提高，随着挫折感水平的降低而降低，支持了上述研究结论。抗挫折心理能力、生命智慧、挫折感两两相关均在 0.01 水平上显著，满足了进行中介效应检验的前提条件，这一结果预示着生命智慧对抗挫折心理能力和挫折感可能存在中介作用。

（2）根据中介效应检验的结果，以抗挫折心理能力为自变量对挫折感进行回归分析时，标准回归系数为-0.464，当考虑中介变量生命智慧后，抗挫折心理能力对挫折感的负向预测系数由原来的 0.464 下降为 0.104，有明显的减少，但依然显著（$P<0.05$），说明师范生抗挫折心理能力一方面可以直接对挫折感产生影响，另一方面还可以通过生命智慧对挫折感产生间接影响，生命智慧在师范生的抗挫折心理能力和挫折感之间存在部分中介效应。

（3）抗挫折心理能力中的挫折复原力、人际交往能力、意志品质、生涯规划能力、信心、归因、挫折经验显著预测生命智慧。师范生的抗挫折心理能力可以解释生命智慧变异程度的 69%。其中，对生命智慧影响较大的有挫折复原力、人际交往能力，这说明与抗挫折心理能力的其他因素相比，挫折复原力与人际交往能力对生命智慧的贡献率最高，挫折复原力和人际交往能力可以看作师范生的主导性抗挫折心理能力。Friborg 等的研究发现，虽然复原力与压力密切相关，压力是复原力产生并得以发展的先决条件，但高复原力的个体知觉到更少的痛苦和压力，这说明高复原力对处理生活中的压力事件是有所裨益的，复原力能缓解挫折对个体的影响。有研究表明大学生人际交往能力可以预测其心理健康水平，大学生人际交往能力影响心理健康，人际交往能力越强，心理问题越少、心理越健康[11]。

大学生的人际交往能力越强，说明其得到的社会支持越多，当其遭遇挫折时，将会激发生命智慧中的交往智慧，使其获得更多的社会支持，让其在与老师、同学和朋友的交流中获得更多的启示，从而不会极端地看待问题，进而缓解挫折对个体产生的冲击。社会认同相当于挫折事件所带来压力的缓冲器，从教育干预的角度来看，对主导性的挫折复原力、人际交往能力进行干预有利于提高师范生的生命智慧，进而降低其挫折感。

（二）师范生的生命智慧、抗挫折心理能力与挫折感的结构模型

AMOS 的 Estimates 中分析发现，师范生的抗挫折心理能力对挫折感的显著性由不显著变为显著，同时通过对模型 3 的外源变量与内生变量的效应分解也发现，抗挫折心理能力对挫折感的间接效应与直接效应均达到了显著性水平，即表明生命智慧在模型中起到了一个中介变量的作用，在路径分析中师范生抗挫折心理能力对挫折感的直接效应为-0.04，抗挫折心理能力对挫折感的间接效应为-0.45，师范生抗挫折心理能力对挫折感的间接效应大于直接效应，可见师范生的抗挫折心理能力会影响挫折感。但这种影响更多的时候并不是直接的，主要是通过生命智慧这个中介变量起作用。师范生的生命智慧是应对负面影响的缓冲器，这为降低个体遭遇挫折时产生的挫折感提供了新的着眼点和干预方向。

根据 Kumpfer 的复原力框架理论，个体的复原力包括三个方面的内容：一是作为前提条件的环境特征（如危险因子或保护性因子）；二是作为个体的特征；三是消极事件后，对人、环境、结果之间起中介作用的动态机制以及个体良好的发展结果[12]。复原力的动态机制主要是通过内部复原力因子来产生作用的，其中内部复原力因子包括认知的、行为的、情绪的、身体的、精神的因素。在本节中，抗挫折心理能力主要是通过生命智慧对挫折感产生影响，而生命智慧表现为生命认知、生命情感、生命意志、生命行为四个方面，这四个方面的满足及获得可以使师范生的挫折感降低。因此学校的心理健康教育应建立系统的生命智慧教育体系，从生命认知、生命情感、生命意志及生命行为方面对师范生进行干预。首先应引导师范生正确进行生命认知，了解生命的来源、知道其组成、懂得其特点、掌握其规律，特别是要理解生命的价值、揭示生命的真谛；其次引导其体验生命情感，因为人们在认识生命的基础上，会对生命产生一定的体验；再次培养其生命意志，让师范生在认识和体验生命的基础上，产生为了生命的生存、享受和发展而奋斗的意志；最后还要引导其生命行为，做到有所为，有所不为，这样能够让生命智慧充分发挥其在师范生抗挫折心理能力和挫折感之间的中介作用。

目前还没有关于师范生生命智慧在抗挫折心理能力的作用机制中发挥中介效应的研究，本节探索生命智慧在抗挫折心理能力和挫折感之间的中介作用，证实

了我们的部分中介假设，即抗挫折心理能力与挫折感之间不仅是一种表面的直接联系，而且生命智慧在抗挫折心理能力与挫折感之间发挥着中介作用。该发现在理论上扩展和深化了我们对抗挫折心理能力的作用机制的认识和理解，同时也为降低个体的挫折感提供新的着眼点和干预方向，对具体的实践工作提供了理论参考价值。

四、结论

（1）师范生生命智慧、抗挫折心理能力与挫折感两两之间相关显著。

（2）师范生抗挫折心理能力的挫折复原力和人际交往能力对生命智慧起主要预测作用。

（3）师范生生命智慧在抗挫折心理能力和挫折感之间存在部分中介效应，中介效应占总效应的比例为 64.7%。

第二节　师范生生命智慧与受挫频数关系研究

一、研究概述

（一）问题提出

随着社会经济利益的重新调整，社会竞争日趋激烈化、价值观念多元化、人际关系复杂化、生活节奏迅速加快，这一切都不同程度地加重了心理发展尚未完全成熟的大学生的心理负荷。他们所承受的冲击无疑是巨大的，而随之引发的焦虑、抑郁等症状若得不到妥善的疏导，常常会导致自杀、伤害他人等严重后果。21 世纪的大学生是国家和民族振兴崛起的中坚力量，肩负着全面建设小康社会的重大历史使命，尤其是师范生，肩负着未来教师职业所连带的巨大社会责任，他们的生命智慧和抗挫折心理能力显得更加重要。师范生遭遇的挫折来自生活的方方面面，挫折是客观的，但更是主观的[13]。从挫折情境出现到挫折感产生的过程会受到诸多因素的制约，其中，认知方式和挫折承受力是其核心因素，人的主观意识可调节自己的情绪和行为。因此，面对挫折，我们并非无能为力。抗挫折心理能力是指个体遭受挫折后，能够承受挫折情境和排解挫折感的身心组织结构及其水平。它是一种可培养的走出挫折的能力。生命智慧是指接受与认识生命的意义、尊重与珍惜生命的价值、适应社会生活、学会如何生存、获得身心的全面发展、实现自我的最大潜能和价值的智慧。可见，生命智慧是如何生活得更好的智慧，也是应对多方面挫折情境的智慧，它对大学生的抗挫折心理能力具有正向预测作用[14]，对受挫频率具有负向预测作用。因此，提高生命智慧与抗挫折心理教育相辅相成。培养师范生的生命智慧教育，是当代师范生心理健康教育的重要工作。目前，生命（智慧）教育和抗挫折心理教育是缺失的，却正是急需的。同时，师范生又是将来生命教育和抗挫教育的主力军。作为未来教育工作者主体的师范生，其生命智慧和抗挫折心理更加不容忽视。目前国内外对生命智慧的研究尚在起步阶段，缺少从实证研究角度对生命智慧与受挫频数的关系进行探索。要提高师范生的生命智慧和抗挫素质，首先要了解师范生生命智慧水平和受挫状况及其关系特点。本节旨在调查师范生的生命智慧和受挫频数状况，反映现阶段师范生的生命智慧水平和遭遇的主要挫折类型；分析师范生生命智慧与受挫频数的关系，对师范生生命教育和挫折教育提出建议。有助于有的放矢地培养师范生的生命智慧，从而增强其排解和调适挫折的能力，使他们愉快地完成学业。

（二）研究方法

1. 调查对象

调查对象来自广东省7所本科院校和专科学校，均为师范生。共发放问卷1100份，收回有效问卷1012份，有效回收率为92.0%。其中，本科生714人，专科生298人；城镇生源336人，农村生源676人；大一、大二、大三、大四分别为308、361、204、139人；男生264名，女生748名。以班级为单位随机抽样，样本中的男女比例反映了当前师范院校学生整体的性别比例。

2. 研究工具

（1）生命智慧问卷
采用自编的"生命智慧问卷"，参见附录一。
（2）大学生挫折频数问卷[15]
采用自编的"大学生挫折感问卷"，参见附录三。

（三）施测过程和数据处理

以班级为单位进行集体施测。施测者采用统一的指导语，并对整个施测过程进行监督。调查对象认真完成问卷，经负责人仔细检查无误后收集起来。整个施测时间为20~25分钟。所得问卷数据全部采用SPSS软件进行处理。

二、结果

（一）师范生挫折频数的描述统计结果

从表 5-6 的结果可以看出，师范生所遭遇的各种挫折中，来自情绪、择业和学习方面的挫折排在前三位。

表 5-6　师范生挫折频数的描述统计结果

挫折频数指标	学习	人际	恋爱	情绪	健康	适应	家庭	学校	择业	总分
M	2.44	2.23	1.89	2.60	1.78	1.85	1.71	2.25	2.51	2.14
SD	0.56	0.61	0.72	0.76	0.67	0.63	0.66	0.74	0.83	0.51

（二）选取情绪、择业和学习挫折频数进行比较分析

1. 师范生情绪、择业和学习挫折频数的年级比较

各年级师范生的情绪挫折频数没有显著差异，$F(3, 710)=1.523$，$P=0.207$。从表 5-7 可知，在择业挫折频数上，大二学生（$M=2.57$）比大一学生（$M=2.36$）遭遇更多择业挫折，$P=0.006$；大四学生（$M=2.57$）比大一学生（$M=2.36$）遭遇更多择业挫折，$P=0.019$。

表 5-7　师范生择业挫折频数的年级比较

年级	大一	大二	大三	大四
	$M=2.36$	$M=2.57$	$M=2.41$	$M=2.57$
	$SD=0.81$	$SD=0.81$	$SD=0.86$	$SD=0.81$
大一				
大二	0.006**			
大三	0.544	0.091		
大四	0.019*	0.992	0.131	

注：*表示 $P<0.05$，**表示 $P<0.01$

从表 5-8 可知，在学习挫折频数上，大四学生（$M=2.54$）比大三学生（$M=2.39$）遭遇更多学习挫折，$P=0.036$。

表 5-8　师范生学习挫折频数的年级比较

年级	大一	大二	大三	大四
	$M=2.42$	$M=2.51$	$M=2.39$	$M=2.54$
	$SD=0.53$	$SD=0.49$	$SD=0.59$	$SD=0.71$
大一				
大二	0.099			
大三	0.622	0.058		
大四	0.060	0.642	0.036*	

注：*表示 $P<0.05$

2. 性别变量和家庭来源对师范生学习、情绪和择业挫折频数的交互作用

在学习挫折频数上，性别变量的主效应显著，$F(1,1008)=12.793$，$P<0.0005$；但家庭来源的主效应不显著，$F<1$。性别变量和家庭来源之间无交互作用，$F<1$。由表 5-9 可知，在情绪挫折频数上，性别变量的主效应显著，$F(1,1008)=16.120$，$P<0.0005$；家庭来源的主效应不显著，$F<1$；性别变量与家庭来源之间的交互作用达到边缘显著，$F(1,1008)=3.55$，$P=0.06$。对于城镇生源师范生而言，性别变量的主效应不显著，$F(1,1009)=2.34$，$P=0.126$；但是对于农村生源师范生而言，性别变量的主效应显著，$F(1,1009)=29.17$，$P<0.0005$，与男生（$M=2.36$，$SD=0.71$）相比，女生（$M=2.70$，$SD=0.75$）遭遇的情绪挫折更多。

表 5-9　性别变量和家庭来源对师范生情绪挫折频数影响的两因素变异数分析摘要表

变异来源	离均差平方和	χ^2/df	均方	F	P
性别	9.034	1	9.034	16.120	0.000
家庭来源	0.025	1	0.025	0.045	0.833
性别×家庭来源	1.989	1	1.989	3.550	0.060
误差	564.902	1008	0.560		
总和	7408.750	1012			

表 5-10 说明，在择业挫折频数上，性别变量的主效应不显著，$F<1$；家庭来源的主效应也未达到显著水平，$F(1,1008)=1.136$，$P=0.287$。但是性别变量和家庭来源之间的交互作用达到显著水平，$F(1,1008)=6.832$，$P=0.009$。对于城镇师范生而言，性别变量的主效应不显著，$F<1$；但是对于农村师范生而言，性别变量的主效应显著，$F(1,1009)=7.78$，$P=0.005$，与男生（$M=2.36$，$SD=0.82$）相比，女生（$M=2.57$，$SD=0.82$）遭遇到更多择业挫折。

表 5-10   性别变量和家庭来源对师范生择业挫折频数影响的两因素变异数分析摘要表

变异来源	离均差平方和	χ^2/df	均方	F	P
性别	0.341	1	0.341	0.501	0.479
家庭来源	0.733	1	0.733	1.136	0.287
性别×家庭来源	4.649	1	4.649	6.832	0.009
误差	685.903	1008	0.680		
总和	7043.694	1012			

（三）师范生生命智慧与挫折频数的关系

1. 师范生生命智慧与挫折频数的相关关系

将被试在"大学生生命智慧问卷"的 11 个因子得到的分分别与其在"大学生挫折频数问卷调查表"的 9 个维度上得到的分作相关分析，结果如表 5-11 所示。

表 5-11   师范生生命智慧与挫折频数相关关系统计结果

因素	学习	人际交往	恋爱	情绪	健康	适应	家庭	学校	择业	总分
认知	-0.305**	-0.265**	-0.276**	-0.265**	-0.274**	-0.292**	-0.290**	-0.262**	-0.253**	-0.367**
非认知	-0.436**	-0.355**	-0.208**	-0.410**	-0.253**	-0.283**	-0.268**	-0.328**	-0.385**	-0.435**
技能	-0.172**	-0.219**	-0.283**	-0.083**	-0.280**	-0.297**	-0.305**	-0.176**	-0.147**	-0.287**
学习	-0.262**	-0.145**	-0.082**	-0.199**	-0.071*	-0.109**	-0.090**	-0.211**	-0.236**	-0.211**
学校	-0.296**	-0.207**	-0.175**	-0.227**	-0.208**	-0.217**	-0.233**	-0.396**	-0.294**	-0.337**
适应	-0.266**	-0.247**	-0.298**	-0.178**	-0.348**	-0.350**	-0.377**	-0.310**	-0.287**	-0.394**
交往	-0.267**	-0.280**	-0.207**	-0.219**	-0.264**	-0.281**	-0.276**	-0.244**	-0.229**	-0.334**
择业	-0.249**	-0.185**	-0.104**	-0.220**	-0.160**	-0.177**	-0.149**	-0.231**	-0.246**	-0.257**
恋爱	-0.240**	-0.189**	-0.101**	-0.202**	-0.210**	-0.245**	-0.187**	-0.209**	-0.201**	-0.263**
健康	-0.221**	-0.205**	-0.299**	-0.174**	-0.296**	-0.312**	-0.329**	-0.247**	-0.209**	-0.339**
家庭	-0.222**	-0.240**	-0.302**	-0.173**	-0.384**	-0.394**	-0.451**	-0.259**	-0.242**	-0.393**
总分	-0.393**	-0.334**	-0.304**	-0.315**	-0.358**	-0.387**	-0.385**	-0.385**	-0.365**	-0.478**

注：*表示 $P<0.05$，**表示 $P<0.01$

师范生生命智慧水平与挫折频数之间具有显著的负相关关系。尤其是认知智慧、生命非认知智慧、学校智慧、适应智慧、交往智慧、恋爱智慧、健康智慧和家庭智慧与受挫频率之间的关系非常密切。说明富有生命智慧的师范生较少遭受挫折，而缺乏生命智慧的师范生较容易遭受挫折。

2. 师范生生命智慧对挫折频数的预测作用

在相关分析的基础上，以师范生遭遇最多的情绪、择业和学习挫折频数为因变量，生命智慧各因子为预测变量，进行逐步回归分析，结果如表 5-12 所示。生命非认知智慧对情绪、学习和择业挫折频数均具有重要预测作用，可以看出，各方程模型均显著。其中，学习挫折频数＝4.195，生命非认知智慧-0.357，学校智慧-0.106，恋爱智慧-0.068；生命非认知智慧、学校智慧和恋爱智慧联合解释了师范生学习挫折频数 20.1%的变异。情绪挫折频数＝4.474，生命非认知智慧-0.410；生命非认知智慧独立解释了师范生情绪挫折频数 16.8%的变异。择业挫折频数＝5.191，生命非认知智慧-0.270，适应智慧-0.080，学校智慧-0.105，家庭智慧-0.070；生命非认知智慧、适应智慧、学校智慧和家庭智慧联合解释了师范生择业挫折频数 17.1%的变异。

表 5-12　师范生的生命智慧对情绪、择业和学习挫折频数的回归分析

因变量	预测变量	B	SE_B	B 的显著水平	B 的 95%置信区间下限	B 的 95%置信区间上限	β
学习挫折频数	生命非认知智慧	-0.335	0.032	0.000	-0.398	-0.272	-0.357
	学校智慧	-0.082	0.025	0.001	-0.031	-0.033	-0.106
	恋爱智慧	-0.060	0.027	-0.068	-0.113	-0.007	-0.068
	常数			4.195			
	R^2 修正值			0.201			
	模型显著水平			0.000			
情绪挫折频数	生命非认知智慧	-0.517	0.036	0.000	-0.588	-0.446	-0.410
	常数			4.474			
	R^2 修正值			0.168			
	模型显著水平			0.000			
择业挫折频数	生命非认知智慧	-0.372	0.048	0.000	-0.466	-0.277	-0.270
	适应智慧	-0.116	0.053	0.028	-0.219	-0.012	-0.080
	学校智慧	-0.119	0.039	0.003	-0.197	-0.042	-0.105
	家庭智慧	-0.093	0.044	0.036	-0.180	-0.006	-0.070
	常数			5.191			
	R^2 修正值			0.171			
	模型显著水平			0.000			

三、讨论

（一）师范生受挫频数的特点

从总体均值来看，师范生的挫折情境主要发生在情绪、择业和学习上。他们

普遍情绪波动较大[16]、对未来感到迷茫、学习方法不佳。与李晓峰等[17]对大学生挫折情境的研究相比，师范生与整个大学生群体所遇到的挫折大体一致。本节重点分析师范生的主要受挫类型：情绪受挫、择业受挫和学习受挫。

1. 师范生情绪受挫频数的特点

未来对教师素质的要求是多方面的，其中，良好的情绪调控能力是师范院校学生必备的关键素质之一，它关系到未来教育能否真正从应试教育转向素质教育。但是，从研究结果来看，情绪挫折是师范生遭遇到的最多的挫折类型。而且，对于各年级学生的情绪挫折频数并没有显著差异说明他们均在情绪挫折上受到较大困扰。

性别变量与家庭来源之间的交互作用影响到师范生的情绪挫折问题。对于城镇生源师范生而言，性别变量的主效应不显著；但是对于农村生源师范生而言，性别变量的主效应显著，即与男生相比，女生遭遇的情绪挫折更多。大学阶段是个人人格发展、世界观形成的关键时期。女师范生作为一个特殊的群体，传统文化和传统性别角色与现代意识之间的矛盾，加剧了她们内心的矛盾和冲突。相比而言，女生的情绪状态具有热情开放，富有激情和幻想，敢想敢做等特点；但容易出现抑郁，焦虑，多愁善感等不稳定情绪。表现为更容易因情绪波动大而感到烦恼；情绪变化更容易受到外界的干扰等。一方面，大学生对各种新鲜事物特别好奇，朝气蓬勃，积极进取；另一方面又因类似考试失败、人际关系、恋爱问题甚至天气变化等原因导致她们产生诸多消极情绪[18]。此外，由于女性心思细腻的特点，在与同学相处的过程中，更容易产生斤斤计较、忌妒、猜疑等心理[19]，从而产生更为严重的情绪问题[20]。而对于农村生源的女师范生而言，这种矛盾和冲突就显得尤为突出。男生的情绪状态要比女生相对趋向稳定、主动和敢为性强，更有独立性和刚毅性；但当情绪冲动时，也容易出现情绪失控、行为过激。

2. 师范生择业受挫频数的特点

择业挫折类型是师范生遭遇的第二多的挫折。师范生的择业受挫频数总体上体现为高年级学生比低年级学生高。师范生就业难度逐年增大，究其原因乃是多方面因素综合作用的结果[21]。2010年,全国高等院校师范类毕业生总数超过60万，而整个教育系统提供的用人需求不足 25 万[22]。近年来，城镇中小学校合并数目较多，教师需求量锐减，而各大师范院校的招生规模有增无减，导致累计进入就业市场的师范生数量增多。这一增一减，使师范生的就业形势更加严峻。在珠三角，教师考试上岗的竞争比例平均是 40∶1[23]。面对如此形势，对于正处于青春期向青年期过渡，生理发育并未完全成熟，心理上也经历着急剧变化的师范生来说，压力之大可想而知。

此外，来自城镇的师范生和来自农村的师范生都为前途而感到担忧无助。但是，性别变量与家庭来源的相互作用又使师范生的择业挫折有一定差别：对于城镇师范生而言，性别变量的主效应不显著；但是对于农村师范生而言，性别变量的主效应显著，与男生相比，女生遭遇到更多择业挫折。其原因是多方面的，例如，学校招聘受编制、人事、财政及教育行政管理部门等多方制约；基层学校教职工结构配置不尽合理；大量非教学人员占用编制，造成表面上教师岗位超编、实际上教学力量不足；非师范生竞争教师岗位导致师范生"错位性"失业；用人单位普遍存在"重男轻女"的现象及"潜规则"现象等一系列弊端导致了农村生源女师范生就业挫折增多。另外，她们的择业挫折也可能来自于对所学专业的社会需求的担忧，以及对自身素质的不满等。

3. 师范生学习受挫频数的特点

大四学生遭遇的学习挫折比大三要多；而专科各年级师范生的学习挫折频数没有显著差异。大四学生面对严峻的就业形势，一方面开始为自身学习成绩与自我要求和社会期待的差距而感到懊悔；另一方面难以平衡找工作和学习之间的矛盾冲突，因而遇到的挫折频数相对较高。另外，师范生中考研群体的学习挫折也是不容忽视的。

（二）师范生生命智慧与受挫频数的关系

统计结果显示，师范生生命智慧水平与挫折频数之间存在显著的负相关关系。生命智慧水平对挫折频数有重要影响，具有预测作用。

1. 生命非认知智慧对师范生的情绪、学习和择业挫折频数均有预测作用

拥有积极、乐观的生活态度，了解并能把握自己，对师范生正确对待情绪、学习和择业等挫折有积极作用。师范生在校期间的各种挫折体验：如学习不顺、生活不适应、人际关系紧张、恋爱失败、家境贫寒等，都会使他们感到失望、苦恼、悲观，从而引起强烈的消极情绪体验。这时，应指导他们保持豁达的心态，随时注意调节自己的情绪，学会用积极的心理防卫机制来缓解心理压力。他们对待生活的态度是至关重要的。应重视培养大学生正确的人生观和价值观；培养大学生自强不息、百折不挠、积极乐观、悦纳自我、热爱生活等非智力心理素质；培养师范生的情绪智力，加强他们的情绪技能的训练[1]，从而达到提升其生命非认知智慧的目的。

2. 学校智慧对师范生的学习和择业挫折频数均有预测作用

师范生能否接纳自己的大学，对其学习和就业心态有重要影响。拥有良好学校智慧的人，将认识到成才的关键是靠自己而不是学校的知名度，因此，会加倍努力学习，不断"充电"，让自己在社会竞争中更有优势。一个对所在学校不认可的人，面对激烈的竞争容易产生自卑感，从而难以应付学习和就业中的种种挫折。

3. 师范生的恋爱智慧是其学习挫折频数的重要预测变量

随着大学生的生理、心理不断成熟及社交范围不断扩大，青春的懵懂使得学生们开始涉足爱情这个领域。《中华人民共和国婚姻法》的修订意味着大学生恋爱结婚得到了法律的认可，但是，不少家长和老师依然视之为大学生的"禁区"，因为学生恋爱必定会影响其身心健康、影响其学业成绩的观念根深蒂固。而大学生恋爱几乎成了一种极为普遍的现象，单纯地运用制止、监管等粗暴的方式并不能从根本上解决问题。再者，大学生恋爱也并非百害而无一益。应重视培养其恋爱智慧，使其树立正确的恋爱观和价值观，为未来生活做准备。只有基于这种出发点，才容易被大学生所接受，才有利于其身心健康。

4. 适应智慧和家庭智慧也是师范生择业挫折频数的重要预测变量

敢于拼搏，并努力锻炼自身能力，不断提升自我价值，拥有"如何生存的智慧"的师范生才能更好地应对择业挫折。大学生活与中学生活有着明显的不同，包括环境的改变、学习方式的改变、生活习惯的改变等。适应大学的环境意味着师范生必须独立地解决衣食住行的各种问题。家庭是否民主和谐，是否能与父母良好的沟通，也影响着师范生能否顺利解决择业挫折。因此，良好的适应智慧和家庭智慧是师范生在就业竞争中胜出的必要条件。

四、结论

（1）师范生的主要挫折类型是情绪挫折、择业挫折和学习挫折。

（2）师范生的挫折频数存在年级差异。高年级学生比低年级学生遭遇更多择业挫折，大四学生的学习挫折比大三学生要多。

（3）性别变量和家庭来源的交互作用影响到师范生的情绪挫折和择业挫折问题。表现为对于农村生源师范生而言，女生比男生遭遇更多的情绪挫折和择业挫折。

（4）师范生情绪挫折频数的有效预测变量是生命非认知智慧。学习挫折频数的有效预测变量是生命非认知智慧、学校智慧和恋爱智慧。择业挫折频数的有效预测变量是生命非认知智慧、适应智慧、学校智慧和家庭智慧。

第三节　师范生生命价值观与抗挫折心理能力、挫折感的关系

一、研究概述

（一）问题提出

近年来，有关生命价值观研究的发展，为我们理解抗挫折心理能力与挫折感之间的关系提供了新的研究视角。生命价值观是人生观、价值观的重要组成部分，是人们对生命和生命目的及意义的看法，以及在人与人、人与社会、人与自然的关系中如何实现生命价值所持的基本观点[24]。目前，国内外关于生命价值观与心理健康的关系研究表明，大学生生命价值观与人格特征、父母养育方式、社会支持、压力、自杀态度和心理健康都有显著相关[25]；大学生自杀意念形成与生命价值观、应对方式有较为密切的关系，通过加强生命价值观教育和应对方式训练可以降低大学生自杀意念的产生[26]。关于大学生生命价值观及其相关研究发现[27]，健康积极的生命价值观与大学生对自杀行为性质的认识、对安乐死的态度呈极其显著正相关。消极困惑的生命价值观与其对自杀行为性质的认识、对安乐死的态度呈极其显著负相关。大学生的自杀态度与其生命价值观密切相关，生命价值观是影响大学生自杀态度的重要因素。大学生心理承受力观测值的存在说明，在一定程度上，个人的身心健康状况与外在压力成反比，而与个人的心理承受力成正比，用公式表示就是，$H = R/S$，其中 H 表示身心健康状况，S 表示压力大小，R 表示心理承受力大小。其实，在现实情境中，在大学生个人心理承受力与其承受的压力量及身心健康指标之间不是简单的函数关系[28]。

基于已有的理论与研究成果，本节假设师范生抗挫折心理能力在影响挫折感的过程中会受到生命价值观的影响，即生命价值观在抗挫折心理能力对挫折感影响的过程中发挥着部分中介作用。在研究假设的基础上，本节通过构建生命价值观在抗挫折心理能力和挫折感之间的中介作用模型，探讨抗挫折心理能力对挫折感影响中可能存在的因素，寻找提高师范生抗挫折心理能力的有效应对措施，同时也为高校的心理咨询、心理健康教育等提供理论依据及实践参考，从而为建设和谐高校、提高师范生的心理素质营造良好的心理环境。

（二）研究方法

1. 调查对象

本节选取在校师范生为被试，共发放问卷 1600 份，回收有效问卷 1240 份，有效率为 77.5%。其中大一学生 241 名，大二学生 453 名，大三学生 458 名，大四学生 88 名；男生 355 人，女生 885 人；独生子女 178 人，非独生子女 1062 人。

2. 研究工具

（1）抗挫折心理能力问卷

采用自编的"抗挫折心理能力"，参见附录二。

（2）生命价值观问卷

采用陈小静编制的"生命价值观问卷"[29]，该问卷共有 22 个题目，包含 6 个维度，分别是：自我实现，延续，终结，回报社会，无为，享乐。该问卷 Cronbach α 系数在 0.625～0.825，复测信度在 0.647～0.799；问卷采用 Likert 式 5 点记分的方法。1 表示完全不同意，5 表示完全同意，得分越高，说明生命价值观越正确。

（3）大学生挫折感问卷

采用自编的"大学生挫折感问卷"，参见附录三。

3. 施测过程和数据处理

以班为单位进行团体测试；所有数据采用 SPSS 和 AMOS 软件进行处理。

二、结果与分析

（一）师范生抗挫折心理能力与生命价值观的相关分析

将抗挫折心理能力总分及各因子与生命价值观总分及各因子作双变量相关分析，结果见表 5-13。结果显示，师范生抗挫折心理能力与生命价值观多个因子间存在高度相关。抗挫折心理能力与生命价值观的自我实现、延续、回报社会、享乐因子存在显著正相关关系，与无为因子存在显著负相关关系。抗挫折心理能力的归因能力因子与生命价值观的终结因子存在显著正相关关系。

表 5-13　师范生生命价值观和抗挫折心理能力的总分及各因子的相关分析

项目 因子	挫折容忍力	挫折复原力	挫折经验	生涯规划能力	信心	人际交往能力	挫折认知水平	意志品质	心理准备	归因能力	总分
自我实现	0.216***	0.413***	0.175***	0.022	0.404***	0.409***	0.495***	0.413***	0.250***	0.262***	0.424***
延续	0.156***	0.157***	0.092**	0.089**	0.094**	0.156***	0.146***	0.137***	0.081**	0.115***	0.179***
终结	0.020	0.034	0.017	0.035	0.017	0.008	-0.018	0.023	0.036	0.082**	0.032
回报社会	0.191***	0.242***	0.178***	0.102**	0.225***	0.257***	0.222***	0.237***	0.191***	0.204***	0.282***
无为	-0.026	-0.117***	-0.031	0.023	-0.096**	-0.093**	-0.128***	-0.133***	0.064*	-0.070*	-0.093***
享乐	0.180***	0.195***	0.085**	0.074**	0.153***	0.174***	0.116***	0.160***	0.143***	0.176***	0.213***
总分	0.236***	0.310***	0.166***	0.104**	0.268***	0.306***	0.296***	0.284***	0.242***	0.245***	0.343***

注：*表示 $P<0.05$，**表示 $P<0.01$，***表示 $P<0.001$

（二）师范生抗挫折心理能力与挫折感的相关分析

从表 5-14 可以看出，除生涯规划能力与恋爱挫折感、适应挫折感呈显著正相关外，抗挫折心理能力各因子与挫折感各因子之间均呈显著负相关。

表 5-14　师范生抗挫折心理能力和挫折感的总分及各因子的相关分析

项目 因子	学习挫折感	人际往挫折感	恋爱挫折感	情绪挫折感	生理康挫折感	适应挫折感	家庭挫折感	学校挫折感	择业挫折感	总分
挫折容忍力	-0.236***	-0.241***	-0.064*	-0.324***	-0.131***	-0.117***	-0.144***	-0.236***	-0.314***	-0.264***
挫折复原力	-0.205***	-0.273***	-0.165***	-0.223***	-0.288***	-0.226***	-0.312***	-0.292***	-0.294***	-0.338***
挫折经验	-0.014	-0.043	0.000	-0.042	-0.087**	-0.033	-0.041	-0.080**	-0.138***	-0.069*
生涯规划能力	-0.100***	-0.067*	0.056*	-0.154***	0.028	0.057*	0.029	-0.093**	-0.242***	-0.071*
信心	-0.168***	-0.231***	-0.131***	-0.200***	-0.274***	-0.187***	-0.286***	-0.250***	-0.270***	-0.296***
人际交往能力	-0.139***	-0.290***	-0.155***	-0.170***	-0.250***	-0.199***	-0.287***	-0.278***	-0.255***	-0.301***
挫折认知水平	-0.152***	-0.209***	-0.176***	-0.091***	-0.301***	-0.234***	-0.323***	-0.277***	-0.169***	-0.288***
意志品质	-0.187***	-0.247***	-0.151***	-0.224***	-0.267***	-0.200***	-0.285***	-0.271***	-0.296***	-0.315***
心理准备	-0.094***	-0.127***	-0.047	-0.050	-0.122***	-0.090**	-0.134***	-0.190***	-0.198***	-0.158***
归因能力	-0.122***	-0.158***	-0.084**	-0.123***	-0.121***	-0.111***	-0.163***	-0.207***	-0.249***	-0.199***
总分	-0.225***	-0.290***	-0.138***	-0.268***	-0.262***	-0.201***	-0.283***	-0.316***	-0.353***	-0.345***

注：*表示 $P<0.05$，**表示 $P<0.01$，***表示 $P<0.001$

（三）师范生生命价值观与挫折感的相关分析

将生命价值观总分及各因子与挫折感总分及各因子作双变量相关分析，结果见表 5-15。可以看出，生命价值观的自我实现、回报社会因子与挫折感具有显著负相关关系，终结、无为因子与挫折感具有显著正相关关系。生命价值观的延续因子与挫折感的生理健康因子具有显著正相关关系。

表 5-15　师范生生命价值观与挫折感的总分及各因子的相关分析

项目 因子	学习 挫折感	人际往 挫折感	恋爱 挫折感	情绪 挫折感	生理康 挫折感	适应 挫折感	家庭 挫折感	学校 挫折感	择业 挫折感	总分
自我实现	-0.138***	-0.272***	-0.312***	-0.100***	-0.440***	-0.361***	-0.482***	-0.320***	-0.178***	-0.388***
延续	0.008	0.005	0.015	0.031	0.067*	0.040	0.010	0.013	-0.013	0.023
终结	0.038	0.013	0.049	0.029	0.072*	0.072*	0.069*	0.036	0.054	0.063*
回报社会	-0.054	-0.072*	-0.035	-0.048	-0.069*	-0.085**	-0.125***	-0.132***	-0.091**	-0.105***
无为	0.103***	0.172***	0.229***	0.119***	0.221***	0.180***	0.209***	0.140***	0.126***	0.223***
享乐	0.016	-0.015	0.046	0.021	0.011	-0.028	-0.012	0.018	-0.022	0.004
总分	-0.020	-0.074**	-0.036	0.009	-0.079**	-0.083**	-0.142***	-0.100***	-0.051	-0.087**

注：*表示 $P<0.05$，**表示 $P<0.01$，***表示 $P<0.001$

上述分析说明，抗挫折心理能力与生命价值观具有显著正相关关系，与挫折感具有显著负相关关系。生命价值观与挫折感具有显著负相关关系，但相关性较弱。这说明师范生的生命价值观越正确，他们抗挫折心理能力越高，挫折感就越低。该结果表明，可以进一步考察抗挫折心理能力、生命价值观和挫折感之间的关系，进行中介作用检验。

（四）结构建模

1. 生命价值观的中介作用检验

由前面的相关分析可知，抗挫折心理能力、生命价值观、挫折感三者之间存在显著的相关关系，符合中介效应检验的前提条件。根据中介效应检验程序，对生命价值观作进一步的中介效应检验[6]。具体步骤：第一步，以抗挫折心理能力作为自变量(x)，挫折感作为因变量(y)，进行回归分析，检验 c；第二步，以抗挫折心理能力作为自变量(x)，生命价值观为因变量(w)，进行回归分析，检验 a；第三步，以抗挫折心理能力(x)和生命价值观(w)作为自变量，挫折感作为因变量(y)，进行多元回归分析，检验 b 和 c'。具体分析结果见表 5-16，其中的结果为标准化解。

表 5-16　生命价值观的中介作用分析结果

	标准化回归方程	T
第一步	$y=-0.345x$	$SE=0.043$, $t=-12.948$***
第二步	$w=0.343x$	$SE=0.011$, $t=12.863$***

续表

	标准化回归方程	T
第三步	$y=0.035w-0.357x$	$SE=0.112$，$t=1.243$ $SE=0.045$，$t=-12.590$***

注：SE 为标准误差

表 5-17 说明，将所有变量中心化（即均值为零），以抗挫折心理能力作为自变量对挫折感进行回归分析，回归方程 F 值显著（$F=167.654$，$P<0.001$），标准回归系数为-0.345（$t=-12.948$，$P<0.001$）。中介模型的回归系数 c 显著，可以做 Baron 和 Kenny 的部分中介检验，依次检验系数 a 和 b。通过检验发现，以抗挫折心理能力作为自变量对生命价值观进行回归分析，其回归方程 F 值显著（$F=165.469$，$P<0.001$），标准回归系数为 0.343（$t=12.863$，$P<0.001$），即回归系数 a 显著，而将自变量与中介变量同时代入回归方程时，中介变量对因变量的标准回归系数为 0.035（$t=1.243$，$P>0.05$），即系数 b 不显著，需要进行第四步检验。第四步，根据 Sobel 检验公式，进行生命价值观的中介效应检验。检验得出，生命价值观中介变量的 Z 分数为 0.31，没有达到显著性水平。说明抗挫折心理能力对挫折感的影响通过生命价值观的中介作用不显著，主要是通过直接途径起作用。

2. 生命价值观在抗挫折心理能力与挫折感之间的路径分析

上文用回归方法检验得出，生命价值观在抗挫折心理能力对挫折感的影响中不具有中介作用。但由于回归法有变量组数上的限制，而结构方程模型却可以同时对多组变量进行检验，并能评价整个模型的拟合效果，可以有效地减少 I 类错误的发生，所以本研究尝试利用 AMOS 结构方程进一步检验生命价值观作为中介的路径模型。

为简化模型，本研究使用项目组合技术。项目组合是对同一量表中的若干项目进行整合（加和或平均）并形成新的观测指标。[14]由于本研究的潜变量是多维结构，采用领域代表法可以使得每个项目小组能够独自反映整个潜变量的多维结构，从而取得较好的参数估计效果，故采取领域代表法组合项目。

研究采用模型设定策略，建立三个模型：模型 1 为无中介变量模型（生命价值观与挫折感的路径系数设为 0），模型 2 为完全中介变量模型（抗挫折心理能力和挫折感的路径系数设为 0），模型 3 为部分中介变量模型（抗挫折心理能力、生命价值观和挫折感三者的路径系数设为自由）。

表 5-17　各结构模型的拟合指数

模型	χ^2	df	χ^2/df	GFI	CFI	TLI	NFI	AGFI	RMSEA
模型 1	22.275	13	1.713	0.987	0.995	0.992	0.988	0.971	0.039

续表

模型	χ^2	df	χ^2/df	GFI	CFI	TLI	NFI	AGFI	RMSEA
模型2	21.989	12	1.832	0.987	0.995	0.991	0.988	0.969	0.042
模型3	73.811	13	5.678	0.959	0.967	0.947	0.960	0.912	0.100

表5-17为三个模型的拟合指数，根据吴明隆的评价标准，模型3多项指标没能达到要求[9]。模型1与模型2的各项拟合指数都达到标准，但在查看AMOS的Estimates时发现，模型2的生命价值观对挫折感的路径系数（$P>0.05$）不显著，不能接受模型2，而模型1的各项指标都符合标准。因此，本研究接受模型5-3，即无中介变量模型，其路径图如图5-3所示。

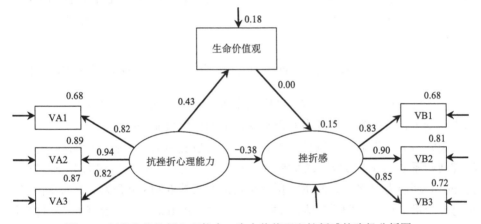

图5-3　师范生抗挫折心理能力、生命价值观和挫折感的路径分析图

图5-3表明，师范生抗挫折心理能力不通过生命价值观间接影响挫折感，抗挫折心理能力对生命价值观和挫折感的直接效应分别为0.43和-0.38。抗挫折心理能力能解释生命价值观18%的变异量，解释挫折感的变异量为15%，生命价值观对挫折感不具有预测作用。抗挫折心理能力对挫折感的直接效应（$\beta=-0.38$，$P<0.001$）达到显著性水平，对生命价值观的直接效应（$\beta=0.43$，$P<0.001$）也达到了显著性水平。由此说明，抗挫折心理能力对生命价值观有正向的预测作用，对挫折感有负向预测作用，但生命价值观对挫折感不具有预测作用。

结果表明，生命价值观在抗挫折心理能力对挫折感影响的路径中不起中介作用。

三、讨论

（一）师范生抗挫折心理能力与生命价值观的相关分析

从相关分析来看，师范生抗挫折心理能力与生命价值观的相关显著。积极的生命价值观与抗挫折心理能力具有显著的正相关关系。这说明，拥有正确生命价值观的师范生，其应对挫折的能力也会相应地有所提升，面对挫折情景时，能有效降低挫折所带来的不良情绪影响。这与以往的研究一致，如卢毅等利用问卷测量法，对南昌市 5 所高校的大学生的调查显示，拥有积极向上的生命价值观的大学生，能够正确面对困难与挫折，乐观面对生活[30]。另外，消极的生命价值观与抗挫折心理能力显著负相关。这说明，师范生消极的生命价值观会使其调适挫折的能力、信心、人际交往能力、对挫折的认知能力、意志和归因能力都出现明显的下降，在面对挫折情景时，产生的负面情绪会显著增强。向楠等的研究也表明，消极的生命价值观会导致各种心理问题的增多，而且抗挫折心理能力差[31]。因此，高校心理健康教育工作者应在培养师范生坚强意志，提高抗挫折心理能力的同时，也要重视生命价值观对大学生产生的影响作用，引导学生树立正确的生命价值观，养成健康的心态。

（二）师范生抗挫折心理能力、生命价值观与挫折感的模型分析

本研究通过对大学生群体中的师范生进行调查研究，主要探讨生命价值观作为中介变量在抗挫折心理能力对挫折感影响的作用机制的研究。

中介检验结果显示，以抗挫折心理能力为自变量对挫折感进行回归分析时，标准回归系数为-0.345（$t=-12.948$，$P<0.001$），当考虑生命价值观的中介变量后，抗挫折心理能力对挫折感的负向预测系数由原来的 0.345 上升为 0.357，而中介变量对因变量的标准回归系数为 0.035（$t=1.243$，$P>0.05$），生命价值观对挫折感的影响并不显著。在随后的 Sobel 检验中，生命价值观的中介效应（$Z=0.31$）也没有达到显著性的要求。

AMOS 分析显示，无中介变量模型比部分中介变量拟合更优，而完全中介模型则完全不能拟合。抗挫折心理能力对生命价值观有正向的预测作用（$\beta=0.43$，$P<0.001$），对挫折感也有负向预测作用（$\beta=-0.38$，$P<0.001$），但生命价值观对挫折感不具有预测作用。说明本研究中，生命价值观在抗挫折心理能力对挫折感的预测中没有起到中介作用。本研究的相关分析结果表明，抗挫折心理能力与生命价值观具有显著正相关，与挫折感具有显著负相关，说明大学生的抗挫折心理能力越强，他的生命价值观也是越正确的，挫折对他们产生的不良情绪很小。而生命价值观虽然和挫折感的相关性显著，但他们的相关关系极弱。这说明，生命价值观对挫折感的影响很微弱，大学生挫折感的产生是由多方面因素共同作用的。同时也可以推测，在抗挫折心理能力、生命价值观和挫折感三者之间，还存在着其他变量的影响。

四、结论

（1）师范生抗挫折心理能力、生命价值观与挫折感之间两两相关显著。

（2）师范生抗挫折心理能力对挫折感有显著负向预测作用，对生命价值观有显著正向预测作用，生命价值观对挫折感的预测作用不显著。

（3）生命价值观在师范生抗挫折心理能力对挫折感的影响中起部分中介作用。

参 考 文 献

[1] 张旭东. 大学生生命教育模式研究. 中国科学技术出版社，2008.

[2] 刘华山. "高校学生自杀状况及干预对策"课题. 第十届全国心理学学术大会，2005.

[3] 马艳玲. 关于大学生自杀的调查分析及启示. 山东省青年管理干部学院学报，2004，(1)：32-33.

[4] 李夏妍，王丹丹，张旭东. 大学生生命智慧与受挫频率的相关研究. 内蒙古民族大学学报，2008，(7)：457-459.

[5] 朱新秤. 进化人格心理学：理论、意义与局限. 华中师范大学学报，2010，49(1)：131-136.

[6] 温忠麟，张雷，侯泰杰，等. 中介效应检验程序及其应用. 心理学报，2004，36(5)：614-620.

[7] Baron R M，Kenny D A.The Moderator-Mediator variable distinctioninsocial psychological research：Conceptual，strategic，and statistical considerations.Journal of Personality and Social Psychology，1986，51（6）：1173-1182.

[8] 侯泰杰，温忠麟，成子娟. 结构方程模型及其应用. 北京：教育科学出版社，2004：141-156.

[9] 吴明隆. 结构方程模型——AMOS 的操作与应用.重庆：重庆大学出版社，2010：37-62.

[10] 张旭东，张布和，孙林. 大学生生命智慧与抗挫素质的相关研究. 内蒙古民族大学学报，2008，(2)：69-70.

[11] 潘书波. 师范专业大学生心理健康状况调查结果分析. 体育与科学，2002，23(1)：70-72.

[12] Kumpfer K L，Bluth B. Parent/child transactional processes processes predictive of resilience or vulnerability to "substance abuse disorders". Substance Use & Misuse，2004，39(5)：671-698.

[13] 张旭东，车文博. 大学生挫折的成因分析及教育对策. 内蒙古社会科学（汉文版），2001，22(6)：101-104.

[14] 张旭东，陈少珍，李志玲，等. 大学生生命智慧与应付方式的关系探讨. 心理科学，2008，31(2)：725-728.

[15] 张旭东. 当代大学生心理挫折及调适. 中国科学技术出版社，2002.

[16] 包满都拉，岳淑丽. 师范生情绪稳定性、兴奋性、忧虑性和紧张性的研究. 内蒙古民族大学学报（自然科学版），2003，18(5)：479-480.

[17] 李晓峰，许占权，张旭东. 大学生的挫折情境、挫折感现状解析. 2008，(7)：201-205.

[18] 陈娉美. 女大学生情绪稳定性的研究. 大学教育科学，2003，(4)：81-83.

[19] 郝善学，张姝，刘广林，等. 女大学生心理健康状况的调查研究. 四川理工学院学报（社会科学版），2006，21(6)：135-138.

[20] 钱琴珍. 女大学生心理健康的测试与培养. 心理科学.2004，27(4)：990-992.

[21] 周奋. 师范生就业形势现状透析. 文教资料，2007，(17)：58-60.

[22] 韩雪. 师范生就业形势严峻急需"趟"出新路子. http://www.edu.cn/gao_jiao_news_367/20100429/t20100429_470689.shtml[2010-04-29].

[23] 郑俊娜.本科师范生："夹心层"的难处谁人懂？http://news.haedu.cn/qzzp/095523e4z2.html[2010-08-26].

[24] 芮雪，姚本先. 大学生生命价值观的研究：现状、问题及趋势. 中国德育，2008，(3)：89-91.

[25] 王小桃. 转型期大学生生命价值观与心理健康相互影响机制的研究. 宜春学院学报，2010，32(8)：73-75.

[26] 李艳兰，王小桃，胡海青，等. 生命价值观、应对方式与大学生自杀意念关系的研究. 中国健康教育，2009，25(10)：743-745.

[27] 卓莜芸. 大学生生命价值观及其相关研究. 南昌：江西师范大学，2009.

[28] 陈建文，王滔. 关于大学生心理承受力的几个基本问题. 现代教育科学，2004(4)：72-74.

[29] 陈小静. 硕士研究生生命价值观问卷的编制及现状特点研究. 重庆：西南大学，2011.

[30] 卢毅，蒋意春. 大学生生命价值观分析与加强生命教育对策研究. 宜春学院学报，2009，(12)：27-29.

[31] 向楠，朱世宏. 当代大学生生命价值观现状与对策分析. 西南石油大学学报(社会科学版)，2010，(5)：100-116.

[32] 宋静媛，李丹，刘婷，等. 四川省某高校学生生命价值观对心理健康的影响分析.现代预防医学，2011，38(9)：1690-1691.

第六章　与大学生生命智慧相关的因素研究

自 20 世纪 90 时代末塞利格曼提出积极心理学后，积极心理品质便受到了众多关注，它对众多心理特质有积极影响，能促进大学生心理健康水平的提高。生命愿景是一个新的建构，是对自我超越的生命意义的信念追寻和执著，以及由此产生的生命控制感。在当代大学生面临的巨大压力之下，对他们的心理复原力的研究也尤为重要。因此，优化大学生的积极心理品质，提高大学生心理复原力，培养其生命愿景的任务迫在眉睫。

第一节　大学生生命愿景的影响因素研究

一、研究概述

（一）问题提出

本节旨在探讨大学生积极心理品质的现状与特点，揭示其对生命愿景、复原力的影响机制，对优化和培养地方普通院校大学生的积极心理品质，有效提高他们的复原力，减少压力和挫折困扰，减轻由此带来的不良心理感受，促进他们的心理健康有着极其重要的现实意义。积极心理品质是积极心理学的核心，指的是个体在成长过程中与周围环境相互作用所产生的一种持久的、积极乐观的情感体验和态度[1]。积极心理品质的培养对于大学生而言具有十分重要的作用，不仅表现在促进大学生的身心健康发展，而且在提高大学生复原力、促使大学生积极面对生活中的挫折，承受各方面的压力等方面都有不容忽视的作用。不少学者认为，应该将积极心理品质的培养作为心理健康教育的重要价值取向。

生命愿景由清华大学李虹提出，作为一种新的应对源，即一种精神化的应对源。李虹将生命愿景定义为：对于自我超越的生命意义的信念追寻和执著，以及由此产生的生命控制感。每人都有自己的生命愿景，是对生命意义的追寻和生命使命的承诺，它具体表现为自我超越的生命意义、对意义的追寻及生命控制感三个维度。生命愿景是一个内涵丰富的概念，包含信念、想象、期望、乐观而又现实的思维方式等成分，它对个体心理健康的某些方面有调节作用[2]。目前，国内外关于生命愿景的研究正处于起步阶段，该理论的有效性尚待研究，其可能作用机制及与其他心理品质是否具有可能关系，其可能关系的作用机制等都需要人们去研究[3]。关于大学生生命愿景的研究更是少之又少。本节主要探讨大学生的生命愿景的现状及其与大学生的复原力、积极心理品质的相关关系，希望能够丰富关于大学生生命愿景的相关研究，并为解决大学生复原力偏弱问题提供指导。

复原力，亦称心理弹性，目前对于复原力还没有统一的定义。复原力在大学生面对逆境时还有能力完成任务发挥着关键性的作用。不少研究表明，高特质性复原力个体具有快速从困境中回复到积极适应状态的能力[4]。现在的复原力研究对象已经从针对单一特殊的人群逐步扩展到针对普通人群[5]。国外对复原力的研究测量虽然也有不同的思路，但是都是基于一些量表或从理论构想出发。国内关于复原力的研究基本是在重复国外的研究成果，有关大学生复原力的研究更是少之又少，而且测评工具非常单一，一般借用国外量表[6]。本节意在探讨积极心理品质与生命愿景对复原力可能的影响机制。

（二）研究方法

1. 研究对象

对广东省内 5 所地方普通院校的 1300 名大学生实施问卷调查，回收问卷 1269 份，问卷回收率为 97.6%，剔除 154 份无效问卷后，有效问卷为 1115 份，有效率为 87.86%。其中，大学一年级 419 人，二年级 301 人，三年级 180 人，四年级 215 人；男生 475 人，女生 640 人；理科生 605 人，文科生 402 人，术科生 108 人；独生子女 174 人，非独生子女 941 人；城镇生源 409 人，乡村生源 706 人；师范生 455 人，非师范生 660 人；贫困生 126 人，非贫困生 989 人。

2. 研究工具

（1）生命愿景量表。

该量表由李虹编制[7]，共有 38 道题目，包括 4 个维度：生命控制感维度（生命有依托感）、积极生命意义维度（对人生得失、成败的积极看法和态度）、意义的追寻维度（对生命意义的追寻和执著）、消极生命意义维度（对人生得失、成败的消极看法和态度）。《生命愿景量表》及各分量表的内部一致性均为满意或非常满意。其中总量表的内部一致性为非常满意（$\alpha=0.91$），《生命控制感分量表》的内部一致性为满意（$\alpha=0.87$），《积极生命意义分量表》的内部一致性为满意（$\alpha=0.79$），《消极生命意义分量表》的内部一致性为满意（$\alpha=0.77$）。总量表和各分量表的效度指标也都良好。

（2）复原力量表

采用阳毅等人编制的"大学生复原力量表"[8]，共有 31 道题目，包括 6 个维度：自我效能维度（5 个条目）、自我接纳维度（3 个条目）、稳定性维度（7 个条目）、问题解决维度（3 个条目）、朋友的支持维度（8 个条目）、家庭的支持维度（5 个条目）。该量表各因子的内部一致性在 0.6383～0.8383，全量表的 α 系数为0.8594；各因子的分半信度为0.6713～0.8600，全量表的分半信度为0.6334。对量表进行验证性因素分析，其中一些指标 $\chi^2/df=2.27$、RMSEA＝0.048、GFI ＝0.8991、IFI＝0.9006。复原力总分与 SCL-90 总分显著负相关。具有较好的信度和效度。

（3）积极心理品质问卷

采用张旭东等编制的积极心理品质问卷调查表，参见附录五。

（三）施测过程与数据处理

问卷派发采用以班为单位或随机抽取被试发放的方法，学生以无记名方式填写调查问卷；数据采用 SPSS 和 AMOS 软件进行统计学分析处理。

二、结果与分析

（一）大学生生命愿景与复原力的现状分析

本节对大学生生命愿景、复原力的描述统计结果见表 6-1。可以看出，生命愿景的生命控制感维度、消极生命意义维度主要集中在选项 2 上；而积极生命愿景维度、意义的追寻维度则主要集中在选项 3 上；表明了大学生在生命控制感维度和消极生命意义维度上得分相对较低；在积极生命意义维度、意义的追寻维度上得分相对较高。生命愿景的均值为 2.44 分，表明了大学生生命愿景总体处于一般水平。复原力总分及各维度主要集中在选项 4 上，但稳定性维度相较于其他维度得分较低；心理复原力的均值为 3.47 分，表明了大学生心理复原力总体处于一般偏上水平。

表 6-1　大学生生命愿景与复原力的描述统计结果

变量	各选项的百分比 / %					M	SD
	1	2	3	4	5		
生命控制感	21.69	40.76	30.77	6.78	0	2.23	0.26
积极生命意义	2.87	15.92	57.93	23.28	0	3.02	0.45
意义的追寻	14.04	26.41	43.23	16.32	0	2.62	0.29
消极生命意义	24.00	49.28	21.81	4.91	0	2.08	0.46
生命愿景	16.66	34.53	36.99	11.82	0	2.44	0.20
自我效能	2.64	11.77	28.61	41.99	14.99	3.55	0.52
自我接纳	2.36	13.00	25.02	49.87	9.75	3.52	0.72
稳定性	9.16	23.43	26.95	31.47	8.99	3.08	0.61
问题解决	2.78	13.10	30.08	41.91	12.13	3.48	0.70
朋友的支持	3.77	12.79	21.93	42.25	19.26	3.61	0.54
家庭的支持	3.23	12.95	19.98	40.40	23.44	3.68	0.79
心理复原力	4.48	15.11	24.91	40.18	15.32	3.47	0.39

（二）大学生生命愿景与复原力的差异性检验

本书对大学生的生命愿景与复原力的差异进行了检验。差异检验结果见表 6-2、表 6-3。由表 6-2 可知，生命愿景在总分上没有显著差异，而生命愿景中的生命控制感维度在性别、家庭来源、是否师范生这三个人口学变量上差异显著。复原力总分在性别、家庭来源中差异显著，在是否师范生方面没有显著差异，其中，在家庭的支持、朋友的支持、稳定性维度上都是女生强于男生。

表 6-2　大学生生命愿景与复原力的性别、家庭来源、是否师范生差异性检验

	性别			家庭来源			是否师范生		
	男生	女生	T	农村	城镇	T	师范生	非师范生	T
生命控制感	2.19±0.28	2.15±0.24	-3.913***	2.10±0.25	2.24±0.26	-2.668**	2.25±0.25	2.21±0.27	2.674*
消极生命意义	2.12±0.51	2.04±0.42	2.846**	2.06±0.45	2.08±0.47	-0.817	2.07±0.47	2.08±0.46	-0.145
生命愿景	2.44±0.22	2.44±0.18	0.019	2.44±0.19	2.44±0.20	-0.431	2.45±0.19	2.44±0.20	0.853
稳定性	2.99±0.64	3.14±0.59	-4.276***	3.10±0.62	3.07±0.61	0.746	3.13±0.60	3.04±0.62	2.546*
问题解决	3.51±0.70	3.45±0.70	1.226	3.53±0.71	3.44±0.70	2.001**	3.42±0.72	3.51±0.69	-2.103*
朋友的支持	3.51±0.56	3.68±0.51	-5.184***	3.67±0.54	3.57±0.53	2.909**	3.65±0.55	3.58±0.53	2.153*
家庭的支持	3.58±0.78	3.75±0.80	-3.549***	3.78±0.78	3.62±0.80	3.419**	3.72±0.80	3.65±0.78	1.583
心理复原力	3.41±0.42	3.51±0.36	-4.122***	3.52±0.40	3.44±0.38	3.263**	3.49±0.37	3.45±0.40	1.357

注：*表示 $P<0.05$，**表示 $P<0.01$，***表示 $P<0.001$

由表 6-3 可知，生命愿景、复原力总分在年级、专业及是否独生子女上都没有差异性显著，而积极生命意义、意义的追寻和消极生命意义及复原力中的自我效能、朋友的支持、家庭的支持这些维度在年级上都是差异性显著的。

表 6-3 大学生生命愿景、复原力的年级差异检验

| | 年级 | | | | |
	大一	大二	大三	大四	F 值
积极生命意义	3.10±0.44	2.97±0.44	2.98±0.45	2.96±0.45	7.407**
意义的追寻	2.64±0.26	2.58±0.29	2.62±0.26	2.64±0.34	3.048*
消极生命意义	1.96±0.44	2.14±0.42	2.15±0.50	2.14±0.50	13.927**
自我效能	3.62±0.50	3.48±0.51	3.57±0.53	3.50±0.56	4.669**
朋友的支持	3.69±0.51	3.51±0.54	3.61±0.54	3.58±0.57	7.132**
家庭的支持	3.79±0.78	3.59±0.75	3.62±0.84	3.63±0.82	4.196*

注：*表示 P 值<0.05，**表示 P 值<0.01

（三）大学生生命愿景、复原力与积极心理品质的相关分析

1. 大学生生命愿景与复原力的相关分析

对大学生的生命愿景与复原力进行双变量相关分析，结果见表 6-4。结果表示，大学生的生命愿景与复原力多个因子之间存在高度相关。生命愿景的生命控制感因子、消极的生命意义因子与复原力多个因子存在显著的负相关关系；积极的生命意义因子、意义的追寻因子与复原力多个因子存在显著的正相关关系。

表 6-4 大学生生命愿景和复原力的总分及各因子的相关分析

项目因子	自我效能	自我接纳	稳定性	问题解决	朋友的支持	家庭的支持	总分
生命控制感	−0.066*	−0.126**	0.290**	−0.113**	−0.077*	−0.090**	−0.01
积极的生命意义	0.318**	0.286**	−0.088**	0.258**	0.328**	0.247**	0.333**
意义的追寻	0.245**	0.287**	0.008	0.258**	0.234**	0.217**	0.308**
消极的生命意义	−0.173**	−0.212**	0.436**	−0.198**	−0.249**	−0.211**	−0.113**
总分	0.102**	0.05	0.336**	0.042	0.056	0.027	0.188**

注：*表示 $P<0.05$，**表示 $P<0.01$

2. 大学生生命愿景与积极心理品质的相关分析

对大学生的生命愿景与积极心理品质进行相关分析，结果见表 6-5。结果显示，大学生生命愿景与积极心理品质各因子之间存在着显著的关系。生命愿景的

生命控制感因子、消极的生命意义因子与积极心理品质多个因子间呈显著的负相关；大学生生命愿景总体积极的生命意义因子、意义的追寻因子与积极心理品质多个因子间呈显著的正相关。

表6-5　大学生生命愿景和积极心理品质的总分及各因子的相关分析

项目因子	智慧维度	勇气维度	人性维度	公正维度	节制维度	超越维度	总分
生命控制感	−0.033	−0.090**	−0.085**	−0.127**	−0.071*	−0.026	−0.090**
积极的生命意义	0.268**	0.287**	0.324**	0.401**	0.330**	0.254**	0.396**
意义的追寻	0.248**	0.243**	0.304**	0.272**	0.230**	0.195**	0.318**
消极的生命意义	−0.135**	−0.250**	−0.178**	−0.223**	−0.206**	−0.145**	−0.244**
生命愿景总分	0.115**	0.032	0.112**	0.095**	0.082**	0.090**	0.111**

注：*表示 $P<0.05$，**表示 $P<0.01$

3. 大学生复原力与积极心理品质的相关分析

对大学生的复原力与积极心理品质进行相关分析，结果见表6-6。结果显示，复原力和积极心理品质各因子之间存在着显著的相关关系。其中，复原力的自我效能因子、自我接纳因子、问题解决因子、朋友的支持因子及家庭的支持因子均与积极心理品质各因子之间存在显著的正相关；而稳定性因子与积极心理品质多个因子之间存在着显著的负相关。

表6-6　大学生复原力和积极心理品质的总分及各因子的相关分析

项目因子	智慧维度	勇气维度	人性维度	公正维度	节制维度	超越维度	总分
自我效能	0.496**	0.430**	0.475**	0.535**	0.362**	0.446**	0.593**
自我接纳	0.412**	0.369**	0.380**	0.407**	0.309**	0.325**	0.475**
稳定性	−0.047	−0.138**	−0.074*	−0.042	−0.157**	−0.017	−0.098**
问题解决	0.453**	0.478**	0.459**	0.425**	0.469**	0.365**	0.567**
朋友的支持	0.424**	0.450**	0.531**	0.485**	0.349**	0.420**	0.573**
家庭的支持	0.305**	0.361**	0.470**	0.362**	0.335**	0.345**	0.466**
总分	0.497**	0.475**	0.571**	0.542**	0.396**	0.478**	0.638**

注：*表示 $P<0.05$，**表示 $P<0.01$

（四）积极心理品质的中介作用检验

研究采用温忠麟等的中介检验程序[9]，设 X 为自变量生命愿景，Y 为因变量复原力，M 为中介变量积极心理品质，分四个步骤对积极心理品质进行中介作用检验。

1. 大学生生命愿景对复原力的回归分析

以复原力作为因变量，以生命愿景作为自变量，进行回归分析。结果见表6-7。可以看出，$F=40.646$，$P<0.001$，标准回归系数为 0.188（$t=6.375$，$P<0.001$），回归方程方差检验、回归系数检验极为显著，生命愿景可以对复原力具有预测作用；标准回归方程为：$Y=0.188x$，可以进行第二步检验。

表 6-7　大学生生命愿景对复原力的回归分析

步骤	因变量	预测变量	R	R²	F	B	β	T
第一步	复原力	方程模型	0.188	0.035	40.646***	79.474		18.027***
		生命愿景				0.302	0.188	6.375***

注：***表示 $P<0.001$

2. 大学生生命愿景对积极心理品质的回归分析

以积极心理品质作为因变量，以生命愿景作为自变量，进行回归分析。结果见表 6-8。可以看出，$F=13.937$，$P<0.001$；标准回归系数为 0.111（$t=3.733$，$P<0.001$），回归方程方差检验、回归系数检验极为显著。生命愿景对积极心理品质具有预测作用；标准回归方程为：$M=0.111x$，进行第三步检验。

表 6-8　大学生生命愿景对积极心理品质的回归分析

步骤	因变量	预测变量	R	R²	F	B	β	T
第二步	积极心理品质	方程模型	0.111	0.011	13.937***	153.93		18.378***
		生命愿景				0.336	0.111	3.733***

注：***表示 $P<0.001$

3. 大学生生命愿景、积极心理品质对复原力的多元回归分析

以复原力作为因变量，生命愿景、积极心理品质作为自变量，进行回归分析。结果见表 6-9。可以看出，$F=404.237$，$P<0.001$；标准回归系数分别为 0.118（$t=5.148$，$P<0.001$），0.625（$t=27.218$，$P<0.001$），回归方程的方差检验、回归系数检验均极为显著。标准回归方程为：$Y=0.118x+0.625m$，积极心理品质对生命愿景与复原力具有显著的部分中介作用，不需要进行第四步 Sobel 检验。

表 6-9　大学生生命愿景、积极心理品质对复原力的多元回归分析

步骤	因变量	预测变量	R	R²	F	B	β	T
第三步	复原力	方程模型	0.649	0.421	404.237***	28.24		7.239***
		生命愿景				0.19	0.118	5.148***
		积极心理品质				0.333	0.625	27.218***

注：***表示 $P<0.001$

（五）大学生生命愿景、积极心理品质对复原力的路径分析

上述结果表明，积极心理品质在生命愿景对复原力的影响中具有部分中介作用。本书在理论基础上，采用模型设定策略，使用 AMOS 软件构建积极心理品质对生命愿景与复原力的 3 个模型，即无中介作用模型、部分中介作用模型及完全中介模型。

运用 AMOS 软件，3 个模型的分析结果见表 6-10。

表 6-10　各结构模型的拟合指数

模型	χ²	df	χ²/df	GFI	CFI	TLI	NFI	AGFI	RMSEA
模型 1	444.744	93	4.782	0.953	0.947	0.932	0.934	0.931	0.058
模型 2	401.317	93	4.315	0.957	0.954	0.941	0.940	0.938	0.055
模型 3	461.162	96	4.804	0.952	0.945	0.932	0.931	0.932	0.058

通过分析比较发现，3 个模型的 *Estimates* 均为显著，采用吴明隆[10]的 SEM 整体模型适配的标准或临界值，NFI、TLI、CFI、IFI、GFI、AGFI 应大于 0.90，RMSEA 小于 0.05 为优良，小于 0.08 为良好，卡方自由度比小于 2 为合适，小于 5 可以接受；修正后的 3 个模型均可接受，考虑到回归分析的结果，以及模型 2 的结果比无中介模型和完全中介模型明显要好，因此本书采用模型 2，即积极心理品质在生命愿景与复原力之间具有显著的部分中介作用。根据 AMOS 的分析结果，生命愿景对复原力的直接效应为-0.19（$P<0.001$），达到了显著性水平；生命愿景对积极心理品质的直接效应为-0.66（$P<0.001$），达到了显著性水平；积极心理品质对复原力的直接效应为 0.69（$P<0.001$），达到了显著性水平；生命愿景对复原力的间接效应为-0.45（$P<0.001$），达到了显著性水平；生命愿景对复原力的总效应为-0.65（$P<0.001$），也达到了显著性水平。因此，生命愿景对复原力具有预测作用，能解释复原力20%的变异量。

由此说明，生命愿景不仅直接对复原力有着正向的预测作用，也通过积极心

理品质的中介作用对复原力有正向的预测作用，生命愿景对复原力间存在着部分中介效应作用。

三、讨论

（一）大学生生命愿景、复原力的现状分析

相对来说，大学生生命愿景的平均水平一般。生命愿景把一种普通的信仰和信念或者说是一个梦想上升到生命意义的高度，让大学生在人生的追逐游戏中，能够看清得失，权衡利弊，做到真正意义上的内心无谓[11]。这可能与大学生成长的社会文化背景和所受教育程度有关。因为生命愿景是人内在的一种精神，是相对稳定的，其形成应是一个长期积累的过程[3]。对于地方普通院校的大学生来说，他们比其他同等年龄段的社会青年有着更高的追求，所以会在积极生命意义和意义追寻方面得分较高；但是，可能正是由于个人或其他因素使得大学生对个人的生命追求有着不同的理解，地方普通院校的大学生本身尚未具备对生命控制的能力，还不能完全地实施生命控制。因此，大学生的生命控制感维度及消极生命意义维度的得分相对来说较低。所以，在生命愿景几种维度得分高低的平均作用下，地方普通院校大学生的生命愿景总体相对来说是处于一般水平的。

大学生作为一个特殊的群体，经过了小学、中学的学习，进入大学后，面临着新的环境和就业压力、人际关系等人生适应课题[12]。经过学校老师的指导及对自身生命意义的追寻，尽管有时面临丧失、困难或逆境，他们的有效应对和适应方式都是更具针对性的，因此可以认为他们的心理弹性是非常好的。基于此，我们认为尽管地方普通院校的大学生压力也大，因为他们可能高考失利才进入地方普通院校，同时他们也可能因为就读于非重点大学而对以后的就业前途有更大的压力，但是他们得以用更加积极的心态去应对压力或者学校给予更多的心理辅导从而缓解他们的压力，因此我们可以看出地方普通院校大学生在心理复原力的得分上是相对较高的。

（二）大学生生命愿景、复原力与积极心理品质的差异性检验

虽然我们得出生命愿景在性别维度上没有差异的结果与李虹所做出的结论相同，但是关于大学生在生命愿景的性别上没有存在差异这一个问题还不能做出明确的结论，主要是由于有关大学生生命愿景的研究比较缺乏，而且以往的研究所选取的被试也存在局限性，因而所得出的结论相对比较单一，不足于推论出其他群体也存在差异的结论[2]。

同时，本节发现，在复原力的总体水平上女性大学生高于男性大学生，这与国内外的研究结论一致[13,14]。女性大学生在朋友支持、家庭支持和稳定性上比男性大学生要高。女性一般来说是比较感性的，而男性是偏理性的。所以女性大学生在遇到问题是更容易对家里人或者父母倾诉，而她们的复原力因此也会得到比较好的指引，但是男性大学生更倾向于自己去解决问题，因为他们慢慢要成为一个家庭的支撑、社会的人才，当自我治疗得不到效果时，他们的情绪也会经常不稳定，因此他们的心理复原力相对来说没有女性高。在家庭来源方面，农村学生的心理复原力强于城市学生。来自农村的地方普通院校的大学生对他们来说在大学里就是同一个起点，之前所经历过的困难或挫折已经成为他们成长生活当中的一部分，而对于城市大学生来说，自小所处社会环境、教育质量都较为优越，一旦遇到问题时，他们可能就此一蹶不振，心理弹性相对农村大学生来说没有那么好。

积极心理品质在性别、家庭来源与是否师范生这三个人口学变量上并没有显著差异。可能存在的主要原因是积极品质也属于人格特质，被试所处的都是大一统的文化、教育环境，故而未显示出积极心理品质方面的差异[15]。

生命愿景、复原力的总分在年级、专业及是否独生子女上都没有差异性显著，比如，雷鸣等的研究发现，复原力的性别、年级的主效应及其交互效应不显著[16]。而积极生命意义、意义的追寻和消极生命意义及复原力中的自我效能、朋友的支持、家庭的支持这些维度在年级上都是差异性显著的。这说明大学生从踏入校园到大四毕业，他们的思想观念在慢慢地转变，刚摆脱高考的他们进入大学时尚未考虑到自己的人生规划、就业意向等问题，慢慢接受大学生教育以后，当这些问题不得不面临时，大学生的心理就发生了变化，所以他们就渐渐感到不安，积极生命意义的得分也在降低，对于生命意义的追寻的渴望在经过大二大三的迷茫之后又会慢慢上升到大一水平，甚至更高水平；而对于大学生来说，他们复原力的来源更多的是自我效能、朋友的支持和家人的支持，自我、朋友及家人三者的关系有利于大学生复原力的提升，大学生不仅可以从自身获得生命意义上的升华，而且同时也会接收到来自于朋友、家人正能量的传递，从而使自身的复原力有所提升。

（三）大学生积极生命愿景、复原力与积极心理品质的相关分析

1. 大学生生命愿景与复原力的相关分析

生命愿景强调人们的日常生活哲学，强调人们从失败中看到成功，从丧失中看到收获，强调对弱点、错误、挫折及所有现实的接纳。这些生活哲学必然对人们的生活方式产生影响[3]。而我们的研究结果发现，大学生生命愿景与复原力之

间存在着显著的正相关关系。大学生的生命愿景的生命控制感因子、消极生命意义因子与复原力多个因子间存在着显著的负相关关系；积极的生命意义因子、意义的追寻因子与复原力多个因子存在显著的正相关关系。

这一结果表明，高生命愿景的地方普通院校大学生的复原力水平相对较高。其中，生命控制感因子、消极生命意义因子与复原力多个因子间存在着显著的负相关关系，说明生命控制感较强的大学生在承受挫折方面能力相对较弱，更难面对自己的失败；消极生命意义因子分数较高的大学生对现实与理想的差距不能以理性的思维去判断，而且也无法正确地评价自己，缺少对自己的正面评价，同时带着对"象牙塔"（大学）生活的憧憬，在与积极生命意义因子较高的同龄人相比，缺乏正确自我认知的他们在现实生活中遇到相等程度的挫折打击时，更难经受住考验。因此，他们的复原力也相对较低。

研究结果表明，大学生积极的生命意义因子、意义的追寻因子与复原力多个因子存在显著的正相关关系。生命意义因子与意义追寻因子得分较高的大学生在平时的学习生活中个人主观意识较强，会客观、系统地看待问题，理智地判定面对挫折、克服困难的方案，更有能力解决生活中因理想与现实情况发生冲突导致的种种问题。相较于消极生命意义因子得分较高的大学生而言，积极生命意义因子得分较高的同学心理复原力更高一些，在困境中拥有较高的能力调节情绪，以更佳的精神面貌处理问题。

2. 大学生生命愿景与积极心理品质的相关分析

经调查发现，大学生生命愿景与积极心理品质各因子之间存在着显著的关系。生命愿景的生命控制感因子、消极的生命意义因子与积极心理品质各因子间存在着显著的负相关关系；积极的生命意义因子、意义的追寻因子与积极心理品质各因子间存在显著的正相关关系。这说明多数大学生都相信他们的生命有依托之感，并且在自己的掌控当中。受当前社会形势和教育条件的影响，他们在思考问题的时候，不再是单一地根据眼前的事实，而是更偏向对某一事件进行正反两面辩证思考。故而生命愿景中的积极的生命意义因子及消极的生命因子与其各维度同时存在相关关系，这也说明绝大部分大学生在面对负面事件时，他们思考的不仅仅只有消极的一面，亦有积极一面，只是有一部分大学生更多时候表现出来的是消极的情绪。也就是说对这些大学生进行适当的引导，可以提升其积极心理品质，便能促使其从更多积极的角度看待负面事件。同时，生命愿景作为一种精神化的心理行为，高成就动机的大学生其正向的追求成功行为与负向的避免失败行为都对其产生积极或者消极的影响[16]。

此外，笛纳尔等的研究也发现，中国的大学生对于负面情感更容易接受，似乎他们更喜欢用消极的方式来表达他们的感受和思想，或者可以认为他们所采用的是自我保护型而非激进型的思维方式[1]。因此，大学生在应对各种挫折或者困难的时候缺乏积极的心理品质也是正常的。与此同时，对于一些乐观积极向上的大学生来说，他们可能与生俱来就拥有更为积极的心态去追寻生命的意义，这就意味着他们对自己的未来更加充满着信心，不惧怕挫折和挑战，积极探讨生命的价值和意义。而社会更需要拥有较高积极心理品质水平的人去展示其自信积极的一面，为社会带来全新的积极向上的氛围。因此，帮助大学生拥有高生命愿景，提升其积极心理品质水平刻不容缓，这不仅有助于大学生更好地应对生活中的挫折挑战，也有利于建设积极向上的良好社会氛围。

3. 大学生复原力与积极心理品质的相关分析

调查结果表明，复原力和积极心理品质各因子之间存在着显著的相关关系。其中，复原力的自我效能因子、自我接纳因子、问题解决因子、朋友的支持因子及家庭的支持因子均与积极心理品质各因子之间存在显著的正相关关系；而稳定性因子与积极心理品质各因子之间存在着显著的负相关关系。

这一结果启示我们，来源于朋友、家庭的支持对于提升大学生积极心理品质水平有着很大的影响。一般来说，大学生比较注重来自于家人、亲人，朋友等亲密关系者的看法。面对生活中一些挑战性高的选择或者重大的决定时，来自家人、朋友等关系亲密者的意见，如支持与否，会对大学生的决策产生巨大的影响，也会影响其完成任务的态度和情绪，从而会对其完成的任务的质量与效果产生影响。这启示着大学生要根据自身的实际情况，理性地看待家人、朋友所给予的意见，以一个积极的心态对待生活中的种种。当面临负性事件时，积极心理品质水平高的大学生会正确认识挫折事件，同时积极调动自己的优势资源，采取较有效的方式应对挫折，体现良好的挫折心理排解力，从而促进其心理健康水平的提高。所以在进行决策或者应对挫折的时候，需要拥有更为理性的逻辑思维去寻找解决问题的最佳方案，不少的大学生以此作为自己前进的动力，积极提升自己的生命价值。其中也不难发现，往往是一些经历过挫折洗礼的大学生更容易面对逆境——他们会更好地调节自己的心态，以及灵活地应用已有的经验和知识去应对面前的困境，尽力让自己顺利地度过困境，也就是说稳定的心理亦是积极心理品质的另一表现。

4. 大学生生命愿景、复原力与积极心理品质的相关分析

结果显示，大学生的生命愿景总体、复原力总体及积极心理品质总体两两间均存在明显的正相关关系；而人生意义总体与复原力总体、积极心理品质总体间

存在明显的正相关关系，但与生命愿景总体相关性不显著。

大学生生命愿景、复原力及积极心理品质三者之间两两呈正相关关系不仅是理论上可以得出这一结论，而且从我们现实生活中也可以体会到，许多大学生正是因为有着对自己的生命追求及区别于他人的对生命的崇高的敬意，所以他们更加努力向上去获得自己想要的，即使面临困难与挫折，也更有着拼搏、奋发向上的精神，总是以积极的心理品质去迎接未知的挑战，从而当真正遇到挑战时，他们也会比其他人拥有更巨大的能量去应对，这也说明了基于积极心理品质作用下生命愿景高的人在复原力水平上也相对较高，因此以积极心理品质为中介作用的效果在大学生生命愿景与复原力之间起着链接的作用。同时，心理复原力较高的大学生也说明他们的积极心理品质比较好，在当代社会教育条件下，可能他们更愿意接受乐观的一面，也可能与生俱来就比其他人更具积极的心态，从而他们的生命愿景也更高。

（四）大学生生命愿景、复原力与积极心理品质的回归分析与路径分析

本节通过对大学生的生命愿景、复原力与积极心理品质进行调查研究，主要探讨积极心理品质作为中介变量在生命愿景对复原力的作用机制的研究。

中介检验结果显示，以生命愿景为自变量对复原力进行回归分析时，标准回归系数为 0.188（$t=6.375$，$P<0.001$），而考虑到积极心理品质中介变量的影响后，生命愿景对复原力的预测系数由原来的 0.188 下降为 0.118；而中介变量对因变量的标准回归系数为 0.625（$t=27.218$，$P<0.001$），积极心理品质对复原力的影响极其显著。因此，积极心理品质具有部分中介效应。

同时，通过 AMOS 软件进行路径分析发现，生命愿景对复原力具有预测作用，积极心理品质同样具有部分中介效应的作用。

生命愿景对复原力具有预测作用，即代表着高生命愿景的大学生往往具有高心理复原力。而积极心理品质具有部分中介作用，代表着生命愿景之所以会对心理复原力有影响作用，是因为在其中积极心理品质起着不可忽视的作用，拥有高生命愿景的大学生对未来有更高的期望和向往，对未来更具希望和冲劲，因此其积极心理品质的水平更高，这使得大学生在应对逆境时心理复原力更高，相对而言，更能够从容应对生活中的挑战。由此不难看出大学生的生命愿景对其复原力有着积极的影响，且积极心理品质在其中也发挥着重要的作用。即具有高生命愿景并且拥有高积极心理品质的大学生在面对逆境时具有更大的心理复原力，帮助他们更好地处理逆境，展现出自己更好甚至最好的一面。因此，提高生命愿景、提高积极心理品质水平对于大学生而言，是一项迫在眉睫又重要的任务，这有助

于大学生提高心理复原力，帮助其更好地走向未来。

四、结论

（1）大学生生命愿景总体处于一般水平；复原力总体处于一般偏上水平。

（2）生命愿景总分在性别、家庭来源、是否师范生、年级、专业、是否贫困生及是否独生子女上均没有显著差异，而生命控制感维度在这三个人口学变量上差异显著；复原力总分在是否师范生、年级、专业及是否独生子女这些方面差异不显著，在性别、家庭来源上差异显著；而积极生命意义、意义的追寻和消极生命意义及复原力中的自我效能、朋友的支持、家庭的支持这些维度在年级上均差异性显著。

（3）生命愿景与复原力、积极心理品质两两之间存在显著正相关。生命愿景对复原力有正向的预测作用，也通过积极心理品质的中介作用对复原力有正向的预测作用。

第二节　大学生人生意义的影响因素研究

一、研究概述

（一）问题提出

积极心理学研究重点在于人身心发展中的一些积极因素，致力于探求人们获得美好生活的方法。积极心理品质是其中一个重要的研究内容，包括幸福感、满意感、最佳状态、专注与投入、乐观与希望、感恩与宽容等认知和情感，是人类的高级潜能，需要不断练习才能学会并巩固[17]。塞利格曼认为积极心理品质是可以塑造和培养的[18]。换言之，可以透过一些锻炼的方法和策略来优化个体的积极心理品质，帮助个体积极地应对事情，增加他们的积极行为。在国外，有学者通过长时间研究，出版了《积极心理品质和美德：手册与分类》，在某种程度上来说，这为积极心理品质的理论和实践奠定基础[19]；在国内，前期的学者主要是学习国外有关知识理论，通过翻译国外作品向国内介绍国外的积极心理学作品，旨在把相关理论和思想引入国内。例如任俊等的《西方积极心理学运动是一场心理学革命吗？》[20]。后期通过后续的探究和实践证明，其他学者进行了内涵研究，孟万金等归纳整理出相关的内涵结构体系，包括 6 个维度、

15 个因素，并且自编了《中国中小学生积极心理品质量表》《中国大学生积极心理品质量表》和《中国教师积极心理品质量表》3 个问卷调查表[21-23]，这些成果为我们提供了专业的测量工具。即便国内专家学者不遗余力地推广积极心理学，但就目前的情况来说，部分研究还停留在理论层面，而且对教育教学、社会实践的研究方面的指导性还不够，因此接下来的研究仍然需要集中在应用实践和提高创新性方面。

进入大学，学生学习的不再是中学的基础课程，而是更为深入、科学的专业课程。面对多元化的考核制度和难度更大的学习任务，大学生容易产生消极情绪，消极情绪会阻碍学生持续努力学习；而积极情绪（愉快、兴趣）会促进问题的解决。在教学或学习过程中，与学生学业相关的各种情绪体验即学业情绪，不仅指学生在获悉学业成功或失败后所体验到的各种情绪，同样也包括学生在课堂学习中的情绪体验，在日常做作业过程中的情绪体验及在考试期间的情绪体验等[24]。研究表明，学业情绪作为一种伴随学生学业活动的情绪体验，无论是正性的还是负性的，对学生的学习、考试、学业成就及其他方面的活动都有着不可忽视的作用[25]。就目前国内外研究情况来看，对于学业情绪研究尚处于起步阶段，研究内容主要分为学业情绪概念研究和学业情绪结构研究，而且大部分研究是针对中小学生在基础教育过程中产生的情绪，较少关注大学生，因此，对大学生学业情绪研究还比较不足。但事实上，大学生的学业情绪不良已经是一个客观存在的事实，学业情绪问题的有效缓解有助于激发学生学习动机。

在心理学上，人生意义包括人生意义体验和人生意义追寻。有研究认为，人生意义是心理幸福感的重要成分和来源[26]。大量的实证研究也发现，人生意义在缓解考试焦虑、压力调节和疾病应对中起着重要的作用，而且生命意义能够持续地预测心理健康[27-29]。因此，人生意义对于每一位大学生顺利完成大学学业，提高心理素质具有不可忽视的作用。

总结国内外已有研究，主要有以下不足。第一，在研究内容上，目前对主观幸福感有一定数量的研究成果，但是对积极心理品质的研究尚处于起步阶段，已发表的论文以综述为主，也有少量研究报告，尚缺乏积极心理品质等心理因素对学业情绪影响的实证探究。第二，在研究方法上，缺少深入细致的个案研究。第三，在研究工具上，缺乏本土化测量工具，针对大学生群体的测量工具尚不完备。基于已有的理论和成果，本节旨在探究当今大学生关于积极心理品质的现状，探讨其对学业情绪的影响机制，考察人生意义的中介作用，摸索出优化大学生积极心理品质的方法和途径，以便帮助大学生调适在学习中出现的消极情绪，增强自主性，保证学习质量和效率；又能使他们在不断实践中认识自我，接纳自我，体验和追寻人生意义，更好地满足社会需要，真正做到幸福地生活、愉快地学习，更好地发展成才。此外，对于促进高校教育活动顺利进行，加强人文关怀，优化教学资源配置，提高学校教学实践水平以及营造浓厚学习氛围具有一定意义。

（二）研究方法

1. 研究对象

研究对象来自全国 19 个省会城市、直辖市和经济特区 33 所本科院校，总计 2000 名在校学生。排除极端数据 248 份，形成 1752 份有效问卷，回收率为 87.6%。有效被试的基本信息见表 6-11。

表 6-11 有效被试基本信息

维度	性别		家庭来源		年级			
	男	女	城镇	乡村	大一	大二	大三	大四
人数/人	738	1014	819	933	422	760	521	49

维度	是否贫困生		是否独生子女		专业			是否师范生	
	贫困生	非贫困生	独生子女	非独生子女	文科	理科	术科	师范生	非师范生
人数/人	580	1172	583	1169	599	1027	126	457	1295

2. 研究工具

（1）积极心理品质问卷

采用自编的"积极心理品质问卷"，参见附录五。

（2）大学生一般学业情绪量表

采用马惠霞编制的"大学生一般学业情绪量表"[30]，调查对象主要是以大学生为主。有 88 个题目，包含 10 个维度，分别是焦虑、厌烦、放松、失望、自豪、羞愧、愉快、希望、气愤、兴趣；该量表的重测信度在 0.56～0.87，信度检验 α 系数处于 0.64～0.89。

（3）人生意义问卷

中文人生意义问卷（C-MLQ）由王孟成等翻译并检验[31]，该问卷包括两个维度：人生意义体验维度和人生意义寻求维度。前者是指个体目前所体验和知觉自己人生有意义的程度，后者指个体积极寻求人生意义或人生目标的程度，各含 5 个条目。中文人生意义问卷具有较好的内部一致性和跨时间的稳定性，人生意义体验和人生意义寻求分问卷的内部一致性 α 系数分别为 0.85、0.82，间隔 2 周的重测相关系数分别为 0.74 和 0.76，$P<0.01$；问卷具有较好的结构效度、聚合效度与区分效度，有较好的测量学性能。

3. 施测过程与数据处理

问卷以班级为单位集体施测，数据统计分析采用 SPSS 软件。

二、结果与分析

（一）大学生积极心理品质的状况

1. 大学生积极心理品质的描述统计分析

对大学生的积极心理品质现状从整体上采用描述统计，统计的内容包括积极心理品质总分及所有维度，其中均值等于总均值除以题目数，结果如表 6-12 所示。按照得分由高到低，可以把 6 个维度进行排序：公正、超越、智慧、节制、人性、勇气。公正得分最高（均值＝3.55），勇气得分最低（均值＝3.34），积极心理品质总分的得分为 178.34±25.55。从整体上看，总分及各个维度的均值均高于全国常模 3 分，证明他们的积极心理品质状况良好。

表 6-12　大学生积极心理品质的描述分析

项目因子	最小值	最大值	总均值	标准差	均值
智慧	10	45	30.92	5.56	3.44
勇气	14	50	33.35	5.95	3.34
人性	10	40	27.00	4.71	3.38
公正	9	45	31.98	5.47	3.55
节制	7	35	23.72	4.13	3.39
超越	11	45	31.36	5.74	3.48
积极心理品质总分	82	260	178.34	25.55	3.43

2. 大学生积极心理品质在人口学变量上的差异

（1）大学生积极心理品质的性别差异。通过独立样本 T 检验，检验大学生积极心理品质的是否具有性别差异，结果见表 6-13（不具有显著差异的因子未列入表格中，下同）。可以看出，不同性别大学生在勇气、人性、公正、超越、积极心理品质总分上具有显著差异，且女生皆高于男大学生，说明女生的状况比男生要好。

表 6-13　比较大学生积极心理品质在性别上的差异（$M\pm SD$）

项目因子	男（$n=738$）	女（$n=1014$）	T
勇气	3.28±0.63	3.38±0.56	-3.481**
人性	3.31±0.60	3.42±0.57	-3.720***
公正	3.49±0.64	3.60±0.58	-3.772***
超越	3.38±0.64	3.56±0.62	-5.760***
积极心理品质总分	3.37±0.52	3.47±0.46	-3.948***

注：**表示 $P<0.01$，***表示 $P<0.001$

（2）师范生与非师范生积极心理品质的差异。通过独立样本 T 检验，比较大学生积极心理品质在是否师范生上的不同。具体结果见表 6-14。可以看出，师范生与非师范生在积极心理品质总分、智慧、勇气、人性、公正、节制、超越 6 个维度上都存在显著性的差异，且师范生得分都比非师范生要高，这证明师范生的状况比非师范生要好。

表 6-14　比较大学生积极心理品质在是否师范上的差异（$M\pm SD$）

项目因子	师范生（$n=457$）	非师范生（$n=1295$）	T
智慧	3.52±0.57	3.41±0.63	3.528***
勇气	3.43±0.58	3.30±0.59	4.103***
人性	3.49±0.56	3.33±0.59	5.155***
公正	3.72±0.52	3.49±0.62	7.541***
节制	3.49±0.53	3.35±0.61	4.405***
超越	3.63±0.59	3.43±0.64	5.829***
积极心理品质总分	3.54±0.45	3.39±0.50	6.379***

注：***表示 $P<0.001$

（3）贫困大学生与非贫困大学生积极心理品质的差异。通过独立样本 T 检验，比较贫困大学生与非贫困大学生积极心理品质的不同，结果见表 6-15。可以看出，贫困大学生与非贫困大学社生在勇气、节制上具有显著性的差异，且贫困生得分皆高于非贫困生。

表 6-15　比较大学生积极心理品质在是否贫困生上的差异（$M\pm SD$）

项目因子	贫困生（$n=580$）	非贫困生（$n=1172$）	T
勇气	3.41±0.59	3.30±0.59	3.469**
节制	3.44±0.58	3.36±0.59	2.359*

注：*表示 $P<0.05$，**表示 $P<0.01$

（4）大学生积极心理品质的专业差异。通过单因素方差分析，比较不同专业大学生积极心理品质上的差异，如表 6-16 所示。可以看出，不同专业的大学生在人性、公正、超越和积极心理品质总分上具有显著性的不同，进一步的多重检验显示，专业为文科的大学生均高于专业为理科和术科的大学生，这表明文科生的状况比其他专业学生要好。

表 6-16　比较大学生积极心理品质在不同专业上的差异（$M \pm SD$）

项目因子	专业	$M \pm SD$	F	多重范围检验
人性	理科（$n=1027$）	3.35±0.58	5.235**	文科＞理科 文科＞术科
	文科（$n=599$）	3.44±0.60		
	术科（$n=126$）	3.30±0.58		
公正	理科	3.53±0.59	5.020**	文科＞术科 文科＞理科
	文科	3.61±0.62		
	术科	3.45±0.65		
超越	理科	3.44±0.63	6.898**	文科＞理科
	文科	3.56±0.64		
	术科	3.46±0.64		
积极心理品质总分	理科	3.41±0.48	4.944**	文科＞理科 文科＞术科
	文科	3.48±0.49		
	术科	3.37±0.51		

注：**表示 $P<0.01$

（5）大学生积极心理品质的年级差异。通过单因素方差分析，比较大学生积极心理品质在不同年级上的不同，具体统计结果见表 6-17。可以看出，大学生在智慧、勇气、人性、公正、节制、超越和积极心理品质总分上具有显著的年级差异。进一步的多重检验结果显示，在智慧、勇气、人性、公正、超越 5 个维度和总分上，大三均低于大一、大二；在节制上，大一均高于大三。

表 6-17　比较大学生积极心理品质在不同年级上的差异（$M \pm SD$）

项目因子	年级	$M \pm SD$	F	多重范围检验
智慧	大一（$n=422$）	3.52±0.56	5.142**	大一＞大三 大二＞大三
	大二（$n=760$）	3.45±0.63		
	大三（$n=521$）	3.36±0.64		
	大四（$n=49$）	3.35±0.65		

续表

项目因子	年级	$M\pm SD$	F	多重范围检验
勇气	大一	3.43±0.56	7.700***	大三<大一 大三<大二
	大二	3.35±0.58		
	大三	3.25±0.60		
	大四	3.30±0.79		
人性	大一	3.46±0.56	6.507***	大三<大一 大三<大二
	大二	3.38±0.59		
	大三	3.30±0.60		
	大四	3.35±0.64		
公正	大一	3.64±0.57	12.514***	大一>大三 大二>大三
	大二	3.59±0.60		
	大三	3.42±0.61		
	大四	3.60±0.76		
节制	大一	3.44±0.57	3.820*	大三<大一
	大二	3.40±0.69		
	大三	3.32±0.59		
	大四	3.50±0.66		
超越	大一	3.58±0.63	7.546***	大三<大一 大三<大二
	大二	3.50±0.64		
	大三	3.39±0.62		
	大四	3.50±0.73		
积极心理品质总分	大一	3.51±0.45	10.412***	大一>大三 大二>大三
	大二	3.45±0.49		
	大三	3.34±0.50		
	大四	3.43±0.62		

注：*表示 $P<0.05$，**表示 $P<0.01$，***表示 $P<0.001$

（二）大学生积极心理品质、学业情绪和人生意义的关系

1. 大学生积极心理品质与学业情绪的相关分析

将积极心理品质与学业情绪进行双变量相关分析，结果如表 6-18 所示，学业情绪与积极心理品质呈显著相关。学业情绪中的积极方面，包括焦虑、放松、自豪、羞愧、愉快、希望、气愤和兴趣因子，与积极心理品质多维度呈显著正相关，且相关程度非常高；学业情绪的消极方面，包括厌烦、失望，与积极心理品质的多维度呈显著负相关关系。

表 6-18 大学生积极心理品质与学业情绪的相关分析

因子	学总	焦虑	厌烦	放松	失望	自豪	羞愧	愉快	希望	气愤	兴趣
积总	0.437**	0.127**	-0.127	0.485**	-0.085**	0.548**	0.219**	0.556**	0.63**	0.12**	0.463**
智慧	0.347**	0.068**	-0.075	0.405**	-0.099**	0.465**	0.168**	0.442**	0.51**	0.08**	0.389**
勇气	0.377**	0.108**	-0.144	0.461**	-0.080**	0.487**	0.183**	0.489**	0.54**	0.10**	0.423**
人性	0.385**	0.131**	-0.077	0.413**	-0.031	0.447**	0.182**	0.454**	0.48**	0.13**	0.404**
公正	0.346**	0.112**	-0.128	0.360**	-0.101**	0.435**	0.204**	0.485**	0.57**	0.07**	0.338**
节制	0.345**	0.118**	-0.089	0.380**	-0.006	0.387**	0.170**	0.403**	0.45**	0.11**	0.350**
超越	0.322**	0.088**	-0.091	0.332**	-0.071**	0.424**	0.156**	0.415**	0.48**	0.10**	0.337**

注：**表示 $P<0.01$；"积总"指积极心理品质总分，"学总"指学业情绪总分，下同

2. 大学生积极心理品质与人生意义的相关分析

将积极心理品质与人生意义作双变量相关分析，结果见表 6-19。可以看出，积极心理品质的总分及各维度与人生意义总分及各维度呈显著正相关关系。

表 6-19 大学生积极心理品质与人生意义的相关分析

项目因子	智慧	勇气	人性	公正	节制	超越	积总
人生意义体验	0.428**	0.393**	0.388**	0.371**	0.394**	0.378**	0.484**
人生意义追寻	0.422**	0.427**	0.431**	0.483**	0.410**	0.405**	0.532**
人生意义总分	0.487**	0.472**	0.466**	0.492**	0.464**	0.444**	0.582**

注：**表示 $P<0.01$

3. 大学生人生意义与学业情绪的相关分析

将学业情绪与人生意义作双变量相关分析，结果见表 6-20。可以看出，人生意义的总分及其各个维度与学业情绪的总分、放松、自豪、羞愧、愉快、希望、气愤、兴趣呈显著正相关；人生意义总分及其各维度与学业情绪的厌烦、失望呈显著负相关。

表 6-20 大学生人生意义与学业情绪的相关分析

项目因子	学总	焦虑	厌烦	放松	失望	自豪	羞愧	愉快	希望	气愤	兴趣
人生意义体验	0.190**	-0.052*	-0.199**	0.372**	-0.174**	0.408**	0.053*	0.352**	0.414**	0.027	0.345**
人生意义追寻	0.266**	0.102**	-0.142**	0.256**	-0.099**	0.361**	0.198**	0.363**	0.457**	0.073**	0.266**
人生意义总分	0.304**	0.076**	-0.156**	0.354**	-0.109**	0.449**	0.180**	0.407**	0.495**	0.088**	0.354**

注：*表示 $P<0.05$，**表示 $P<0.01$

经过上述分析可知，大学生积极心理品质与学业情绪具有显著的正相关，与人生意义也有显著的正相关，学业情绪与人生意义具有显著正相关。这提示我们，积极的心理品质水平越高，人生意义感强烈，越能体验良好的情绪情感。三者两两相关显著，因此可以继续深入探讨大学生积极心理品质、学业情绪和人生意义之间的关系，检验中介效应。

（三）大学生积极心理品质、学业情绪和人生意义的回归分析

1. 大学生积极心理品质对学业情绪的回归分析

把积极心理品质的总分及其各维度作为 X，学业情绪总分为 Y，采取逐步回归分析，以了解积极心理品质对学业情绪的预测力，具体见表 6-21。可以看出，在积极心理品质中，积极心理品质总分及人性维度逐层进入回归方程，可有效解释学业情绪 19.2%的变化量。其中积极心理品质的总分、人性能够正向预测学业情绪。

表 6-21　大学生积极心理品质对学业情绪的逐步回归分析

因变量	预测变量	R	R^2	ΔR^2	F	B	β	T
学业情绪	方程模型	0.439	0.193	0.192	208.624***	174.957		38.406***
总分	积总					0.439	0.373	9.821***
	人性					0.492	0.077	2.029*

注：*表示 $P<0.05$，***表示 $P<0.001$

2. 大学生积极心理品质对人生意义的回归分析

把积极心理品质的总分及其各维度作为 X，人生意义总分作为 Y，进行逐步回归分析，以了解积极心理品质对人生意义的预测力，具体见表 6-22。可以看出，在积极心理品质中，积极心理品质的总分进入回归方程，可有效解释人生意义 31.5%的变异量。因此，积极心理品质总分能够正向预测人生意义。

表 6-22　大学生积极心理品质对人生意义的逐步回归分析

因变量	预测变量	R	R^2	ΔR^2	F	B	β	T
人生意义	方程模型	0.561	0.315	0.315	804.556***	8.060		5.753***
总分	积总					0.221	0.561	28.365***

注：***表示 $P<0.001$

3. 大学生人生意义对学业情绪的回归分析

把人生意义的总分及其各维度作为 X，学业情绪总分为 Y，进行逐步回归分析，以了解人生意义对学业情绪的预测力，具体见表 6-23。可以看出，在人生意义中，人生意义总分及人生意义体验维度逐层进入回归方程，可有效解释学业情绪 9.1% 的变异量。其中，人生意义总分能正向预测学业情绪，而人生意义体验能够负向预测学业情绪。

表 6-23　大学生人生意义对学业情绪的逐步回归分析

因变量	预测变量	R	R^2	ΔR^2	F	B	β	T
学业情绪	方程模型	0.303	0.092	0.091	88.506***	226.033		67.561***
总分	人生意义总分					1.130	0.378	10.381***
	人生意义体验					−0.582	−0.105	−2.877**

注：**表示 $P<0.01$，***表示 $P<0.001$

（四）人生意义的中介效应检验

本节假定，人生意义在积极心理品质与学业情绪的关系中，饰演中介变量的角色（假设模型见图 6-1）。因此，依照温忠麟等[9]所提出的检验中介效应的相关步骤，对人生意义作进一步的中介效应检验。

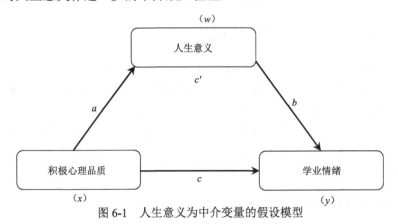

图 6-1　人生意义为中介变量的假设模型

由前面的分析可知，积极心理品质、学业情绪和人生意义三者相互之间具有显著的相关关系，符合中介效应检验的基础条件。中介效应检验具体步骤如下：第一步，以积极心理品质作为 x，学业情绪作为 y，采用进入的方法做回归分析，检验 c；第二步，以积极心理品质作为 x，人生意义为 y，采用进入回归的方法，

检验 *a*；第三步，以人生意义和积极心理品质作为 *x*，学业情绪作为 *y*，采用进入回归的方法，检验 *b* 和 *c'*。具体见表 6-24。

表 6-24　人生意义的中介效应检验结果

	标准化回归方程	回归系数检验
第一步	$y=0.514x$	$SE=0.025$，$t=20.308^{***}$
第二步	$w=0.221x$	$SE=0.008$，$t=28.365^{***}$
第三步	$y=0.465w+0.222x$	$SE=0.031$，$t=15.234^{***}$
		$SE=0.074$，$t=2.866^{**}$

注：*SE* 为标准误差；**表示 $P<0.01$，***表示 $P<0.001$；*x*：积极心理品质；*y*：学业情绪；*w*：人生意义

由表 6-24 可知，积极心理品质对学业情绪的总效应 *c* 显著（$\beta=0.514$，$P<0.001$），积极心理品质对人生意义的路径系数 *a* 显著（$\beta=0.221$，$P<0.001$），积极心理品质和人生意义联合成为 X 对学业情绪的路径系数 *b*、*c'* 显著（*b*：$\beta=0.465$，$P<0.001$，*c'*：$\beta=0.222$，$P<0.001$）。根据检验程序，由于 *a*、*b*、*c*、*c'* 显著，所以人生意义在积极心理品质与学业情绪之间的部分中介效应显著，中介效应占总效应的 19.99%。

三、讨论

（一）大学生积极心理品质的现状分析

1. 大学生积极心理品质总体状况现状

研究发现，公正得分最高，勇气得分最低。这与张小艳[32]的研究结果存在差异。公正维度包括合作力和领导力，证明大学生在与他人合作过程中能够做到公平对待他人，公正组织和领导。而勇气维度得分最低，说明大学生在勇敢面对困难，坚持完成任务方面的能力还有待提升。但从总体上看，大学生积极心理品质总分及其各维度的均值（3.43）均高于全国常模均值 3，说明大学生积极心理品质状况良好，积极向上。

2. 男女大学生积极心理品质的差异

调查发现，在勇气、人性、公正、超越、积极心理品质的总分上，女生的得分皆高于男生。这一发现与李自维的研究结果存在差异[33]，但其中女生人性得分高于男生，这一结果与张娜的研究结果相似[34]，也以往女性在人际关系中寻找自我价值的研究结果吻合[35]。以上研究结果表明，对男生来说，女生表现出更多

的真诚、坚持、爱和善良。这可能有两部分原因，一是男女生社会角色的要求和期待不同，在传统观念中，男生是家庭的经济支柱，男生承担的社会责任比女生多，长期以来被寄予的厚望和背负的压力，使男生积极心理品质下降；二是心理学理论认为，女生的个人距离会较男生小，也就是说女生会倾向于使用较短的互动距离，喜欢和朋友、闺蜜在一起，因此大多数女生在情感较为脆弱的时候会产生较强的依赖心理，乐于与他人倾诉，这为消极情绪提供了有效的宣泄途径。此外，男生情感发展较女生慢，部分男生还处于青春期的晚期，存在一些困扰和焦虑，这些都可能是造成男生得分较女生低的因素。

3. 师范生与非师范生积极心理品质的差异

研究表明，师范生得分高于非师范生，证明师范生状况比非师范生要好。将来可能成为教师的师范生，由于对个人发展已经有大致的目标：师范方向，因此他们能够着眼于现实的问题，对专业师范方向的资讯有一定的了解，接受师范教育和自我形象设计。另外，学校会根据师范生技能有针对性地对师范生进行相关的培训，当有了一定的培训和提升时候，相对于非师范生，师范生能够更好地适应社会生活、学会如何生存、获得身心的全面发展、实现自我的最大潜能和价值。

4. 贫困生与非贫困生积极心理品质的差异

调查显示，在勇气、节制上贫困大学生高于非贫困大学生，这与陈磊等[36]的调查结果相近，说明贫困生相对非贫困生而言，拥有更多勇敢坚持、宽容持重等良好品质。以往有很多研究认为，有些贫困生在艰难的环境中磨砺中坚强勇敢、乐观拼搏的积极心理品质[37-39]。由于家庭经济条件的原因，贫困生遇到的困难和考验也相对较多，在丰富的挫折经验刺激下，培养了他们吃苦耐劳的优秀品质，锻炼他们坚强的意志和勇敢的毅力。此外，国家政府也会为贫困生提供助学贷款、生活补贴等扶持政策，高校心理健康教育工作也重点关注贫困大学生的心理健康状况，因此得到物质上的支持和心灵上的关怀，贫困生能够果敢应对挫折和难关。

5. 大学生积极心理品质的专业差异

研究结果表明，文科生的人性、公正、超越和积极心理品质总分，均高于其他专业的学生，表明文科生的状况比其他专业学生要好。这可能与学科学习模式有关。文科类学习主要是以陈述知识为主，即以特定情境的感悟、想象和内心体验，运用想象思维进行语言文字描述等主观表达为主[40]。因此相对其他专业的学生，文科生善于用语言表达内心感受或想法，对于排遣内心消极情绪提供了有力的帮助。

6. 大学生积极心理品质的年级差异

研究结果表明，大学生在智慧、勇气、人性、公正、节制、超越和积极心理品质总分上具有显著的年级差异。进一步的多重检验显示，在智慧、勇气、人性、公正、超越和积极心理品质总分上，大三学生均低于大一、大二学生；在节制维度上，大一学生得分均高于大三学生。这与陈志方[41]等的研究结果相似，他们认为大学生的积极心理品质随年级的增长而降低。大三学生处于大学生活的中间阶段，既没有刚刚进入大学的热情，又没有即将离开校园的不舍，自然会对大学生活的环境产生较多的厌倦。而且他们正站在人生道路选择的分叉口，需要开始规划未来的方向——考研，就业，深造等。另外，大三的学习课程难度加大，是更科学化的课程，同时承受着来自学习的压力、职业定向压力。而大一学生刚进入大学校园，对大学生活充满新鲜感，丰富的课外活动和浓厚的学术氛围使其得到更多积极的情绪体验。而且大一学生想要更好地适应大学生活，融入朋友圈，需要长辈和同辈给予帮助指引，因此他们会表现得更为谦虚节制。

（二）大学生积极心理品质、学业情绪和人生意义的关系

1. 大学生积极心理品质、学业情绪和人生意义的相关分析

（1）大学生积极心理品质与学业情绪的相关分析。结果表明，当大学生在学业活动中体验到的放松、自豪等积极情绪，会充满希望和自信心，有助于他们形成良好的积极心理品质。也有研究认为，积极心理品质涵盖学习能力、情绪能力等，并且积极影响个体思想、情感和行为，所以在一定程度上会影响平时学习、考试应对等[42]。也就是说，若大学生积极心理品质处于不良状况时，容易对学业活动产生厌烦、失望等消极情绪，影响学习质量和效率，导致不良学业情绪和学业行为的产生。而当学生创造力、洞察力较强，勇敢面对学业挑战，坚持不懈完成学业任务后，更能体验到愉快、自豪等积极情绪，提高学习兴趣。

（2）大学生积极心理品质与人生意义的相关分析。研究结果告诉我们，拥有良好积极心理品质的大学生能够明确人生意义，重视自身的存在价值和自我效能感，理解个人的社会责任。反过来，能够清楚和明确自己人生意义的大学生，拥有勇敢、超越、节制等优良品质，一般能够积极发挥自身力量，坚持不懈完成任务，乐观面对生活。

（3）大学生人生意义与学业情绪的相关分析。研究结果表明，明确自身人生意义的大学生，在学业活动中能够体验放松、自豪、愉快等积极情感，因为他们有了奋斗的目标，并能在学习过程提升自身价值，提高自我效能感和满足感，成

为他们努力学习的动力。而缺乏人生意义体验和人生目标的学生,容易出现厌烦、失望等消极情绪,导致学习兴趣和积极性下降,影响学习效率。

2. 大学生积极心理品质、学业情绪和人生意义的回归分析

(1)大学生积极心理品质对学业情绪的回归分析。研究发现,在积极心理品质中,积极心理品质总分及人性维度逐层进入回归方程,可有效解释学业情绪19.2%的变化量。其中积极心理品质总分、人性可以正向预测学业情绪。这提示我们如果要调适大学生不良的学业情绪,可以通过及时发现和干预他们在学习活动中产生的厌烦、羞愧等消极情绪,帮助他们应对消极事件,培养和提高积极的学习心理素质。而且,如果他们对待他人时表现出较多的爱和善良,社会智商良好,那么可以预测他们学业情绪也较为良好。

(2)大学生积极心理品质对人生意义的回归分析。从结果可以看出,在积极心理品质中,积极心理品质总分进入回归方程,可有效解释人生意义 31.5%的变异量。积极心理品质总分可以正向预测人生意义。这告诉我们,当大学生拥有积极的心理品质,能够使他们更加主动探索人生意义,实现人生价值。以往研究表明,个体采取积极的应对方式,将有助于其获得更高的生活满意度[43,44],也就是说拥有良好心理品质的人,能够理性看待问题,对其学习和生活充满希望,并为实现人生目标和价值而努力。这提示我们,如果想要帮助大学生明确人生意义,重视自身价值,可以从优化他们的积极心理品质入手。

(3)大学生人生意义对学业情绪的回归分析。研究发现,在人生意义中,人生意义总分及人生意义体验维度逐层进入回归方程,可有效解释学业情绪9.1%的变异量。其中,人生意义总分能够正向预测学业情绪,人生意义体验能够负向预测学业情绪。这个可以解释为当大学生能够明确自己的人生意义和责任,他们将感觉到更多的积极情绪,而较少产生消极的情绪。对于如何调适大学生的不良情绪,可以从他们的人生意义方面入手,让学生从根本上了解和明确自己的人生意义和责任,并引导他们形成正面的人生观,这将易于调适在学习中产生的消极情绪。

(三)人生意义的中介效应检验

本研究以积极心理品质为 x,人生意义为中介变量,学业情绪为 y,构造人生意义在积极心理品质与学业情绪之间的中介作用模型。中介检验结果显示,积极心理品质对学业情绪的总效应 c 显著($\beta=0.514$,$P<0.001$),当加入人生意义的中介变量后,积极心理品质对学业情绪的预测系数虽有所降低($\beta=0.222$,$P<0.01$),中介变量对 y 的标准回归系数显著(b:$\beta=0.465$,$P<0.001$),x 对中介

变量的回归系数显著（$\beta = 0.221$，$P < 0.001$），说明人生意义具有部分中介作用。结果表明，人生意义在积极心理品质与学业情绪之间的中介效应显著，且起着部分中介作用。这给予我们的信息是，当个体想要改善学业情绪，提高积极心理品质水平时，可能需要更多的人生意义感作为间接支持，用以优化个体的积极心理品质，从而改善学业情绪。

四、结论

（1）大学生积极心理品质状况良好。

（2）大学生积极心理品质在性别、是否师范生、是否贫困生、不同专业和不同年级上具有显著差异。

（3）大学生积极心理品质、学业情绪与人生意义之间两两相关显著。

（4）大学生积极心理品质均能正向预测学业情绪和人生意义，人生意义能够负向预测学业情绪。

（5）人生意义在积极心理品质和学业情绪之间起到部分中介作用。

参 考 文 献

[1] Diener E. Assessing subjective well-being：Progress and opportunities. Social Indicators Research，1994，31(2)：103-157.

[2] 李虹. 压力应对与大学生心理健康. 北京：北京师范大学出版社，2004.

[3] 曾天德. 大学生生命愿景、自我效能感与应对方式的关系. 心理学探新，2007，(5)：54-59.

[4] 李虹. 健康心理学.武汉：武汉大学出版社，2008：330-331.

[5] 雷鸣，戴艳，肖宵，等. 心理复原的机制：来自特质性复原力个体的证据. 心理科学进展，2011，(6)：874-886.

[6] 徐慊，郑日昌. 国外复原力研究进展. 中国心理卫生杂志，2007，(6)：424-428.

[7] 李虹. 健康心理学. 武汉：武汉大学出版社，2008.

[8] 阳毅. 大学生复原力量表的编制与应用. 武汉：华中师范大学硕士学位论文，2005.

[9] 温忠麟，张雷，侯杰泰，等. 中介效应检验程序及其应用. 心理学报，2004，36(5)：614-620.

[10] 吴明隆. 结构方程模型——AMOS 的操作与应用. 重庆：重庆大学出版社，2010.

[11] 李娟. 生命愿景与大学生压力应对. 考试周刊，2009：177-178.

[12] 潘莹，金军. 大学生心理复原力的现状调查与分析. 科教文汇，2014，(12)：205-206.

[13] 但俊辰. 大学生复原力与适应状况的关系研究.中国心理健康杂志，2010，(7)：869-872.

[14] Connor K M，Davidson J R T.Development of a new resilience scale：The Conner-Davidson Resilience Scale(CD-RISC).Depression and Anxicty，2003，18：76-82.

[15] 张骊婉. 青少年积极心理品质与应对方式相关研究. 通化师范学院学报，2015，(2)：141-145.

[16] 雷鸣，戴艳，张庆林. 不同复原类型贫困大学生人格的差异分析. 心理学探新，2010，(4)：86-90.

[17] 刘翔平. 当代积极心理学. 北京：中国轻工业出版社，2010.

[18] Seligman M E P，Csikszentmihalyi M. Positive psychology：An introduction.American Psychologist，2000，55：5-14.

[19] 高永金. 初中生积极心理品质的量表编制及现状研究. 北京：北京师范大学硕士论文，2012：3-5.

[20] 任俊，叶浩生. 西方积极心理学运动是一场心理学革命吗？心理科学进展，2005，(6)：857-860.

[21] 官群，孟万金，Keller J. 中国中小学积极心理品质量表编制报告. 中国特殊教育，2009，(4)：70-76.

[22] 孟万金，官群. 中国大学生积极心理品质量表编制报告. 中国特殊教育，2009，(8)：71-77.

[23] 张冲，孟万金. 中国教师积极心理品质量表的编制研究. 中国特殊教育，2011，(2)：58-64.

[24] Pekrun R，Thomas G，Wolfram T，et al. Academic emotions in students' self-regulated learning and achievement：A program of qualitative and quantitative research.Educational Psychologist，2002，37(2)：91-105.

[25] 苏世将，马惠霞. 大学生的一般学业情绪现状及其与大学适应的关系研究. 中国健康心理学杂志，2009，(5)：591-593.

[26] Ryff C D. Happiness is everything，or is it？ Explorations on the meaning of psychological well-being. Journal of Personality and Social Psychology，1989，(57)：1069-1081.

[27] 许思安，张积家. 广州市高三学生自我超越生命意义与考试焦虑、考试元担忧的关系. 中国健康心理学杂志，2007，(12)：1088-1091.

[28] Fife B L. The role of constructed meaning in adaptation to the onset of life-threatening illness.Social Science and Medicine，2005，(61)：2132-2143.

[29] 李虹. 自我超越生命意义对压力和健康关系的调节作用. 心理学报，2006，(3)：422-427.

[30] 马惠霞. 大学生一般学业情绪问卷的编制. 中国临床心理学杂志，2008，16(6)：594-596.

[31] 王孟成，戴晓阳. 中文人生意义问卷（C-MLQ）在大学生中的适用性. 中国临床心理学杂志，2008，(5)：459-461.

[32] 张小艳. 大学生积极心理品质与心理健康状况调查及干预研究. 重庆：重庆师范大学硕士

论文，2013：17-20.

[33] 李自维，张维贵. 当代大学生积极心理品质探析——基于积极心理学视野下的调查分析. 河南社会科学，2011，(6)：119-121.

[34] 张娜，郭玉芳，张静平. 不同体育参与度护生积极心理品质的比较. 中国健康心理学杂志，2013，(04)：615-617.

[35] 张小菊，赵敬.大学新生父母教养方式与积极心理品质关系研究.中国特殊教育，2013，(1)：94-95.

[36] 陈磊，何云凤，夏星星. 高校贫困生积极心理品质发展现状及教育对策研究. 中国特殊教育，2011，(10)：88-90.

[37] 车凤岚. 对贫困大学生人格的调查、分析与思考. 郑州：郑州大学硕士学位论文，2005.

[38] 秦高亭. 高校贫困生受助后的负性情感分析及对策. 郑州：郑州大学硕士学位论文，2003.

[39] 吴永祥. 高校贫困生家庭环境与心理健康关系的研究. 南京：南京理工大学硕士学位论文，2005.

[40] 李德芳. 高校不同专业学生的心理健康状况及教育对策. 西南交通大学学报(社会科学版)，2007，(2)：6-9.

[41] 陈志方，沐守宽. 大学生积极心理品质状况调查与分析. 黄冈师范学院学报，2012，(2)：43-45.

[42] 李林英，赵敬，刘玉利. 大学新生积极心理品质现状分析. 中国学校卫生，2012，(5)：546-547.

[43] 王丽露. 农村中小学教师生活满意度与社会支持、应对方式的相关性研究. 中国健康心理学杂志，2007，15(5)：445-447.

[44] 孙莹，陶芳标. 中学生学校生活满意度与自尊、应对方式的相关性. 中国心理卫生杂志，2005，19(11)：741-744.

[45] 孔风，赵晶晶. 高师生社会支持、自尊与生活满意度的关系研究. 中国健康心理学杂志，2011，19(2)：213-214.

第七章　大学生生命智慧与生命教育

在不断深化高等教育教学改革、全面推进素质教育的今天，彰显生命教育的意义、探讨生命教育的内容有利于高校教育工作者有的放矢地进行生命教育实践，进而提高大学生的生命智慧水平。广义的生命教育，泛指一切与人的生存、发展、死亡有关的教育活动；狭义的生命教育指教育者帮助受教育者发掘、培养、提升生命智慧（即懂得如何开发人的生命潜能的智慧，是人生存与发展的根本），进而获得实现最大生命价值方法的教育实践活动[1]。在当前的大背景下，探讨如何在素质教育中彰显生命教育的意义，将会加深教育工作者对生命教育理论的认识，促使他们关注生命教育实践，从而进一步充实生命教育的内涵。生命教育的目标是什么，这是进行"生命教育"的出发点与归宿。进入 21 世纪，随着大学生心理问题的日益严重，生命教育将对提升人生境界、开发人的生命潜能、提高人的生命质量产生重大的影响。

第一节　大学生生命智慧与生命教育目标

关于大学生生命教育的内容，目前提法不一，而每一种提法都存在不同程度的不足。概括已有提法，主要存在以下两方面问题。第一，缺少顶层设计。多数学者都是从宏观角度"全大空"地提出生命教育的宗旨和内容，与思想品德教育、安全教育的内容混为一谈。第二，缺乏可操作性。由于生命教育的目标不够明确，针对性不强，导致内容不够具体、清晰，具体实施时也遇到了诸多不应有的问题。为此，在确定生命教育内容时，首先必须明确生命教育的宗旨和目标；其次，要根据已确定的生命教育目标，针对青少年的心理机能和行为特点的实际确定生命教育的具体内容。

从大学生生命教育出现的时代背景和主体缘由出发，在梳理了大学生生命教育目标的已有研究成果后发现，大学生生命教育的具体目标应该由以下四个方面构成：大学生生命教育的认知目标，包括发现和了解生命、确立科学的理想信念、解决心理矛盾；大学生生命教育的情感目标，包括热爱和珍惜生命、学会调控情绪、减轻压力感；大学生生命教育的意志目标，包括保护和延续生命、培育抗挫素质、提高适应能力；大学生生命教育的行为目标，包括提升和激扬生命、预防大学生自杀、提高大学生的竞争力。

一、生命教育目标研究的现状及存在的问题

生命教育目标就是通过开展生命教育想要达到的标准，它是选择与确定生命教育内容的依据，对卓有成效地开展生命教育工作具有重要的意义。关于生命教育目标，众说纷纭。

有的学者认为，生命教育旨在帮助学生了解人生的价值、目的和意义，进而珍惜生命和人生，并能够尊重自己、他人、环境及自然，促进自我能力的充分发展，做一个对社会有用的人。如台湾学者郑崇珍认为，生命教育的目标有三个层次：其最基础的目标是"培养学生珍爱生命"；中间阶层目标是"增进发展生涯"；最高目标是"促进学生自我实现"[2]。还有学者认为，生命教育的目标有三，即"深化学生人生价值观与理想""培养学生尊重生命与关怀他人""发展学生多元智慧潜能"[3]。

也有的学者从教育者、受教育者、教育场所的角度，提出生命教育目标。如罗楚春提出生命教育的具体目标有三方面。第一，学生方面。认识生命的意义，勾勒出自己的生命远景，并能实现自己的计划。第二，教师方面。认识自己生命的意义与教育生涯的价值，能通过教育教学研究，主动讨论生命教育的方法和策略，热爱学生、尊重学生、信任学生。第三，学校方面。能形成以生命教育为核心的理念，制订生命教育实施计划，并全面、持续地进行研究，建构多元的学习环境，建立关怀生命的校园和文化[4]。还有的学者从预防学生自杀、揭示教育真谛角度出发，提出生命教育既是预防大学生自杀的有效手段，也是揭示教育真谛、推进素质教育的重要途径。如燕国材教授指出，教育的真谛就是"一提四发"，一提就是提升人的地位，四发就是发现人的价值、发掘人的潜能、发展人的个性、发挥人的力量。很明显，这"一提四发"都依托于人的生命智慧和生命教育，没有生命智慧就不可能有人的地位、价值、潜能、个性和力量；没有生命教育，也就不可能有"一提四发"的教育。也就是说，只有引入生命教育，方可把教育的真谛揭示出来[5]。

生命教育的根本目标是促进生命体的健康成长与发展，但不同的学者因研究的侧重点不同提出了不同的目标。总结已有关于生命教育目标的论述，主要有三个层面：认知层面，强调让人们认识和了解身体及生命的意义和价值，提升教育对生命的尊重与关怀；情意层面，引导人们在认识生命的基础上，进而欣赏、热

爱自己和他人的生命；实践层面，强调让人们掌握生存的方法、熟悉与他人相处的法则以及知道爱惜自己和他人生命的方法。

上述关于生命教育目标的相关研究，可谓全面、系统且具有可操作性。但是也不难看出，仍然存在一定的问题，主要表现在缺乏针对性上。在确定的生命教育目标时，首先，应该针对生命教育出现的背景去思考生命教育的目标；其次，要针对每一个个体的心理机能和行为特点确定生命教育的目标；最后，应该针对每一年龄阶段青少年的实际，考虑要确定的生命教育目标实施后的效果。从以上三点出发，所确定的生命教育目标才会起到导向、监督、调节的作用。

二、大学生生命教育的背景及其对确定生命教育目标的启示

生命教育之所以在当代兴起，应该说有其深刻的时代背景与主体缘由。当代的中国社会已经呈现出高速发展的强劲势头，生活水准大幅度提升。与此同时，也引发了诸如地区间的差距越拉越大、贫富悬殊使人愕然、腐败堕落令人心寒的社会问题。还有文化虚无主义、相对主义也相伴而生，人们原有的正常生活准则、道德规范均被消解，致使人们难觅生命存在的价值，难补生活意义的空白，也使人们特别是大学生遭遇到一些前所未有的严重问题。

（一）生命教育出现的时代背景及其对确立大学生生命教育目标的启示

1. 一个令人惊叹的话题：大学生自杀现象频发，引人注目

大学生已成为挫折情境和挫折感的易发和高发群体，由于大学生遭遇挫折后无法承受和调适而导致焦虑、抑郁、沮丧等症状的大有人在，其中有的人就此沉沦，甚至出走、退学、自杀等现象也时有发生。近些年来，自杀已成为大学生死亡的第一原因。

启示：生命教育要预防大学生自杀。

2. 一个无法回避的话题：转型期的社会形势对大学生心理产生多重压力

近20年来，中国社会的政治、经济和文化等各个方面发生了巨大的变化，而心理发展尚未完全成熟和稳定、人生观和世界观正在形成、社会阅历也不够丰富、心理上比较脆弱的大学生无疑受到的冲击是巨大的。社会紧张性刺激增多、增强，面临的挑战也很多，大学生心理上存在着多方面的压力源：一是来自学习、考试的压力；二是来自于社会责任的压力；三是来自于生活本身的压力；四是来自于竞争的压力；五是来自于整个社会不断加快的节奏所带来的压力，它们迫使大学

生们加快步伐。

启示：生命教育要减轻大学生的压力感。

3. 一个永恒不变的话题：培养高素质、创新型、全面发展的人才

当今世界的竞争实际上就是人才的竞争，而人才的培养要靠教育。生命教育在当代的兴起，一个重要原因是教育本身还存在着缺陷。教育的本质应该是让受教育者能够更好地适应社会生活，获得身心的全面发展。但是，由于社会竞争的加剧和就业的困难，现代教育越来越偏重于知识的传授，使受教育者越来越缺乏人文关怀、价值关怀和意义关怀。不少大学生的身体素质、心理素质等都出现了不同程度的问题，有些还相当严重。

启示：生命教育要提高大学生的竞争力。

（二）生命教育出现的主体缘由及其对确立大学生生命教育目标的启示

1. 一个不愿接受的话题：大学生的心理矛盾与冲突复杂且多变，自我意识发展有缺陷

大学生由于正处在迅速走向成熟而又未真正完全成熟的发展阶段，存在各个方面的积极与消极的心理特点，其发展也不平衡，所以往往易于造成各种各样的内心矛盾。同时，大学生自我意识发展处于新的阶段，那种儿童少年时代眼光朝外着重于认识外部世界的特点，此时已经转向朝内认识自己，因而往往强烈地意识到自身所发生的种种矛盾。但是他们由于心理尚未完全成熟，容易出现各种发展中的偏差，导致自我意识缺陷。

启示：生命教育要解决大学生的心理矛盾。

2. 一个不愿谈论的话题：人生"终极"目标的缺失

有些大学生把"求知、求偶、求事业"作为大学阶段要完成的使命。找到恋人、找到一份好的工作，每一件眼前能把握的事情都成了大学生活的全部，一旦受挫，就什么意义都找不到了。这主要是因为他们的人生观、价值观等方面存在缺陷。价值观念、人生态度与自杀也有密切的关系，它是决定自杀行为的重要思想基础。对自杀的认知、已有的价值观念和人生态度既可以成为自杀的原因，也可以成为抗自杀的资源。比如，一个人生态度悲观消极的大学生很容易在挫折面前一蹶不振，甚至走上绝路。

启示：生命教育要树立大学生科学的理想信念。

3. 一个没有了结的话题：大学生抗挫折心理能力普遍较差

当代人的素质不能适应社会进步和发展的需要，其中最欠缺的是心理素质，而在心理素质中最欠缺的又是抗挫折心理能力。现在的大学生，多为独生子女，在家里过着众星捧月的生活，养成了争强好胜的个性，暴露出性格中自尊心强、虚荣心重、依赖性强的特点，其意志相当薄弱，常常会盲目地为了自尊而放弃生命以求解脱。这就是说，大学生自杀的根源在于心理脆弱，承受压力和挫折的能力差。要解决好这个问题，加强大学生"生命教育"是根本。培养大学生抗挫折心理能力的生命教育意义就在于此。

启示：生命教育要加强大学生的抗挫折心理能力培育。

那么，如何确定生命教育的目标呢？除了已有的全面、系统且操作性强的研究，还须考虑到要预防大学生自杀、减轻大学生压力感、提高大学生的竞争力、解决大学生心理矛盾、确立科学的理想信念、加强抗挫折心理能力培育等具体目标。

三、大学生生命教育的应有的目标

根据上述研究结果及关于生命教育的目标的相关研究，确定大学生生命教育的总体目标应该是发掘、培养、提升大学生的生命智慧，即开发大学生的生命潜能、优化大学生的身心素质、达到大学生的自我实现。

（一）大学生生命教育的认知目标

1. 发现和了解生命

发现生命就是要让教师和学生认识到什么是人、什么是人性，解决"人为什么活着""怎样活着"等问题。教师还要在此基础上去引导学生认识自己，特别是认清自己的优点、缺点，看到自己与别人的差异，给自己的生命价值一个科学的界定。了解生命就是要了解生命的来源、组成、特点、规律、价值和真谛，教师要传授有关生命科学的知识。

2. 确立科学的理想信念

帮助大学生树立正确的人生观、价值观和世界观，要引导他们完善自我、开发生命潜能、创造自己的奇迹。对于青春年少的当代大学生来说，完全靠书本灌输形成的价值观已显得脆弱和不定，这种价值观动摇的第一步便是理想信念在现实面前的褪色与破碎。要帮助他们找回属于自己的人生理想、人生信念，把个人理想纳入到社会理想中去，找到自己的历史位置，选择自己与社会的最佳结合点。

3. 解决心理矛盾

大学生要拥有生命智慧，其前提是解决各种心理矛盾，完善自我意识。高校教育工作者应引导他们采取行之有效的解决矛盾的途径和完善自我意识的方法。大学生的内心矛盾主要有理想自我与现实自我的矛盾，追求上进与自我消沉的矛盾，强烈的求知欲与识别力低的矛盾，自尊心与自卑感的矛盾，强烈的性意识与正确处理与异性的关系的矛盾，独立意向与依附心理的矛盾，交往需要与自我闭锁的矛盾等。

（二）大学生生命教育的情感目标

1. 热爱和珍惜生命

充分理解和把握自我生命，也要对他人生命负责；人死不能复生，对我们每一个人而言，没有了生命，就没有了一切。假如明天不再来临，我们所拥有的只是今天、当下，所以应该及时把握、珍视此刻，踏踏实实地过好今天、当下，因为人生就由一个个独立的"今天、当下"组成，当我们一再地错过当下，我们实际上是在错过生命[6]。

2. 学会调控情绪

对于 21 世纪的人来说，调控情绪在最大化发挥每个人的能力方面起到很大的作用，因为在未来的社会中，竞争会越来越激烈，这就决定了每个人都会有多次成功和失败的可能，如何做到胜不骄、败不馁，始终保持积极向上的良好心态，需要个体具有良好的自我调节能力。要控制不良情绪，调出最佳心境，在加强思想品德和个性修养的基础上，做到学会延缓过激情绪的产生。

3. 提高情商，减轻压力感

情商反映的主要是情绪的管理，要教会大学生管理情绪的方法，即了解自我情绪、调控自我情绪、自我激励、识别他人情绪、人际关系的管理等。同时，要减轻大学生所承受的内外压力，学校、社会、家庭应该密切配合，把大学生身心受到的压力减到最低。缓解压力感一般有两种途径：一是增加自我强度，以便主动克服各种压力；二是调整所受的内外综合压力，使之与自我强度相当。

（三）大学生生命教育的意志目标

1. 保护和延续生命

每个人都要千方百计地保护自己的生命、保护他人的生命、保护大千世界的一切生命。大学生在成长过程中会面临各种成长体验，作为大学生成长的精神保护者，教师既要关注大学生自身精神发展的规律，又要防止来自外界的任何可能性的伤害发生。同时，要通过各种方式，尽力延续生命。个人的生命延续越长，所实现的生命价值相对就越大。

2. 培育抗挫折心理能力

所谓抗挫折心理能力培育是通过揭示挫折的本质和规律，培养大学生正确认识、驾驭挫折的能力，从而提高抗挫折心理能力的教育实践活动。一要提高大学生的心理承受水平，使他们形成对刺激的适宜的反应方式；二要提高大学生的心理调节水平，使他们正确地认识与评价自己和现实，掌握正确的认识、评价方法；三要提高大学生的心理活动的状态水平，进而提高他们的自信水平，使他们形成积极进取的心理状态。

3. 提高适应能力

教育者要知道，刚刚进入大学是大学生最好的重新塑造自己形象的时候，比较容易改掉以前的缺点，以全新的形象出现；大学生在适应中所遭遇的挫折都是由于对现实社会和未来抱有过高期望值和过于理想化而产生的；对刚刚入学的大学生来讲，他们在适应学习和生活环境之时，个人对社会、学校的期望值都发生了很大的变化。教育者要在短期内帮助大学生尽快适应，并完成个人角色的转变。

（四）大学生生命教育的行为目标

1. 提升和激扬生命

大学生必须尽好人生的本分，不要把自己应该承担的责任让别人去承担。"上帝只能拯救那些能够自救的人"。生命力是鲜活的，大学生富有潜力，教师要激活大学生的潜能，唤醒他们的生命，让他们积极、主动地成长，而不是选择灰色调的生活。教育要使大学生幸福地从一个起点走向另一个起点，从而达到"完善自我，造福人类"的境界。

2. 预防大学生自杀

高等学校应该建立危机干预机制来预防大学生自杀。预防自杀的方式主要有：帮助有自杀意念的大学生摆脱或解决诱因，尽力打消自杀念头，使他们感到"原来生活可以更美的"；激励有心理问题的大学生努力学习、用心处事，让他们体会到"世间自有公道，付出终有回报"；帮助有错误观念和错误认知的大学生，要让他们懂得片面、绝对地看问题往往就是悲剧的根源；要争取心理专家的帮助和社会的支持，建立学校、社会、家庭"一体化预防"的大学生生命教育模式。

3. 提高大学生的竞争力

高校必须重视培养具有创新精神和实践能力的高级专门人才，在这种"高级专门人才"的培养过程中，尤以专业素质、技能为最重要，这是大学生的立身之本。因为"技能改变命运""学富五车并不等于才高八斗"。高校必须要与社会需求接轨，提高对市场的灵敏度，通过市场需求带动人才培养环节的改革，适时调整专业方向和有关课程，调动大学生社会实践的积极性。

总之，生命教育的目标，乃是让个体在受教育过程中，不仅要学到生存所需的知识技能，更重要的是让个体拥有丰富的生命涵养。在自我实现、自我尊重、自我要求、自我反省下，将自己的生命不断提升，不断完善自我，成为对社会有用之人。所以，生命教育的目的既在于避免个体做出危害自己、损害他人、破坏社会的行为，又在于培养个体正面积极、乐观进取的生命价值观，以便使他们能够与他人、社会和自然建立良好互动关系的能力。作为生命教育的四个目标有依次叠进之意，首先要有认识生命，然后才会热爱生命；有了对生命的认识和热爱，然后才会产生保护生命的意志；最后在此基础上，才理所当然地有提升生命的愿望与要求。当然，这样说也并不排斥它们之间交互作用的关系。

第二节 大学生生命智慧与生命教育内容

一、从生命智慧结构角度看生命教育内容

（一）大学生生命教育的认知层面内容

大学生生命教育认知层面目标，强调让学生认识和了解生命的意义和价值，提升教育对生命的尊重与关怀。为解决"人为什么活着"和"怎样活着"等问题，要开展人生观教育和价值观教育[7]。

1. 人生观教育

大学生必须尽好人生的本分，不要把自己应该承担的责任留给别人去承担。教育者要帮助大学生树立正确的人生观和价值观，要引导他们不断地充实自我、开发生命潜能、创造自己的奇迹。每一位大学生都应本着"思索、追求、创新、进取"的精神，并努力做到使家庭、学校、班级、宿舍、科室、社区等任何一个社会角落因为有他的存在而生机盎然起来。

2. 价值观教育

一个人的价值在于社会和大众对他的确认度和需要度，要看他的职业技能、思想品德和所做出的贡献大小。那种以拥有金钱的多少来衡量人的社会地位的高低并评价人的价值的观点是不可取的。其实，真正有价值的不是物质本身，而是在人的大脑里存在的人本身潜在的能力，即人的智慧及优良的心理品质。为使大学生树立正确的价值观，教育者要理论联系实际地进行价值观教育。首先，要对他们进行价值观的导向、标准及人生价值的实现途径等方面的教育；其次，大学生价值观教育与社会生活接轨最好的方法就是让大学生广泛地参与社会实践活动；最后，价值观教育不但要增强实效性，还要与情感教育相结合[8]。

（二）大学生生命教育的情感层面内容

大学生生命教育情感层面目标要求引导学生在认识生命的基础上，热爱、珍惜自己和他人的生命[7]。

如何做到胜不骄、败不馁，始终保持积极向上的良好心态，需要个体具有良好的自我调节能力。要控制不良情绪，调出最佳心境，在加强思想品德和个性修养的基础上，还应做到帮助大学生学会延缓过激情绪产生的方法，加强情商教育。情商反映的是情绪管理能力，要教会大学生管理情绪的方法，即了解自我情绪、调控自我情绪、自我激励、识别他人情绪和人际关系管理等。同时，要减轻大学生所承受的内外压力，学校、社会、家庭应该密切配合，把大学生身心受到的压力减到最低。缓解压力感一般有两种途径：一是增加自我强度，以便主动克服各种压力；二是调整所受的内外综合压力，使之与自我强度相当。

（三）大学生生命教育的意志层面内容

大学生生命教育意志层面目标，是引导学生在认识生命的基础上，坚定理想信念、培育抗挫折心理能力[7]。

1. 理想信念教育

对于大学生来说，要帮助他们找回属于自己的人生理想信念，把个人理想纳入到社会理想中去，要让他们懂得，人活着就要有所追求，就要做出贡献。人都是社会人，人活一世，只有为社会、为人类做出点贡献，才不算白活，活的才欣慰。"近期目标一定要，远大理想又不能丢""人生在勤，不索何获？"

2. 抗挫折心理教育

通过揭示挫折的本质和规律，培养大学生正确认识、驾驭挫折的能力，从而提高抗挫折心理能力。一要提高大学生的心理承受水平，使他们形成对刺激的适宜反应方式；二要提高大学生的心理调节水平，使他们正确地认识与评价自己和现实，掌握正确的认识、评价方法；三要提高大学生的心理活动的状态水平，进而提高他们的自信水平，使他们形成积极进取的心理状态，热爱生活、适应环境、正视挫折。有人说，"我比不上别人，总遇到挫折"，其实，强者内心并不是没有痛苦，只因为他们忍受了或战胜了比别人更多的痛苦他们才成为强者。外来的压力和干扰，有时反而会变成前进的动力。

（四）大学生生命教育的行为层面内容

大学生生命教育行为层面目标，是强调让学生提升和激扬生命，提高核心竞争力，为成才、创业做准备[7]。

1. 成才观教育

大学生要主动求知，所学知识应该系统、广博、精深、务实。高校应该重视培养具有创新精神和实践能力的高级专门人才，在这种"高级专门人才"的培养过程中，尤以专业素质、从业技能为最重要，这是大学生的立身之本。同时，大学生要正确对待学习能力。切记巧妇难为无米之炊，拙妇有米也难炊；成功＝信心＋勤奋＋毅力；知识虽是生产力量的重要手段，但只有当知识转化为能力时，知识才是力量。如果光有知识，只能算个书库，技能、才艺是核心竞争力。大学生要学会与人相处，能干活且干得好，找问题、出思路、想办法、巧实现、善表达，能够适应千变万化的社会。

2. 创业教育

《教育部关于大力推进高等学校创新创业教育和大学生自主创业工作的意见》指出，高校开展大学生创新创业教育是深化高等教育教学改革，培养学生创新精神和实践能力的重要途径。所谓创业教育就是培养人的创业精神、创业思维、创业技能等多种创业素质，并最终使受教育者具有一定的创业能力的教育。创业教育主要包括创业精神（即创业需求、冲动、冒险、耐性、抗挫折等心理素质）教育，创业技能（即创业素质的核心要素，是创业者将创业意向转化为创业实际的核心能力）教育。在创业教育中，要通过创业学习培养学生的创业技能，并将创业技能作为创业者应对全球化、迈向知识经济社会的关键能力[9]。

二、从大学生自杀类型角度看生命教育内容

大学生生命教育的总体目标是发掘、培养、提升大学生的生命智慧，即开发

生命潜能、优化身心素质、达到自我实现。结合上述生命教育总体目标，针对大学生自杀的类型，提出相应的生命教育内容。

（一）挫折源来自内部的大学生自杀类型与生命教育内容

1. 学习受挫型自杀与生命教育内容

（1）正确指导求知。第一，大学生对求知应该精深、务实。培根说过，求知的目的不是为了吹嘘、炫耀，而应该是为了寻找真理、启迪智慧、增长才干。第二，掌握良好的学习方法，在学习、巩固专业知识的同时，培养与求职和贡献于社会所必需的能力。涉猎多方面与本学科相关的知识，以深化知识的巩固程度，因为渊博的专业知识和广泛的课外知识是从业所必需的。随着科技的发展，知识更新的周期会越来越短，如果我们还停留在传统的以装知识为主的学习方法上，是无法适应发展需要的。

（2）满足成才需要。大学生应成为开拓型、创造型人才。IT 时代获取成功需要有 10 种能力，也就是说大学生要成功必须炼就这 10 种能力：较强的应变能力，交流和发挥想象能力，观察分析能力，开拓创新的能力，一定的组织和表达能力，勇于承担责任和压力的能力，独特的业务专长能力，非凡的工作能力，与他人团结协作的能力和较强的可转移能力[10]。

2. 恋爱受挫型自杀与生命教育内容

（1）指导大学生确立和发展正确的异性关系。大学生强烈希望与年龄相当又情投意合的异性交往并想方设法获得对方亲密、忠诚的且带有独占性的爱情，在广泛的交往和深入了解的基础上，如果友谊自然发展成爱情，就不要拒之门外。应该既不热衷于追求，但也别轻易放过，顺乎自然，不必额外地花费许多时间。正所谓："有心种花花不开，无心插柳柳成荫。"因为我们上大学的目的是求知与成才。

（2）教授大学生正确认识性爱与情爱，以及谈恋爱的方法。目前有些大学生把大多数时间都用于谈恋爱，好像除了上课就应该谈恋爱。而且，有相当一部分大学生更喜欢性爱而不是情爱，致使"谈恋爱"一词黯然失色，随之而来的是要调适由于失恋带来的挫折感。现在，大多数家长已不再反对孩子上大学时谈恋爱，但学校依然是既不支持也不反对大学生谈恋爱的。本书以为，对于没有足够的时间和精力的大学生来说，大学期间最好不要用过多的时间去谈恋爱，因为大学生正处于"书山攀登之际，学海遨游之时"，应该把主要精力放在学习上。作为高等教育工作者，应该在全校范围内开设类似"恋爱与人生""谈恋爱的经验与教训"等方面的公共选修课，帮助大学生趟过这条"青春爱河"。

3. 情绪受挫型自杀与生命教育内容

（1）控制不良情绪，调出最佳心境。大学生在加强思想品德和个性修养的基础上，还应做到延缓过激情绪的产生，积极做人，投身学业，养成乐天开朗的性格，对简单的事物保持兴趣，广交朋友，珍惜时光。

（2）培养大学生的情商。情商主要反映的是情绪的管理，要教会大学生管理情绪的方法，即了解自我情绪、调控自我情绪、自我激励、识别他人情绪、人际关系的管理等。同时，要减轻大学生所承受的内外压力，学校、社会、家庭应该密切配合，把大学生身心受到的压力减到最低。

4. 健康受挫型自杀与生命教育内容

（1）要明确"身体是革命的本钱"。"天赐"健康只有一次，健康的体魄是保证其他一切活动正常进行的基础。运动是健身的法宝，生命在于运动，身体锻炼贵在持之以恒。体育锻炼既可以解除因长时间脑力劳动造成的生理疲劳，又能减轻心理疲劳。人的体质包括体格、体能、适应能力三个方面。身体素质教育要合理地开发大学生的各种潜能，一要指导学生掌握健身的基本知识、技能，养成经常锻炼身体的良好习惯，培养体育运动兴趣；二要促进身体健壮，全面发展体能，提高机体适应环境和抗御疾病的能力。

（2）要正确认识自我，完善自我。要知道，对于每个人来说，身体素质固然重要，但它绝不是一个人的全部，仅仅是一个方面，对大学生而言，道德素质、文化素质、心理素质等方面与身体素质同样重要。怎样认识自己的这些方面呢？歌德说过，"怎样才能认识自己呢？仅仅借助于行动，任何时候都不能靠静观。尽力履行你的职责，你便可知道你身上有什么"。在社会交往和实践活动中，一个人能找到反映他自己的镜子，认识自己的本质，即一个人的思想品德、能力、性情等；在此基础上，善于向别人学习，主动争取同伴、朋友和集体的帮助，才会更快进步。

（二）挫折源来自外部的大学生自杀类型与生命教育的内容

1. 学校受挫型自杀与生命教育内容

（1）根据大学生的身心发展特点实施健全的预防教育。不同阶段的大学生具有不同的心理特点，因而适应其相应的心理特点实施相关的预防教育就至关重要。总体而言，大学生的身心发展亦具有顺序性、阶段性及个别差异性的规律和特点，这就要求预防教育亦应循序渐进、因时施教、因材施教。在此基础上，适时向学生提出经过他们的努力能够达到的要求，以增强其自我效能感，使之在身心发展过程中，在身心调适过程中有突飞猛进的进展，自行获得并实践促进其健康发展的知识、技能，进而提高心理健康水平。

（2）加强高校教师心理素质教育。"学高为师，身正为范"，作为师范院校培养的教师队伍，是教书育人的楷模，其心理健康状况与国民教育质量息息相关。但就近些年的教育现象表明，教师对其职业的角色、职业的社会地位认识不足，再加上部分考生报考师范院校时不得已而为之（如经济困难、高考分数低、推荐入学等），造成现在普遍存在的部分教师素质偏低的现状，特别是教师的心理素质、心理健康状况。所以，高校教师的心理素质有待提高。

2. 就业受挫型自杀与生命教育内容

（1）提高竞争力。高校必须重视培养具有创新精神和实践能力的高级专门人才，在这种"高级专门人才"的培养过程中，尤以专业素质、技能为最重要，这是大学生的立身之本。高校必须要与社会需求接轨，提高对市场的灵敏度，通过市场需求带动人才培养环节的改革，适时调整专业方向和有关课程，调动大学生社会实践的积极性。

（2）培育大学生的抗挫折心理能力。帮助大学生提高绝对挫折阈限，磨炼对挫折的适应能力。大学生对挫折的承受力和适应能力，是可以通过预演一定的挫折情境的教育、学习和锻炼而获得的，这对大学生来说尤为必要。提高绝对挫折阈限，磨炼对挫折的适应能力，可通过诸如有意识地容忍和接受日常生活中的挫折情境，参加社会实践、了解社会的真实情况、认识社会的复杂性等形式，从而长知识、长才干、练意志，增强心理承受力。所谓抗挫折心理能力培育是通过揭示挫折的本质和规律，培养大学生正确认识、驾驭挫折的能力，从而提高抗挫折心理能力的教育实践活动。

3. 交往受挫型自杀与生命教育内容

（1）提高社会交往能力。善于沟通是一种艺术，是透过眼睛、耳朵与声音和面部表情的接触，把我们自己投射在别人心中的艺术。有效沟通的基本法则是六要六不要：一是要牢记别人的恩惠，不要显露有恩于人；二是说话要有分寸、有条理，不要背后议论人；三是要理解、宽容别人，不要说穿别人的秘密；四是要助人为乐，不要无把握地许诺；五是言论要乐观进取，不要悲观厌世；六是要以服务为目的，不要以自我为中心。

（2）鼓励男女大学生之间的正常交往。男女大学生之间能够建立正确的、纯洁的友谊，交异性朋友还可以得到心灵上的互补。大学生是受高等教育的，不应该受外界干扰，大胆地付诸行为。在同学之间互相适应的过程中，需要去体谅别人，但同时也要表达自己的意见和感受，这不单单是一个针锋相对的过程，也是一个互相沟通、互相理解的过程。这一过程也是任何人际关系协调的重要来源之一。要做到这一点，不仅需要一定的人际沟通技巧，而且也需要有暴露自己的勇气，甚至暴露自己弱点的勇气。

4. 适应受挫型自杀与生命教育内容

（1）指导大学生正视人生、理想。第一，帮助大学生确立人生目标：应该思索、追求、创新、进取。每一位大学生都应本着"要受敬，自强为敬"的精神。第二，帮助大学生确立理想：应该求知、成才、完善、贡献。人活着就要有所追求，就要作出贡献。人都是社会人，人活一世，只有为社会、为人类作出点贡献，才不算白活，活得才欣慰。"近期目标一定要，远大理想又不能丢"，要牢记"天生我材必有用"。

（2）鼓励大学生实现自身价值：完善自我，改造社会和自然，实现自我价值。一个人如果对社会的发展和完善做出贡献，那就表明他是有价值的，他的生活就是有意义的；一个人的价值在于社会和人们对他的确认度和需要度。高校教育工作者要启发大学生笑对生活，即热爱生活、适应环境、正视挫折。有人说，"我比不上别人，总遇到挫折"，其实，强者内心并不是没有痛苦，只因为他们战胜了比别人更多的痛苦，所以他们才成为强者。更何况"上帝只能拯救那些能够自救的人"呢！

5. 家庭受挫型自杀与生命教育内容

（1）大学生家庭教育的内容主要有：正确处理各种矛盾，教育子女艰苦朴素、勤俭节约。告诫他们如果说一个人的生活就是为了使他人生活得更美好，这个人就是父或母；所以说"一个人的能力有大小，只要他（或她）尽到了最大努力，那他（或她）就是伟大的"，这个人说的也是父或母。大学生的家庭教育尤为重要，在每年新生入校之际，及时与送子女来报到的家长们进行初次座谈，每逢入学教育、毕业教育等一些重要场合，学校可请家长代表前来观礼、赠言、讲话、报告等。要"我爱我家"，不"怨天尤人"。

（2）大学生家庭教育的有效途径有三个。一是电话，家长可以通过电话联系，随时了解子女的学习、生活和思想状况，及时发现他们一些细微的心理变化，一旦发现问题可以及时与辅导员老师联系，共同进行教育；二是书信或邮件，这是常用的交流思想、感情的有效工具。且书信交流的目的明确，有针对性，在语言表达上可以委婉含蓄，有较强的感染力，易于以情感人，因此，家长在闲暇之余给子女写封信、发个邮件更有利于他们健康成长；三是定期看望，在条件允许的情况下，定期看望是大学生家庭教育较好的形式，尤其是对刚刚入校的新生，刚进大学校门想家心切，父母看望可以稳定他们的情绪。

第三节　关于大学生生命教育的思考

许多学校都通过开设一些心理卫生知识讲座来普及心理卫生知识，通过建立学生心理档案定期了解学生心理发展动态，通过建立心理咨询机构负责调动各方面力量配合对青少年进行心理教育与咨询。但大量事实已充分表明，仅仅采取以上措施能治标却很难治本[11]。最佳途径是贯穿始终地开设"生命教育"（即教育者帮助受教育者发掘、培养、提升生命智慧进而获得新的生命的教育实践）课，使之成为青少年必修的课程，纳入学校教学计划。通过"生命教育"，全面提高青少年的抗挫折心理能力。生命教育在实施过程中，应有两种不同的教育取向[1]。

一、思考一：关于生命教育整体

（一）一个目的

要有效地培养非智力因素，首先必须明确一个目的，就是激发学生主体的内部心理机制，亦即调动他们全部心理活动的积极性。这里很明显地有如下两个问题必须讨论。

（1）在教育工作中，为什么必须调动学生主体的心理的活动积极性？长期以来，在我国教育工作中，老是把学生看作消极被动的客体，而没有把他们作为活生生的主体来对待。正是从这一见解出发，在教育中，就总是不断地向学生提出各种各样外部的东西，如政治要求、思想规范、道德标准、行为准则、知识系统、技能训练等，拼命灌输，强制接受，而很少考虑学生的心理积极性，即他们是否愿意接受，是否能够接受，亦即能否把教育中各种各样的外部的客体的东西"内化"为学生内部的主体的东西。而如果学生不愿意、不能够激发起自己心理活动的积极性，实行这种"内化"，则教育便会收不到应有的效果。因此可以说，归根结底，调动学生主体心理活动的积极性，乃是保证提高教育实效的关键之所在。

（2）为什么既要调动学生全部心理活动的积极性，又必须培养他们的非智力因素呢？这是因为，学生的心理活动不外乎两个方面，一是认知、智力活动，一是意向、非智力因素。但本书以为，认知、智力活动本身是无所谓积极性的，它的积极性来自意向、非智力因素。即是说，只有当学生对学习有了强烈的需要，有了浓厚的兴趣和热烈的情感，有了坚强的意志与独立的性格，才能克服学习中的困难，独立自主地进行学习，努力追求较高的学习成就，学习起来才会津津有味、乐不知疲，才会使自己的认知、智力也积极地参加到学习中去，从而取得优良的学习效果。

（二）两个原则

培养学生的非智力因素，必须遵循一定的原则。本书以为，其中最主要的有如下两条。

1. 自主性原则

所谓自主性原则，就是要求在教育工作中，必须充分尊重学生的主体地位，发挥学生的主体作用。一句话，就是要求对学生进行自主教育。为什么培养非智力因素必须遵循自主性原则、进行自主教育呢？这是由于学生的主体地位与作用充分体现在其自主性上；而学生的自主性，又与其非智力因素处在相互制约之中。即是说，进行自主教育，有助于培养学生的非智力因素；培养非智力因素，又有助于提高学生的自主性水平。在教育中贯彻自主性原则，就是要求学生自我认识、自我计划、自我监督、自我评价。 ■

2. 成功性原则

所谓成功性原则，就是要求在教育工作中，必须创设成功的机会和条件，帮助学生获得成功。一句话，就是要求对学生进行成功教育。成功教育是针对"后进生"实施的一种教育。"后进生"具有一般学生同样的潜能，通过教育的改善，学生能获得多方面的成功，学习心理品质不断完善，成为学习的成功者，进而为其成为社会的成功者做好基本素质的准备。因此，成功教育是追求学生潜能的发现和发展的教育，是全面提高学生素质的教育。

为什么培养非智力因素必须遵循成功性原则进行成功教育呢？大量教育经验表明，成功教育的成功是以激发学生心理活动积极性为基础的，激发心理积极性，不是抓发展智力，而是抓培养非智力因素；抓非智力因素，又不是百家争鸣，而是具体地从情感入手，以提高自信心为突破口。这就很明显地告诉我们，通过自信心、情感等非智力因素的培养，学生获得了成功；同时，学生的取得成功，又进一步提高了学生的自信心、情感等非智力因素的水平。

（三）三个结合

非智力因素的培养必须寓于其他各种教育活动之中。下面着重谈"三个结合"。

1. 生命教育与教学相结合

长期以来，多数学校把教学过程单纯看成是认识过程，为了以系统的科学的知识武装学生的头脑，只要求他们的认识、智力积极参与教育活动，而对非智力因素的参与却加以忽视，当然更谈不到去培养它。因此，我们必须把培养非智力因素作为教学过程的一项重要任务来抓。在教学中，还应当注意教学内容的安排。可以有这样三种情况：一是教材的编选者，应把非智力因素作为一项重要原则来考虑，从而有目的地选入一些有关的内容；二是教师要注意充分发掘现有教材中有关培养非智力因素的材料，有意识地利用这些材料去培养学生的非智力因素；三是教师有意识有目的地补充一些有利于培养非智力因素的材料。在教学中培养学生的非智力因素，改革教学的原则和方法也是十分必要的。

2. 生命教育与德育相结合

学校的德育有广义和狭义之分，广义的德育包括政治教育、思想教育、品德教育和心理教育（非智力因素的培养在内）；狭义的德育专指品德教育而言。但不论哪种教育，都应当把培养非智力因素作为一项重要的任务来抓。即以狭义的德育来说，只有把道德品质与心理品质（非智力因素的品质在内）结合起来，才能使道德品质易于养成并巩固。从德育过程来看，它是由知、情、意、行四个因素或环节组成的。这四个因素除知（道德认知）外，后三者即道德情感、道德意志和道德行为均属于非智力因素范畴。更值得注意的是，我国教育工作者据此总结自己的经验，提出了一套对培养道德品质的有效方法，即晓之以理，以提高道德认知；动之以情，以发展道德情感；持之以恒，以锻炼道德意志；导之以行，以训练道德行为。很明显，这套方法也就是培养非智力因素的方法。在德育过程中，教师还可以搞一些配套活动，对培养学生的非智力因素也是十分有用的。

3. 生命教育与课外活动相结合

课外活动是培养学生非智力因素的最有利的方式。为了发挥课外活动的这一作用，就应当注意以下 6 点。①应当把课外活动看作是一个独立系统，坚决摒弃课外活动是课堂教学的延续的不正确认识；据此，把课外活动称作第二课堂的主张是可以商榷的。②应当让教师退居二线，只起一点辅导作用。③应当安排一定的时间使学生得以参加各种课外活动。④要打破班级界限，让学生按兴趣、情感组合。⑤要充分发挥学生的自主性、独立性。⑥要尽可能发挥学生的集体协作精神。这6个方面可以说是课外活动不同于课堂教学的特点，只要充分利用和发挥这些特点，就能有效地培养学生的非智力因素。

（四）四个重视

在教育过程中，一般可以把学生划分为优秀生、中等生和后进生三种类型；另外，女学生还有其特殊性，可以作为一种类型看待。对这四种类型的学生，教师对其非智力因素的培养都应当予以重视，是谓"四个重视"。

1. 重视对优秀生的生命智慧的培养

一般地说，优秀生都是智力水平较高、非智力因素也较强的学生，而一个智力水平高、但非智力因素不强的学生，是很难成为优秀生的。既然如此，那为什么还要重视对这类学生的非智力因素的培养呢？这是因为，优秀生具有较强的非智力因素不是自发产生的，而是培养与自我培养的结果；一旦放松要求，非智力因素就会"不进则退"。更为重要的是，教师往往以为优秀生是由于聪明才智过人才取得优异成绩的，因而就忽视其非智力因素的作用，放松对他的培养。所以，我们要特别强调重视培养优秀生的非智力因素，即使是对于具有超常智力水平的优秀生，也应当如此。

2. 重视对中等生的生命智慧培养

一般地说，中等生的智力水平是中等的，但也可能有个别超常儿童成为中等生。从前者看，如果那些具有中等智力水平的学生，其非智力因素能够得到较好的培养与提高，就有可能成为优秀生。中国科技大学少年班的学生，并非都是超常者，有一部分学生只具有中常智力水平。这些学生为什么能进入少年班而敢于与超常者争胜好强，就是由于他们具有特强的非智力因素的缘故。从后者看，个别超常儿童由于其非智力因素未能得到很好的发展，所以便成了中等生；如果其智力因素能够加强，肯定他们都会成为优秀生。把这两方面结合起来看，就充分表明注意培养中等生的非智力因素是十分重要的。

3. 重视对后进生的生命智慧培养

后进生是指学业成绩暂时落后的学生。后进生形成的原因是多方面的。其中非智力因素的不良是重要原因之一。因此，为了改变后进生面貌，促进后进生转化，就应当重视培养他们的非智力因素，并通过非智力因素的提高去促进其智力的开发。

4. 重视对女学生的生命智慧培养

大学生生命智慧性别差异的研究表明，男生在恋爱和生命非认知方面的智慧要比女生高，女生在技能、适应、健康和家庭智慧上均比男生高。即是说，女大学生的生命非认知因素较男大学生差，女学生怕困难、意志力较薄弱，好胜心不如男学生、成就动机不强、抱负水平不高等。由此可见，高校要加强女大学生的生命非认知因素的培养。

（五）四种途径

培养生命智慧的方法很多，这里提出四种主要途径。

1. 开设心理健康、学习方法课，让学生了解自己的心理和学习状况

人的心理系统分为两个子系统，即认知、智力系统和意向、非智力因素系统。让学生对这两个心理子系统有一些基本了解，就能帮助他们既有自知之明，了解自己；又有知人之智，了解他人，从而提高自我教育的能力。同时，学生具备了心理系统的知识，还有助于他们讲究心理卫生，促进心理健康。近些年来，不少学校在教育改革中都尝到了开设心理学讲座的甜头，即通过这一方法，不仅培养了学生的非智力因素，而且还推动了整体的教育改革。这里要指出的是，在开设心理学课时，要有针对性，不能强调心理知识的系统结构；要有趣味性，不能把心理知识过分理论化；要有实践性，不能让心理知识与学生的生活实际、行为训练脱节。

2. 创建有利于培养生命智慧的教育环境与教育气氛

非智力因素的培养与提高常受到环境诸因素的多方面的综合影响。这大致可归纳为学校、家庭和社会三个方面影响。为了培养学生的非智力因素，只优化学校环境是不够的，还必须同时尽可能优化家庭环境与社会环境。简而言之，只有学校、家庭和社会在教育上保持协调一致，才有利于对学生非智力因素的培养。

良好的教育气氛可以说是良好教育环境的具体化或是其中的一个组成因素。现代教育思想认为，形成良好的教育气氛乃是培养非智力因素的必要条件。所谓良好的教育气氛，具体反映在人际关系上，主要有三个方面：一是师生之间的人际关系；二是班级集体中同伴之间的人际关系；三是家庭成员之间的人际关系。作为良好人际关系和良好教育气氛的标志应当是：必须相互理解、尊重和信任；必须是愉快活泼、情感融洽的；必须是和谐协调、友好合作的；必须是生气勃勃

的、乐观向上的；必须对未来充满无限的信心等。很明显，这样的教育气氛对培养学生的非智力因素自然十分有利。

3. 从实际出发，寻找出培养生命智慧的突破口

众所周知，非智力因素十分复杂，它包含有许多的具体因素。前面说过，一些高校的心理健康教育是以提高学生的自信心为突破口的，并且收到了极好的教育效果。据此，为了培养学生的非智力因素，找出一、两个具体的非智力因素作为突破口是十分必要的。但是，突破口不能千篇一律，而应因学生、因班级、因学校，甚至因时、因地、因条件而制宜。只要把突破口找准了，在培养非智力因素方面就可能收到事半功倍之效。

4. 提高学生自我教育和自我培养的能力

相对于智力发展来说，非智力因素的加强与提高更多地有赖于自我教育。可以这么说，智力发展的主动权不完全操纵在学生手里，因为它既依赖于主体条件，即智力水平的高低在很大程度上受先天因素的影响；又依赖于客体条件，如学校条件、教师水平的高低对开发智力影响也极大。而这两方面的条件都不是学生本人所能左右的。但非智力因素则不然，培养的主动权完全可以操纵在学生自己的手里，即非智力因素基本上是后天形成起来的；同时它又较少依赖于客体条件，即它的提高不需要有很好的学校条件，反而是条件差的学校对培养非智力因素有利。因此，教师应当鼓励学生自我教育和自我培养，"我欲仁，斯仁至矣"。只要学生愿意培养自己的非智力因素，那么，他们的非智力因素的水平就能得到提高。当然，我们这么说，并非是主张学校条件越差越好；在加强学生主观努力、自我提高的同时，逐步改善学校条件、提高师资质量也是必要的。

二、思考二：大学生生命教育的实施取向

高等学校培养的学生不仅要有良好的思想道德素质、文化素质、专业素质和身体素质，而且要有良好的抗挫素质。近年来，各地教育工作部门和高等学校在推进和加强大学生生命教育工作方面做了大量的工作，但从总体上看，大学生生命教育工作远不能适应形势发展特别是全面推进素质教育的需要。当前应在认真总结各地高校开展大学生生命教育工作的基础上，借鉴和吸收其他一些国家和地区的有益经验，进一步明确新形势下开展这项工作的重要意义和积极作用，探索新的工作思路，推动高校大学生生命教育工作健康地开展。而这一新的工作思路

就是实施大学生生命教育工作。

（一）大学生生命教育实施的发展性取向

改革开放以来实施的各项方针政策给各个领域带来了前所未有的活力，使我国的社会情况发生了复杂而深刻的变化。对于身处高等学校接受教育的大学生而言，这些变化不仅为他们带来许多的发展机遇，也使他们面对必须不断应付的挑战。相当一部分学生由于不能适应这些变化或应对这些挑战，从而产生各种各样的心理问题，甚至严重的心理障碍。虽然各级政府已逐渐认识到大学生生命教育的重要性，并给予高度的重视，但还远不能满足现实的需要，工作的重点仍放在障碍层面，而发展性层面的工作有待进一步落实。当务之急是加强对大学生生命教育的认识，积极开展以发展性、预防性为主的教育活动，以增强大学生对生活压力和挫折的心理承受力。根据大学生生命教育的目标，高校生命教育工作的指导思想应尽快从被动转向主动，积极开展"以发展性为主，障碍性为辅"的大学生生命教育模式，努力使大学生心理和行为问题能防患于未然或化解于萌芽状态。

（二）大学生生命教育实施的时间取向

主体的心理发展是毕生发展的过程。在人的一生中有6次重要转折。在人生的6次大转折的阶段里，对人的一生起决定作用的或起主导作用的转折应该是从中学进入大学校门的转变，以及从大学走向社会的转变。这两个转变在人的一生中是非常重要的。若出现问题，一定会对大学生的心理发展产生不良影响。从各种相关的研究资料中发现，现在大学生的抗挫折心理能力问题十分突出，从各种心理热线的咨询内容来看，各个阶段的抗挫折心理能力问题均很尖锐。这些无非是说明大学生生命教育不仅是高校应该普及的问题，而且应该延伸到人的一生的各个发展阶段。单就高校而言，进行生命教育亦有其时间分层问题。大学一年级主要是适应性问题；大二、大三应是特困生心理干预与生命教育的重中之重；大四时的求职就业抗挫问题、角色转换、新的社会适应问题接踵而至。除此之外，学习心理、恋爱心理、人际交往等各类大学生所面临的生命智慧辅导问题，在大学的不同阶段会有不同的表现形式。这就要求大学生生命教育在实施过程中要因时而施，否则会出现隔靴搔痒、过犹不及的现象。

（三）大学生生命教育实施的教育机构取向

影响大学生心理健康乃至自杀的因素很多，除生命教育这一具体的教育手段外，还有大学生所在的家庭、所处的环境、其他专业知识的教育教学活动、媒体对相关知识的传播及主体自身的修养等因素的作用。如果生命教育是在影响主体的健康水平的各种因素的基础之上同步实施的话，会有更经济的成效。因此，生命教育在实施过程中，又会有三种不同的教育机构取向。

1. 大学生生命教育的家庭教育取向

家庭为主体的成长打下底色。父母的期望值、文化程度、教养方式、处世态度都深刻而持久地影响着子女的身心健康。研究表明，与人格障碍的形成有关的危险因素有父母的拒绝、单亲家庭、父母关系不和睦、家庭经济收入低、独生子女等；父母的养育方式及其相关的环境可以影响子女的人格发育，良好的养育方式和家庭环境均可促进人格的正常发育；特困大学生较少寻求工具性与社会性支持，也不常用"心理与行为解脱"的应对方式调适自己，换言之，他们不常和他人交流自己的感受，或者从朋友那里寻求支持和安慰，也不善于通过娱乐或其他活动来缓解内心的压力等。以上这些状况，是仅靠大学生个人、学校、教师不能解决的问题。要想从根本上处理以上大学生的心理问题，离不开家庭的参与。因此，生命教育的家庭教育实施取向就是高校与家庭间必须合作。目前在大部分大学生的高等教育生涯中，学校与家庭是两处互不联络的驿站。放假时，学校将学子送上回家的旅途，开学时，家庭再将大学生送上开往学校的列车。这两个驿站间的时空，是苍白无力的空白！因此，应加强高校的家庭合作意向，寻求高校中家校合作的方式、方法，研究并分析家庭教育中消极的生命意识的干预问题，积极寻求家长的关心、支持及合作，从而促进大学生的抗挫折心理能力的提高。

2. 大学生生命教育的学校教育取向

学校教育是最直接、最具体、最有成效的生命教育的实施取向。第一，根据大学生的身心发展特点实施健全的学校生命教育。不同阶段的大学生具有不同的心理特点，因而适应其相应的心理特点实施相应的生命教育就至关重要。总体而言，大学生的身心发展亦具有顺序性、阶段性及个别差异性的规律和特点，这就要求生命教育亦应循序渐进、因时施教、因材施教。并且在此基础上，适时向学生提出经过他们的努力能够达到的要求，以增强其自我效能感，使之在身心发展过程中，在身心调适过程中，有突飞猛进的进展，自行获得并实践促进其健康发展的知识、技能，进而提高抗挫素质。第二，根据大学生当前的心理发展状况实施直接而具体的生命教育。就本书及现实的高校大学生的抗挫折心理能力现状表明，大学生们关于学业、人际交往、情绪情感、人格发展、恋爱、就业、人生设计等方面均不容乐观。但当前高校的生命教育却呈现"千呼万唤始出来，犹抱琵琶半遮面"的状态。不同地区、不同种类的院校，都需要因地制宜地实施直接而具体的生命教育。第三，加强高校教师抗挫折心理教育。"学高为师，身正为范"，"要正人，还需先正己"。作为师范院校培养的教师队伍，是教书育人的楷模。其抗挫折心理能力状况与生命教育质量息息相关。但就近些年的教育现象表明，教师对其职业角色、职业的社会地位认识不足，再加上部分考生报考师范院校时不得已而为之（如经济困难、高考分数低、推荐入学等），造成现在普遍存在的部分教师素质偏低的现状，尤其教师的抗挫素质、生命智慧更是如此。"其身不正，虽令不从"，责任心不强、生活态度消沉淡漠的教师怎能实施生命教育？

3. 大学生生命教育的社会教育取向

当前，我国正处于市场经济的改革年代，与之相应的市场经济体制下的社会意识形态、社会认识、社会态度等不可避免地冲击着学校这方净土，因而，象牙塔内的学子们的生命智慧、抗挫折心理能力必然受到社会文化的影响。增强社会文化与校园文化的联络亦是丰富大学生的生命智慧、增强其抗挫折心理能力的途径之一。电视、广播、报纸、网络、各种热线服务是大学生同社会交往的最普遍、最直接的途径。通过这些途径，大学生们了解社会、拓展视角、促进自我的进步。因此，教育专家、心理学工作者们应该适时地与新闻媒体等社会文化机构就大学生所关注的话题、大学生身心健康发展等方面展开对话，使大学生在听节目、娱乐的过程中，接受有关的生命教育，提高自身的抗挫素质。

（四）大学生生命教育实施的体制和队伍建设取向

高等学校大学生生命教育工作是学校德育工作的重要组成部分，要把高等学校大学生生命教育工作纳入学校德育工作管理体系中。高等学校开展大学生生命教育工作的经费原则上在德育工作经费中统筹解决。高校德育课应通过对生命智慧知识的讲授，使大学生重视抗挫折心理能力的提高，有目标、有计划地接受生命教育和抗挫素质训练。高校德育课还应帮助大学生准确了解自我、把握自我，养成自尊、自立、自强、自重、自信的个性品质，保持积极的心态，进而保证了人才的质量。通过德育课教学，大学生会有效调整自己的心态，处理好各种矛盾，积极地面对生活、迎接挑战、战胜挫折。而这些都需要通过生命教育来真正实现。体制建设是保证，而队伍建设是核心。"要积极开展对从事大学生心理健康教育工作专兼职教师的培训，培训工作列入学校师资培训计划。通过培训不断提高他们从事心理健康教育工作所必备的理论水平、专业知识和技能。"（《教育部关于加强普通高等学校大学生心理健康教育工作的意见》）目前我国内地从事心理健康教育的成员，主要由思政教育人员、心理学方面的教师、医务工作者三部分组成。事实上，这样一支队伍，无论从数量上还是质量上都不能满足社会发展和大学生心理健康成长的需要。所以，通过加强教师队伍建设，不仅可以逐渐解决目前各高校在开展大学生心理健康教育中所存在的问题，而且用生命教育模式取代现有的心理健康教育模式，可以使这项工作更富有针对性，走向自觉、规范、科学和深入，从而保证大学生素质教育工作高水平、高质量地进行。

（五）大学生生命教育实施的课程取向

课程，是教育内容的具体表现形式。生命教育内容有以下两种具体表现形式。

1. 显性课程的心理健康教育形式

开设系列的系统的生命教育课程，开展系列全面的生命教育专题讲座，设立生命智慧咨询与辅导机构，帮助其形成生存的技能技巧。课程应以如何丰富和发展人的生命为起点，努力增强学习过程的生命内涵，强调课程的整体性和过程性，强调对教育中个体生命的关注，促进学生生命自由、完善地发展，促进教师职业和个体生命的充实和升华。我们要摒弃知识本位、学科本位的教学观，确立"一切为了每一位学生的发展"的新课程核心理念；在课程目标上要强调形成积极主动的学习态度，关注学生健全的人格、健康的情感，形成正确的价值观。在课程结构上强调课程的综合性、均衡性和选择性，以体现培养全面发展的人的要求，并为每个学生的个性的健康发展创造条件。在课程内容上关注学生的学习兴趣和切身经验，强调时代性、基础性、实用性和综合性，为终身学习打下坚实的基础。课程内容应回归学生生活世界，回归生活世界的课程内容有两层含义：一是从学生的生活世界出发设计课程内容；二是具体的课程内容安排应联系学生的生活实际。

2. 隐性课程的心理健康教育形式

生命教育只有与课堂教学相结合，才能顺利地开展并取得成效。教学是学校各项工作的中心环节。因此，教师在教学过程中树立培养全面发展人才的教育观，加强学生的专业思想教育及职业教育，将生命智慧的知识、技能以专业的教学内容、教学方法、教学手段为中介，渗透到专业课程的教与学之中，使之对大学生抗挫折心理能力增强起到潜移默化的作用。这种类型的以教学为中介的生命教育手段是最有成效、最经济、最值得推广拓展的教育形式。此外，开设人文社会科学类课程，有条件的院校可将之纳入必修课范畴，使大学生在对人生、适应、价值、责任、义务、竞争、生存等问题的探讨过程中对其抗挫折心理能力的提高起导向作用。建立良好的健康的校园文化氛围，并推动班级文化、宿舍文化的健康发展，营造健康的教育环境。积极营造健康向上的社会文化氛围。优化教师心理素质，切实发挥其榜样导向的功能。

三、思考三：大学生生命教育的实施途径

（一）大学生生命教育与心理辅导

学校心理辅导是指在一种新型的建设性的人际关系中，辅导者运用其专业知识技能，给学生以合乎其需要的协助与服务，帮助学生正确地认知自己，认知环境，依据自身条件，确立有益于社会进步与个人发展的生活目标，克服成长中的障碍，增强与维持学生心理健康，使其在学习、工作与人际关系各个方面做出良好适应。学校心理辅导的目标有两个。一是学会调节与适应。适应处理的是人与周围环境（包括人际环境）的关系问题，调整的重点是人的行为；调节处理的是个人内部精神生活各方面及其相互关系，调整的重点是人的内心体验。二是寻求发展。引导学生确立有价值的生活目标，担负起生活责任，扩展生活方式，发展建设性人际关系，发挥主动性、创造性以及作为社会一员的良好的社会功能，过积极而有效率的生活。学会调适是心理健康的基础目标，以此为主要目标的心理辅导为调适性辅导；寻求发展是心理健康的高级目标，以此为主要目标的心理辅导为发展性辅导[12]。

建立良好辅导关系的技术是学校心理辅导的基本技术。心理辅导的过程是建立良好的人际关系的过程，建立这种关系离不开几个基本因素：同理心、真诚、尊重与接纳。这几个因素不仅有助于建立良好的辅导关系，而且其本身就具有心理辅导的功能。

1. 同理心

"同理心"的意思，就是指能易地而处，设身处地理解他人的情绪，感同身受地明白及体会身边人的处境及感受，并可适切地回应其需要。"同理心"又称"共情"。同理心是辅导关系中最重要的因素，它包含三方面的含义。一是辅导者借助于来访者的言谈举止，深入对方内心去体验其情感、思维。二是辅导者借助于知识经验，把握来访者的体验与其经历和人格间的联系，以更好地理解问题的实质。三是辅导者运用辅导技巧，把自己的共情传达给对方，以影响对方并取得反馈。换句话说，就是要求辅导者要设身处地，将自己放在对方的地位和处境中来尝试、感受其喜怒哀乐，以对方的眼光去看"他的世界"，经历其面对的压力，体会对方做出决定和导致行为表现的原因。共情包含同情的成分，但不是同情，同情不一定有对对方感受的理解和体会。共情不仅有同

情，更有理解。也就是说，在辅导过程中，辅导者不但有能力正确地了解来访者的感受和那些感受的意义，还要将这种对这些感受的理解和体会准确地传达给对方。

2. 真诚

"真诚"是辅导关系中最基本的因素，它包含两层意思，一是作为辅导者要真实地对待自己，二是要真诚地对待来访者。也就是说，交谈时不要戴假面具，要坦诚地、直截了当地表达自己的想法，不要让来访者去猜测你的真实含义。辅导者以"真正的我"出现在来访者面前，也就为来访者树立了一个好的榜样，使他们能够以真诚的态度对待辅导者，不必去伪装、隐瞒他们自己的真实思想和感受。"真诚"需要注意两点。其一，真诚不等于说实话。真诚与实话实说有联系，但不能相提并论。真诚应符合对来访者负责，有助于来访者成长的原则，所以真诚不是什么都可随意地、直接地说出来，有时实话未必要实说。其二，真诚不是自我的发泄。辅导者的自我暴露是一种形式的真诚，但自我暴露要注意分寸，过多地宣泄自己反而会产生负面效果。真诚应实事求是，不必在来访者面前过多表现自己的完美，增加修饰成分，要实事求是，既不夸大自己，也不妄自菲薄。

3. 尊重和接纳

"尊重和接纳"是辅导关系中的关键因素。尊重，就是要看到来访者的价值和潜能，相信他们是可塑的、可发展的。接纳，就是要对来访者抱以接纳的态度（包括长处和短处），容忍他们目前所持有的不同观点、习惯及不良行为，从而给他们以温暖、喜爱和关心。

辅导者对来访者表示尊重和关怀，可以采用不同的方式，如在辅导过程中保持注意倾听的姿势，首先是用心地听来访者所说的话，观察其内心感受和情绪变化，来访者表达出和自己不同的看法时，不要露出满脸不耐烦的神色或打断对方的谈话，而是要耐心听下去。其次，要注意眼神的运用，眼睛要和对方保持视线的自然接触。另外，还可以通过适当的脸部表情、温和的语调和动作来表达对来访者的尊重。辅导者对来访者的接纳，包括接纳他们的优点和缺点，积极和消极的情绪，正确与错误的想法，建设性与破坏性的行为，但是接纳并不意味着辅导者认同或迁就来访者的不合理态度和偏差行为，暂时不批评是为了以后有利于帮助他们纠正偏差。不批评、不指责，会使来访者产生安全感，减少防御心理，认真地反思自己；同时对辅导者的信任，也使他们乐于接受辅导者的帮助和指点。

为了要表达尊重和接纳，需要特别注意两点。其一，尊重学生的尊严，以平等民主的态度对待学生。在辅导过程中，辅导者不能训斥学生，不能羞辱、挖苦、讽刺学生，不能用粗暴的、强制性的手段解决学生身上的问题，需要的是对学生无条件的关怀和接纳。不论学生在谈话中反映出来的观点和情绪感受是如何的消极，不正常，不合教师的口味，不合时宜，教师都要尊重他，接纳他，认真倾听他的诉说，设想他的内心感受。其二，尊重学生的选择。辅导者承认每个学生是自主的，有抉择的能力和做决定的权利，有选择目标及达到目标手段的自由。辅导者不应强迫学生选择什么，他只是向学生提供资料和建议，为学生做出选择提供认知前提，并使学生对自己的选择承担责任。

（二）大学生生命教育与心理咨询

1. 何谓心理咨询

自 20 世纪 20 年代出现心理咨询（psychological counseling）以来，在许多国家和地区，心理咨询已经成为人们生活的一个重要内容。发展至今，其对象已扩展到家庭、团体、社区，其过程更强调预防及教育的作用，其场所包括社区心理卫生中心、学校、私立或公立的社会机构、康复机构、商业或工业中的雇佣人员咨询机构、生涯咨询机构及私人开业所。每当人们遭遇挫折、心情烦躁、自我意识混乱、心理矛盾冲突之时，都要去看心理医生。一些发达国家早就开设了心理咨询门诊、咨询电话或心理危机求救电话，为千百万生活在心理阴霾中的人们点燃了希望的火花，挽救了许多精神濒临崩溃的人。

什么是心理咨询？咨询一词的含义是征求意见，寻求帮助，通过商谈，求得解决。简单地说，心理咨询是指心理咨询人员通过与来访者的商谈、讨论、劝告、启发和教育，帮助他们解决各种心理困惑和心理障碍，提高适应能力，增进身心健康。心理咨询的范围和内容非常广泛复杂，凡是人们碰到的心理问题都可以通过心理咨询的方式寻求解脱或帮助。心理咨询由受过专门训练的咨询者运用心理学的理论与技术，通过语言及非语言的交流，给来访者以帮助、启发和教育，使来访者改变其认识、情感和态度，解决其在生活、学习、工作等方面出现的问题，促进来访者人格的发展和社会适应能力的改善。

2. 大学生心理咨询的策略

为更有效地开展大学生的心理咨询工作，下面从 6 个方面归纳出大学生心理咨询的策略，即一个"核心"，两个"基点"，三条"戒律"，四个"指标"，五项"原则"和六个"步骤"[13]。

（1）大学生心理咨询过程中的一个"核心"。依照美国心理学家马斯洛的理论，心理咨询的终极目标是协助当事人发展成为一个健康、成熟而能自我实现的人。而要实现这一目标，必须授人以渔而非授人以鱼，要治本而不单治标，要从他助到自助。如当一个青少年学生期末考试不及格时，常用的调适方法是用酸葡萄心理、甜柠檬心理或退缩等防御机制，这只能治标，不能治本。正确的做法是本着一颗"爱心"，加强与来访大学生之间的沟通，查找其失败的原因，这是解决问题的关键。"爱心"表现在咨询者对来访大学生要尊重、理解与关注；咨询者对来访大学生的言谈举止、面部表情、手势动作等做细致的观察，借以深切体会其内心活动；咨询者对心理咨询的效果不要急于求成，要有信心和耐心；要对在咨询过程中出现的反复现象抱以积极、乐观的态度。咨询者要有效地表达出爱心，促进咨询者与来访大学生之间的沟通。

（2）大学生心理咨询过程中的两个"基点"。心理咨询通过提供一个充满温暖、友爱、尊重、信任、理解的环境来推动来访大学生努力地自我剖析，最终成为一个具有咨询技能的人。在此要注意两个"基点"。第一个"基点"旨在解决青少年具体的心理问题，帮助他们正确地选择人生道路。如教会大学生管理自己的情绪，帮助他们摆脱因挫折而造成的痛苦，教会他们应对挫折的策略，为他们提供咨询指导，帮助他们在人生重大问题上正确而独立地抉择。第二个"基点"旨在提高青少年的心理健康水平，积极促进他们人生的发展。如教会大学生正确地认识自我、他人和社会；帮助他们摆脱自卑、抑郁、自闭等不良心态，使他们全身心地投入学习；教会大学生幸福地生活，使他们拥有健康的人格；帮助大学生掌握"战胜人生各种危机"的生命智慧，使他们顺利地走过人生、走过自己。同时要搞清楚的是，心理咨询过程中有两个"不是"。一方面心理咨询不是社交谈话，而是针对人在日常生活中的种种心理冲突与压力，采取必要的心理援助，以帮助来访大学生摆脱其心理痛苦。心理咨询与日常生活中规劝式的咨询、社交谈话等不同，它不是交朋觅友。另一方面心理咨询不是替人分忧。助人自助是心理咨询的最终目标，也是其最高境界。所以，心理咨询不是去安慰他人，也不是去替他（或她）分担痛苦。要帮助来访大学生能勇敢地面对自己和自己的感受，然后进一步积极作出反应，帮助他（或她）根除内心的痛苦。"头痛医头，脚痛医脚"并不是心理咨询，因为倘若每一次心理咨询都只是替来访大学生解决某一个问题，那么，他们在以后就无法依靠自己解决遇到的问题。

（3）大学生心理咨询过程中的三条"戒律"。心理咨询工作是"听与说"的学问和艺术。它要求咨询者尊重、理解来访大学生，并鼓励其独立决策。咨询者要辅助他们，而不是左右他们。咨询者要熟知以下三条"戒律"。一戒主观武断，强加于人。咨询者在与来访大学生的交谈过程中，应尽量保持客观、公正的立场，不要主观武断、好为人师。心理咨询不是一个说教的过程，而是一个讨论的过程。

咨询者不要把自己看成是权威人物，以指手画脚为能事。不要以自我为中心，要以来访大学生为中心。初学者的一个常见毛病是在谈话中按照自己的既定议题谈话，对来访大学生的情绪表露麻木不仁，无视他们的面部表情的变化及其感兴趣的话题。初学者要学会随着来访大学生的态度灵活地变换讨论议题。咨询者要学会敏锐地察觉来访大学生在谈话过程中的情绪变化，并做出恰如其分的回应。初学者的常见问题是想一下子解决他们的所有问题，盼望一两次的谈话即可彻底改变一个人，这是不可能的。二戒怜悯恩赐，无端附和。当人身处心理危机中时，更需要同感的理解，而绝对不是同情、恩赐与怜悯、附和。心理咨询不需要同情，而需要平等的情感共鸣，咨询者在谈话中要多理解与鼓励。不要急功近利，要耐心慎重。咨询者要善于紧扣那些对心理咨询进展有重大意义的话题，展开深入的讨论，以使心理咨询更具目的性。咨询者在与来访大学生谈话中，不要只讨论他的问题及其危害，要努力挖掘来访大学生的潜能，与其探讨用什么办法解决面临的问题，以前有过什么成功的经验等。三戒权宜淡化，忽视教训。咨询者不要淡化来访大学生面临的问题，更不要使用权宜之计，如此就无法使他们从挫折中总结经验教训，提高自助能力，它只会贻害无穷，是一种治标不治本的做法。应该做到：谈话不要漫无边际，要既谈问题又谈人。听话不要心不在焉，要敢于暴露自己，要敢于承认自己的知识经验不足。在听来访大学生讲话时，要全神贯注，不要东张西望、心不在焉。咨询者要学会控制自己的情绪，做到一进心理咨询室就把心中的种种杂念抛到脑后，全身心地投入心理咨询的交谈之中。咨询者不要装成什么都懂，那样会显得矫揉造作，结果会弄巧成拙。上述三条"戒律"在本质上都是要求咨询者能客观而有效地对来访大学生加以帮助和引导，最终使他们走上健康的心灵旅途。

（4）大学生心理咨询过程中的四个"指标"。一般而言，咨询者感到可以结束咨询的时候，应考虑是否出现以下四种状态。一是接纳自我。达到主观的我与客观的我再度统一，来访大学生由原来往往从负面去考虑、认识、评价自己，到现在已经能比较客观地考虑、认识、评价自己。如从"我是世上最不幸的人"到"我虽然是不幸的人，可是世上比我还不幸的人大有人在"等。二是接纳他人。来访大学生在开始接纳现实中的自我之后，随之而来的就能够接纳他人，挑剔他人、怨天尤人的现象减少，并能辩证地接受他人的意见。在咨询过程中，来访大学生自发地向咨询者报告来自他人的评价，如"最近周围人对我很友好"等一些展现他人对自己的评价的话语，说明了咨询已接近结束。三是症状减轻。咨询初期所提出的问题或症状（如人际关系不良等）得以减轻或解除，并开始打算未来。在咨询初期，来访大学生的主要话题往往集中在过去的伤感经历、当时的压力或挫折，如果咨询的话题开始转向打算或设计将来的话，说明咨询已经接近尾声。

四是态度转变。来访大学生对咨询者的态度由冷漠到关注。有心理问题而感困惑的人往往只会考虑"我"的事，很少周全地考虑"他"的事。可是，一旦问题得到了解决，表现为开始客观地看待咨询者并注意到咨询者的某些细节的变化，来访大学生与咨询者之间逐渐成为平等关系，咨询者也开始像一般的社交谈话那样与他们交谈。

（5）大学生心理咨询过程中的五项"原则"。在整个咨询过程中，咨询者必须坚持以下五项原则。一是严守秘密原则。咨询者要对咨询内容、来访大学生的姓名与地址等所有相关事宜保密。这种保密程度不论亲疏远近，对自己的爱人、朋友、组织、父母等也不能例外。来访大学生咨询的内容应受法律保护，任何泄密都是对他们的严重伤害。二是和睦相处原则。咨询者与来访大学生要友好相处。咨询本身就是参谋、顾问之意，双方要对等地探讨问题，咨询者不能居高临下，对来访大学生要亲切关怀、平易近人。取得来访大学生的合作、信赖是咨询工作取得成功的前提。三是启发劝导原则。咨询者面对来访大学生，应启发其思考，使其面对现实，帮助其分析问题、明辨是非，决不能简单地说教。还要劝导他们改变原有态度，转变看问题的角度，建立起新的思维模式。四是把咨询与治疗结合起来的原则。咨询本身就带有治疗的成分，如在来访大学生发泄愤怒情绪时，咨询者帮助疏导，以缓和紧张情绪；咨询结果多数涉及处理，有时要做方方面面的工作，有时要进一步深挖心灵深处的内容，这些都带有治疗意义。五是以预防为目的原则。实践表明，习惯于请教心理咨询者的人，比不愿求教心理咨询者的人，其心理危机的发生率小。因此，咨询者进行心理咨询，如同公共卫生的防疫消毒一样，它的预防价值要大于治疗价值。

（6）大学生心理咨询过程中的六个"步骤"。对于心理咨询的步骤和阶段，国内外有不同的提法。参照国内外一些咨询心理专家的观点，尤其是陈家麟先生的提法，结合咨询实践，本书把大学生心理咨询过程分为三个阶段、六个步骤[14]。

心理咨询的初级阶段，建立信任关系，搜集相关资料。第一步，建立初步的信任关系。在咨询之始，咨询者应热情接待来访大学生，简单地介绍心理咨询方面的相关知识，特别是保密性原则，以逐渐打消来访大学生的焦虑和顾虑，从而建立初步的来访大学生对咨询者的信任，营造出融洽的会谈气氛。第二步，收集相关的信息资料。咨询者应主动引导来访青少年通过自述讲清自己来求助的原因及问题。收集的信息资料包括：来访大学生的情况，如年龄（或年级）、专业、籍贯等；来访大学生的心理问题情况，如是什么问题、严重程度、持续时间、产生原因、采取过什么措施等。咨询者还要观察来访大学生谈话时的面部表情、姿态手势等。在心理咨询的初期阶段，咨询者要给来访大学生留下良好的第一印象，如善解人意、善良能干、可以依赖等[15]。

心理咨询的中期阶段，明确咨询目标，进行指导帮助。第三步，分析诊断、明确咨询目标。在收集信息的同时，咨询者要不断地对来访大学生的问题做出分析，有时也可借助于观察法、心理测验法作为诊断的辅助手段。在分析诊断的基础之上，就可确定哪些问题是可以通过下一步的指导帮助逐步解决的，哪些要借助其他力量进行直接干预以免发生不测的，如对有自杀倾向者进行干预等。第四步，进行指导帮助。咨询者要将自己对信息的理解和分析不断反馈给来访大学生，帮助他们分析其心理问题的性质和根源，启发他们开阔思路，为来访大学生提供解决问题的有效建议。在分析诊断的基础上双方共同制订新的咨询目标，商讨解决问题的对策。咨询者不要规定来访大学生应该怎样做，把解决问题的主动权交给来访者自己。

心理咨询的结束阶段，追踪并且反馈，转诊或者停诊。第五步，追踪并且反馈。前四个步骤完成后，咨询进入尾声，这时来访大学生可能会谈谈自己现在的感受、收获、领悟和下一步的计划，咨询者应给予鼓励和支持。此外还要做以下工作：综合所有信息资料，作结论性解释；帮助来访大学生举一反三，运用所学咨询经验，追踪研究寻求反馈，总结经验教训。第六步，转诊或者停诊。对于有些要进行下一次咨询的来访大学生，要约定时间和布置一定的作业。对于咨询后效果不佳的或完全无效的来访大学生，由双方共同做出中止咨询的决定。停诊之后，咨询者应在征得来访大学生同意的前提下，将来访大学生介绍给其他咨询机构或咨询员。

参 考 文 献

[1]　张旭东. 大学生生命教育模式研究. 北京：中国科学技术出版社，2008.

[2]　郑崇珍. 生命教育的目标与策略. 上海教育科研，2002，(10)：7-8.

[3]　王北生. 论教育的生命意识及生命教育的四重构建. 教育研究，2004，(5)：37-38.

[4]　罗楚春. 生命教育的研究与探索. 中国教育学刊，2004，(12)：8-12.

[5]　燕国材. 值得倡导与实践的生命教育再议. 中学教育，2003，(8)：6-9.

[6]　吴甘霖. 生命智慧：活出自己的阳光. 北京：中国工人出版社，2003.

[7]　张旭东. 大学生生命教育目标探析. 社会科学战线，2007，(4)：227-230.

[8]　唐炜. 当代大学生人生价值观培养策略. 西华师范大学学报(哲学社会科学版)，2007，(2)：87-90.

[9]　徐晓洲，张敏. 创业教育的观念变革与战略选择. 教育研究，2012，(5)：64-68.

[10]　张旭东. 大学生自杀的现状、原因及预防策略. 内蒙古师范大学学报(教育科学版)，2007，

(9)：47-52.

[11] 肖东. 自我心理调节——智者的选择. 医药世界，2001，(4)：35-36.

[12] 中小学教师心理健康教育教程编写组. 心理健康教育教程. 北京：教育科学出版社，2004.

[13] 张日升. 咨询心理学.北京：人民教育出版社，1999.

[14] 陈家麟. 学校心理健康教育——原理与操作. 北京：教育科学出版社，2002.

[15] 郑日昌. 大学生心理诊断. 济南：山东教育出版社，1996.

第八章　大学生生命智慧培育策略

已有的研究发现，如今的大学生面对的压力、困惑、烦恼实在太多。大学生群体可能遭遇的挫折及绝大多数大学生已经不同程度地遭遇过的挫折有9种之多。从角色改变开始接触大学生活，适应新环境，建立新的人际关系，确立新的自我，到饱受感情纠葛过着进退两难的大学生活；还有来自家庭的种种不如意，想独立自主为家长分忧，但经济上的独立谈何容易；既影响情绪健康，又影响学业，这都是没想到的大学生活；再加上要面对择业，也只好过着喜忧参半的大学生活。大学生群体经常遭遇的9种挫折是：适应型挫折、交往型挫折、学习型挫折、情绪型挫折、恋爱型挫折、家庭型挫折、学校型挫折、择业型挫折、生理健康型挫折。这些挫折情境和挫折感涉及大学生活的方方面面，是大学生活的一个缩影。针对适应型挫折、学习型挫折、情绪型挫折3种主要挫折类型，本章将提出行之有效的、独特的教育对策[1]。

第一节　大学生适应智慧培育

对刚刚入学的大学生来讲，他们的学习和生活环境，以及个人和社会对他们的期望都发生了很大的变化。这就需要他们能够在短期内尽快适应，并完成个人角色的转变。这种转变包括从相对单纯、熟悉的环境进入到更复杂且有更高要求的环境，并适应相应的对自己期望的改变。在这种转变的过程中，大学生还面临一个重新认识和评价自我的问题，这比单纯的适应环境更加重要。环境和角色改变是一个客观事实，但这并不意味着大学生对自己的认识也能迅速跟上这种转变。两者的脱节将会同时影响到大学生对新环境的适应及他们的心理健康状况。

一、大学生适应智慧培育

（一）适应环境——无法回避的大学生活

经验证明，一年级大学生谁能尽早完成由中学到大学的转变，缩短不适应期，谁的主动性就大，完成学业的有利条件就多。选择学生的不适应性问题，目的是为了探讨缩短不适应期所应采取的教育内容、途径和方法,以加强教育的针对性,更好地培养出合格人才。

1. 要提高对一年级大学生不适应性问题的认识

学生踏入大学门槛,不适应性是首先遇到的问题之一,其涉及面广,影响深远,工作复杂,难度较大,主要表现在以下三个方面:①多层次性,这是指学生的适应能力有很大差别,必须具体分析,分类指导;②多维性,大学是个"小社会",每个学生对"小社会"不同方面的适应能力也不尽相同,譬如学习好的学生,独立生活能力不一定就强;③时间不等同性,每个学生不适应性延续的时间彼此差别很大。因此,我们在心理健康教育工作中,要有韧性,实实在在地解决问题,既要共同要求,又要注意个别教育。

长期以来,在对大学生是否需要严格管理的问题上争论很多,本书持肯定观点。当然,中学的"抱着走"办法应该否定,但是采取"撒手政策"也是脱离实际的。当前高校的实际情况是,政治思想工作刚被重视,但还很薄弱,理想纪律教育需要继续深入,各种规章制度随着改革的深入发展,需要充实、完善和落实。显然,那种对学生的管理持松散的观点是不可取的。把对学生的严格管理同培养自治、自理能力对立起来,也是不正确的。所谓严格管理,是指在教育方针的指导下,按照高校的培养目标,要求学生严格遵守学校的规章制度,养成良好的道德品质,成为合格的大学生。这种严格管理,离不开学生的自觉积极性,即在严格管理中,要鼓励学生自己动手,独立处理问题。离开学生自治自理谈严格管理,必然是形式主义的说教,离开严格管理谈培养学生自治、自理能力,起码是渎职的遣词。两者相辅相成,相得益彰,不可偏废。

2. 大学新生的环境适应

无论是什么样的人,刚从熟悉的环境进入陌生的环境时,都要有一个适应过程。这一过程包括对新环境的熟悉,以及了解新环境对自己的要求等,且这一过程中还包括逐渐从过去熟悉的环境中解脱出来,在生活方式、思维方式等方面作出相应的改变,以适应新环境的要求。因此,从这个意义上来说,大学生适应新环境的关键,就是逐渐摆脱在过去环境中所形成的各种期望,以及生活和行为方式等,从而逐渐形成适应新环境的生活和行为方式。

由于高考竞争比较激烈,所以中学生的生活基本上是很单一地为高考服务,把业务课的学习放在了重要的位置上,而对其他方面的技能,如音乐、美术、运动技巧、班会活动等方面的要求相对较低。这就造成了大多数学生只注重课程学习,不注重自身生活技能的发展的状况。并且这种状况在学习成绩突出的学生中表现得更加明显。同时，家长和社会对中学生也往往实行"优惠"政策。只要他们能认真学习，成绩能上去，其他的事情就可以不去做，如生活中的各种琐事等都由家长代办。这些问题随着我国独生子女的增加日趋严重。这种片面的过分保护使中学生缺乏生活的技能。到了大学阶段，尽管仍有明确的科目，但教材或课堂上所讲到的内容并不是学习的全部内容。且对大学生来讲更重要的是自学，而不是被动地接受。另外，仅仅学好规定的科目还是不够的，大学里还要注重学习能力、学习深度等方面的要求；而这方面的指导相对来讲就比较薄弱。

这种学习内容和学习方式的巨大差别，实际上决定了大学生的学习不再是"老师教你如何学习及学习什么内容"，而是"在老师的指导下自己决定如何学习及学习什么内容"。例如，第一次选课时，很多人就对各种选修课感到无所适从，不知自己该如何做出选择。也就是说，在学习上仍然习惯于有具体的指导和明确的规定，而当需要自己来决定学习什么时就比较困难。

除了学习上的适应以外，大学生还要在生活习惯、行为方式上做出相应的改变，以适应大学生活的特点。这种适应的范围更加广泛，对大学生的影响也更加明显。当从各地来的同学重新组成一个新的班集体时，每个人都带着自己过去的生活风格和行为习惯而来，必然需要他们各自之间互相了解和互相适应。这里值得特别指出的是，很多第一次到城市读书的大学生，尤其是来自农村和边远地区的大学生，他们所面临的环境变化更为巨大。他们原有的生活方式和行为习惯与新环境的要求，将有着更大的差距。因而对他们来说，将会感到更加强烈的适应环境的压力。

总之，适应大学的环境也就意味着大学生必须学会对生活的处理，从学习、交友以至衣食住行都要由自己独立地去处理。这对很多初入校门的大学生来说是一个不小的挑战。

3. 大学新生学习动机、学习方法的适应

应当看到，在大学一年级学生中，有理想、有志气、勤奋学习的人是很多的。但确有不少同学，他们在高中阶段，只是有一个近期的奋斗目标，就是考大学，他们一旦拿到了高校录取通知书，学习劲头就减退了。对此，要使学生的理想抱负和求知欲结合起来，使其内在能量释放出来。目的是引导学生将其思想境界上升到一个高层次，逐步形成较好的修养和素质。在这个过程中，要充分发挥共青团支部、班委会、学生党员及三好学生的作用，营造良好的学习氛围。另外，试行用奖学金制度代替助学金制度，加强纪律教育的管理，也是不可缺少的。

大学阶段的教育更强调学生自觉，要求学生有较强的学习能力及理解力、思维能力和动手能力。要引导学生适应新的教学方法，教师要在教学中注意同中学教学方法相衔接，在此基础上逐步提高要求。教师可通过各种渠道，使一年级学

生明白如何听课，如何自学，如何在学好基础知识，专业知识的基础上拓宽知识面，如何把能力培养的重点放在学习能力的培养上。在这个前提下，可编写自学教材，采取"启、读、讲、练、议"等多种教学形式，组织第二课堂和学术社团活动，改革考试方法等，让学生从中去摸索、积累学习经验。

4. 建立新的人际关系

从成为大学生那一天起，人际关系的含义就发生了根本的变化。在中学和小学，人际关系的含义比较狭窄，只是友谊或亲密关系的一种扩展。此外，他们的人际关系也比较单纯，例如，他们可以只跟自己喜欢的人交往，自己看不惯的或不想交往的人就可不去交往。然而一旦成为大学生，住到大学校园的集体宿舍里，人际关系就不再是那样单纯了。首先，学习和生活环境的变化，决定了大学生不能仅凭个人的好恶决定与什么样的人交往。因为在共同生活、共同学习和切磋的大学生集体中，他们每天都要互相面对，尤其是同住一个集体宿舍的人更要互相协调。这就决定了他们不仅要与自己喜欢交往的人保持良好的关系，而且与不喜欢交往的人也要保持良好的关系。这也是大学生活对每一个大学生提出的要求。因此，对大学生来讲，建立新的人际关系不仅是环境的要求，也是个体逐渐走向成熟和向成人转化的必要条件。这就要求他们要清楚地认识到新的人际关系的特点，同时还要逐渐掌握各种人际关系方面的技巧。从而使他们在从原先较简单的人际关系向新的较为复杂的人际关系过渡的过程中更好地进行适应。但很多大学生在开始时，往往对这种人际关系的特点认识不足，仍按以前的方式行事，这样就很容易发生人际关系方面的适应问题。

认识这种人际关系的特点包括以下两方面的内容。首先，新型的人际关系不能仅由个人的好恶而定。与自己喜欢交往的人保持良好的关系当然也是十分重要的，因为这种关系有利于他们的心理健康，也有利于他们的发展和成长。但同时，与其他所有的人都能建立并保持协调友好的关系是非常必要的。这就意味着每一个人都能够在自己生活的集体中，做到相互悦纳，以达到互相适应和协调。其次，在新的人际关系中，不能仅仅以自己的标准要求别人，而应该认识到自己的行为和生活方式可能也是别人所不能接受或不喜欢的。因而在彼此之间发生冲突或不协调时就不能仅仅指责或埋怨对方，而要做到互相的谅解和彼此的适应。从这个意义上讲，大学生应逐渐摆脱以自我为中心的思维方式，逐渐学会设身处地为别人着想，并且在此基础上建立起独立、协调的新的人际关系。

当然，人际关系问题不仅是大学生所面临的问题，在整个的大学阶段及以后的各个时期都将存在。但从根本上说，大学时期的人际关系在个体生活中是一个重要的转折点。这一问题处理得好坏也会对未来产生很大的影响。

5. 确立新的自我：帮助学生实现自身心理的转变

对大学生来说，无论是适应新的环境还是建立新的人际关系，都面临重新树立自我形象的问题。大学生所面临的对自我形象的挑战至少有以下三个方面。首先，大多数人都面临学习成绩相对下降的问题。在原来学校的尖子学生很可能不再是尖子，大多数人在学习成绩上的优势将会削弱或者消失，成为很一般的学生。其次，文体、艺术才能及知识面的差异变得更加突出，而这方面的才能在大学中是非常引人注目的。这对在这些方面基础比较差的人来说，是一个非常大的压力，对他们重新确立自我的形象必将产生一定的影响。最后，社交和人际关系技巧方面的差异也有着突出的表现。大学生中一方面有着强烈的交际和参与的愿望，但同时又缺乏这方面的经验和技巧，这就会产生少数"活跃分子"和大多数人相对交往狭窄的状况。要应付这方面的挑战也是大学生重新确立自我的困难之一。

针对学生心理上的弱点和利用情绪上的热点进行适应性教育。一年级大学生的心理特点具有两重性。就其思想解放、毫不保守、勇于创新这一点来说，表现出心理上的"早熟"，就其稚嫩单纯、思想偏激、容易冲动这一点来说，表现出其"晚熟"。他们从接到高校录取通知书之日起，社会地位发生了变化，家长把他看作大人，邻居和亲友向他们吹来了赞扬风。他们自己萌发了自立感，自我意识加强了。可接下来，怎么办？要尽可能采取疏导的办法。可组织心理咨询，请校内外各种专家回答学生们提出的有关忧虑、失望、烦恼等心理上的问题，使他们比较客观地看待现实。对进入大学后专业思想不稳定的学生，要讲清本专业的特点、发展方向，以便使其兴趣集中在本专业上。有少数学生在本专业学习上有难以克服的困难，而在其他方面有特殊爱好和专长，对他们应该允许转专业，迟转不如早转。

实际上，上述5个方面的压力是紧密联系的，如果一个人同时面对三方面的压力，在重新适应和确立自我的过程中困难就更大。例如，在社交和其他方面相对基础较差的人，在中学时可以在学习上多下工夫，并通过学习成绩的突出来达到对自我的肯定和承认，如果学习上的优势也失去了，重新适应的问题就更加严重。况且相对中学来讲，在大学里学生对学习成绩，尤其是名次的重视程度明显下降。

当然，确立自我的过程是缓慢的，它将贯穿在整个大学生活中，有很多人甚至要在以后很长的时间内才能完成。

（二）适应困难——没有想到的大学生活

1. 大学生适应挫折现状分析

许多大学生在入学时都自我感觉良好，信心十足。但在集中了各地学习优等生的新群体中，他们可能不再是校园里的宠儿。同时，在升入大学以前，他们对现实社会生活及大学里的生活了解甚少，而且往往抱有不切实际的幻想。这就不难理解他们入学后会遭遇诸如"由于大学生活无以依赖、感到无所适从""进大学后我不再是大家关注的中心人物、感到失落"的挫折情境和挫折感。大学生在适应中所遭遇的挫折都是由于对现实社会和未来抱有过高期望和过于理想化而产生的。期望越高，在对新环境适应不良时的挫折感和失落感就越强烈。

"我们作为××大学的一名学生，或者对于一些付出了很多努力渴望进入更好的大学殿堂的学生来说，接到类似我们这样学校的'通知书'本身就是人生道路上的一种挫折。当我刚刚来到这个学校时，看到的是破旧的宿舍和仅有的几座教学楼，想到以前自己脑海中的美丽的大学校园，心里便不由得灰蒙蒙的。"这是一名大三学生对某大学的名声、外部环境的认识。

那么，他们对大学的内部环境又是怎样认识的呢？听听另一位大三学生的心声吧！"早在入校时就熟记于心的校训'团结重教，求实奋进'：团结，'各扫门前雪''事不关己，高高挂起'；重教，我不敢乱下断言；求实，虚的东西也不少；奋进，我们已在奋进，'进'的速度犹如蜗牛，办事效率也并不高。写入党申请书的很多，正负效应同在，入党潮声里赤裸裸地写着两个字——私利。我曾是满足条件的预备党员之一，由于人们心知肚明而又不好言说的原因被撤销，我以超然的态度对此'无所谓'，多年党的教育还不能教会人大度些吗？其实，真有点为函调快件的邮资心痛。"同样，多数大学生已有能力、有余力解决适应中的挫折问题。只是缺乏这方面的生命智慧，下面就此问题加以讨论，供大学生读者参考。

2. 大学新生的不适应性

学生经过高考的角逐进入大学之后，面对向往已久、绚丽纷繁的新天地，许多事物感到新奇，迫切希望了解和熟悉，心情上的矛盾十分突出。正如一位新生说的："对一个学生来说，换一个环境，会引起许多思考，从各种事物中，了解人生之路。对某种事物的见解，不断改进，完善自己的世界观……不再主观上把自己束缚起来，画地为牢，作茧自缚。"但是，他们在知识、能力、经验、思想认识等方面，还存在着很大的局限性，这就使这个转折环节上的不适应性，呈现出十分复杂的状况。

（1）在思想认识上不适应大学的要求。大学是造就专门人才的场所，人才规格有既定的标准。学生们在中小学受到长期的教育，造就了较好的思想素质，伟大的改革潮流，给了他们巨大的生活力量，考取大学更带来了无比的兴奋和追求的转变，并不是所有学生都能自觉适应的。有人认为，考上大学，"最高目标"已经达到，压力消失，该松口气了。说什么"人生是幸福，何必终日学习苦，考试只要及格，拿到文凭开路"；有的对所学习的专业缺乏认识，"我是大门走对了，二门进错了"。现实的大学生活打破了有些人原来头脑中的大学形象，"大学大学，大人之学，应该自由自在，干么像小孩那样给管起来"。埋怨学校不了解当代大学生的特点；有人认为国家大事，由中央管着的，咱只要关心自己就行了，"两耳不闻窗外事，一心只读业务书"。他们关心别人，帮助同学，更希望别人关心自己，照顾自己，考虑和处理问题的出发点，往往是"以我为核心"，学习好，表现好，将来有个理想的职业最好；他们渴望成才，但向往"自我奋斗"。有人甚至认为，人的本质就是"主观为自己，客观为别人"。

（2）对大学的学习不适应。考入大学的学生，学习在中学多是第一流的。当时他们的学习只瞄准了考大学。学校为了升学率，也把他们当成"重点培养对象"，他们是家乡的"状元"，山区的"凤凰"，学习是在家长的督促下，教师的严格管理下手把手教出来的。高考是一场激烈的竞争，学习的劲头和心情是可以想象得到的。进入高校后，目的达到了，当年的锐气减色了，教师的管理和辅导松了、少了，自学时间多，教材分量重，教学和讲授也不像中学那样细嚼烂咽，天衣无缝。但是，他们自学能力差，大学的学习规律不掌握，听课不得要领，笔记又不得法，读书能力差，时间安排不好，学习没有计划，多以完成作业为学习标准，没有作业就觉得空闲，很少主动预习、复习、看参考书，利用阅览室、资料室的条件进行学习的为数不多，应付考试，对非考试课程不重视。加之对教师的教学不尽满意，正课学习深入不下去，就感到空虚、苦恼，"大学还不如中学的学习来劲"就是这种情绪的反映，随之而来的往往是兴趣转移，消磨时间。

（3）生活的自理、自治能力差，对新鲜的集体生活不适应。在现行的高考制度影响下，相当一部分学生在家庭是作为"重点保护对象"的，生活方面的问题完全由家庭包起来，一切为他们的提高创造条件。进入大学后，失去了这些"保护"条件，一切生活问题都要自己处理，但他们独立生活能力差，感到不习惯。进入大学前，曾幻想着大学必然是优美的学习环境，舒适的生活条件，但大学的现实，远不是想象的那样美妙。对集体生活感到许多拘束和不便，许多生活琐事的处理，常常是只顾自己，不顾是否有碍于别人。同学之间的是非问题，很多是发生在宿舍或饭厅，有些问题因处理不及时或重视不够而酿成恶性事件。初入大学，人际关系也发生了变化。同学来自四面八方，性格、习惯、语言各异，彼此除了学习关系以外，中学时同学之间的那种人情味变得非常淡薄。由于目前大学教师除上课以外，很少问津学生的其他问题，所以，师生之间基本上保持纯粹的教和学的关系，师生情谊比较冷漠。不少学生思家乡，念父母，身体稍有不适这种思念更甚，有的还要哭鼻子，有一种有话无人说、孤独、苦闷、压抑之感。

（三）适应要点——充实愉快的大学生活

1. 对人生：应该思索、追求、创新、进取

每一位大学生都应本着"要受敬，自强为敬"的精神。同时请记住，一个人的生活应该是这样的：家庭、学校、班级、寝室、科室、社区等任何一个社会角落因为有他的存在而生机盎然起来。他总是"劳动、创造、进步——无止无休！爱真、爱善、爱美——不折不扣！征程漫漫，终生求索"。

2. 对理想：应该求知、成才、完善、贡献

生活是船，理想是帆。人失去理想，就失去了意义。人活着就要有所追求，就要做出贡献。人都是社会人，人活一世，只有为社会，为人类做出点贡献，才不算白活，活得才欣慰。因此，只要有所追求，目标明确，哪怕遇到什么挫折都会觉得有许多人在同你一起奋战，你就会变得勇敢、坚强。我们要想到，站在峰巅看到朝阳并不困难，可在深谷尽管看不到朝阳的升起，但朝阳确实存在。"近期目标一定要，远大理想又不能丢。"要牢记"天生吾材必有用"。列宁说的好："伟人之所以伟大是因为我们在跪着看他们，站起来吧，你比伟人还伟大。"

3. 对价值：完善自我，改造社会和自然，实现自我价值

人是社会的成员，要评价人的价值和个体的生活意义，必须从社会利益出发，以对社会的贡献为衡量标准。一个人如果对社会的发展和完善做出贡献，那就表明他是有价值的，他的生活就是有意义的，否则空活百岁。在社会上的某些人眼里，什么知识、文凭都不如钱的作用大，只要有钱，教授办不到的事，文盲照样能办到。目不识丁的人成了百万富翁，满腹经纶的老教授却自愧不如。但这只不过是我国社会转型期的暂存物，正在随着经济的发展、政策法规和制度的不断完善而逐渐消失。

总之，一个人的价值在于社会对他的确认度和需要度，也就是说，要看他的劳动技能、思想品德和所做出的贡献大小。那种以拥有金钱的多少来确定社会地位的高低并评价人的价值的观点是不可取的。

一个大学毕业生运用知识去发明创造，为人类发展贡献一己之力，同百万富翁相比，不只是一千元和百万元的关系所能解释的。这就要求我们要积极创造条件，提前接触社会，认识社会，缩短理想和现实的距离，从而尽快地适应环境，发挥自己的作用，实现自己在社会中的价值，为社会的进步贡献一份力量。

4. 对生活：热爱生活、适应环境、正视挫折

有人说，"我比不上别人，总遇到挫折"。其实，对每个正常的成年人来说，挫折和烦恼是绝对的，顺利和愉快是相对的。强者内心并不是没有痛苦，只因为他们忍受了比别人更多的痛苦他们才成为强者。外来的压力和干扰，有时反而会变成催化剂。

什么是真正的"男子汉"呢？阿基米德曾说过，给我一个支点，我要撬动地球，男子汉就应该是这个支点。多数人认为，一个真正的"男子汉"至少要具备如下三个特点。

第一，"如果我们没有伟岸的身躯，没有出众的才能，我们不能'顶天'，那没什么关系，但我们可一定要'立地'，脚踏实地而又无所畏惧"。

第二，"真正的男子汉还应宽宏大量、深明大义、能屈能伸，真正的男子汉的心胸，能容纳幸福和欢乐，更能承受痛苦和委屈"。

第三，"男子汉者应承担一切该他承担的责任，不因事大而不敢为，不因事小而不欲为，所以，真正的男子汉，不仅需博大、精深、有理性的头脑，能开创一番事业；不仅需刚毅、坚强，有无畏的精神，敢于蔑视一切困难，他也能有宽容、具善意、有爱心"。正所谓"无情未必真豪杰，怜子如何不丈夫也！"

5. 给大学生的 10 条金玉良言（适应方面）

（1）别以为在学生会你能得到你曾经想要的。工作的热情很可能因为你所看到的所经历的一些事而改变，但是也不必惧怕。你有大一一年来适应或者承受，并做出是继续坚持还是退出的决定。

（2）不论男生还是女生，如果在大学里还把容貌当作重要的东西而过分重视的话，可能不会吃亏，但是早晚会吃亏。可能，很可能。

（3）新学期如果你接新生的话，当被问到学校怎么样之类的问题时，你要记住你不但是这个学校的一份子，你更要给你学弟学妹带来信心，你走过大一，你应该知道那时候对学长的信任有多深。

（4）每个人都有潜在的能量，只是很容易被习惯所掩盖，被时间所迷离，被惰性所消磨。

（5）人生百态，不要对新的看不惯的东西生气。

（6）在大学里就开始训练自己的冷静力，这是一种能力，有大事时，才能安静并能快速想出办法。

（7）你可以看不惯一些东西，但是你应该学会接受——如果你没法改变那一切的话。

（8）别去争论，可以回忆一下，你会发现，人不可能赢得争论，可以说，争论所提及的话题都是不值得去争论的。

（9）进入大学，就是一个新的环境，接触新的人，你的所有过去对于他们来说是一张白纸，这是你最好的重新塑造自己形象的时候，改掉以前的缺点，每进入一个新的环境，都应该以全新的形象出现。

（10）我们确实活得艰难，不但要承受种种外部的压力，更要面对自己内心的困惑。在苦苦挣扎中，如果有人向我投以理解的目光，我会感到一种生命的暖意，或许仅有短暂的一瞥，便足以使我感奋不已。

二、大学生交往智慧培育

人际关系失调会引起一系列不良情绪，严重的会在行为上表现自我封闭、逃避现实、玩世不恭、自暴自弃、郁闷不安、或与外界冲突、对抗等，更有甚者发展到危害自我或他人。这些不良心理可能是短期的，但是如果不及时调整，有可能转化为慢性心理顽疾，长期危害大学生的心身健康，干扰正常学习、生活，甚至贻害终生。人际关系的失调除了给自己带来不良的影响外，还常常给周围的人造成困扰，有时一个寝室里有一个人际适应严重不良者，往往会使整个寝室处于压抑或硝烟之中。人际交往中的不适应主要有首因效应所导致的认知障碍，晕轮效应产生的认知偏见，刻板印象所产生的理解障碍。

（一）大学生人际交往的现状分析

大学生在交往中都喜欢诚实、热情、友好的人，而讨厌自私、奸诈、冷酷的人。但在市场经济形势下，自私、奸诈、冷酷的人却相对增多。人格不健全者常常自以为是，缺乏自知之明，放纵自己，过分苛求他人，难以设身处地为别人着想，不能容忍他人，独生子女大学生中这样的人并不少见。如此，令学子们烦恼不已，挫折也就随之而来了。

1. 大学生人际交往挫折的表现

大学生在交往方面的挫折情境和挫折感主要表现在同学之间。如"因处理不好同学之间关系而感到郁闷、情绪低落""为同寝室同学的自我中心行为感到气恼""因与人交往时付出得不到相应回报，有被人利用之感""感到同学之间太缺乏温情和理解"。

2. 大学生容易出现的交往方面的问题

（1）同学之间的互相适应问题。在人际关系方面存在困难时，仅仅靠调换宿舍等被动逃避的方法是不能解决根本问题的。而且，如果自己不能学会如何处理好人际交往，不能适当地表达自己的意见或自己做出一些必要的调整，即使调了宿舍，仍很容易出现新的人际关系问题。因此，这里所讲的大学生之间的互相适应，并不是单纯讲自己被动地接受别人，并压制自己的感受去迎合或无条件接受别人的一切。在互相适应的过程中，当然需要去体谅别人，但同时也要表达自己的意见和感受，这不只是一个针锋相对的过程，也是一个互相沟通、互相理解的过程。这一过程也是任何人际关系协调的重要来源之一。要做到这一点，不仅需要一定的人际沟通技巧，而且也需要有暴露自己观点，甚至暴露弱点的勇气。

（2）人际沟通的技巧问题。很多存在人际关系障碍的同学往往是由于沟通技巧的问题所造成的。许多大学生都有这样的经历，他们在与自己比较熟悉的人交往时能表现得很自如，但与不太熟悉的人交往时往往很被动、拘谨、畏缩，不知该如何与他们交往。很多学生由于缺乏交流和人际交往技巧，往往容易对人际交往失去兴趣，并造成在人际交往场合被动、孤立的境地，而且容易因不能恰当地表达自己的想法而限制了自己的发展。对许多大学生来说；如果意识到自己在社交和人际交往方面缺乏必要的技巧，应采取主动的、积极的方式，去逐步改善自己的人际交往问题，而不应一味地回避，这样，人际关系障碍问题就会逐渐解决。

（3）人际沟通的勇气问题。当与别人进行沟通时，自然会暴露自己的一些弱点，特别是自己认为不好或不光彩的事情。如果在交往过程中总想掩盖自己的弱点或不想让别人知道的事情，往往会使自己失去沟通的勇气。如很多大学生都谈到，上大学以后发现，能力强的人很多，而又不想让别人觉得自己在某一方面比较差，所以一起交谈时，总担心自己对别人说的话不被理解，或自己在说话时表现出无知，因而就不敢与他人接近。因此，要树立沟通的勇气，并建立协调的人际关系，不仅需要一定的技巧，更重要的是要对自己有一种客观的认识和期望。如果在交往过程中要求自己在任何方面都毫不逊色于别人，或至少不至"丢丑"，那基本上是不可能的事情，这只会限制自己的正常交往。实际上，树立沟通勇气的关键并不在于一定要在各方面都超过别人，而在于即使有些方面不如别人时仍能表现自信，仍能接受自己。相反，如果对交往期望过高，甚至因此使自己在交往中不敢越雷池一步，就往往会束缚自己的交往。

（二）要提高交往能力，扩大交往范围

多数大学生已有能力、有余力解决交往中出现的问题。只是缺乏这方面的技巧，下面就此问题加以讨论，供大学生读者参考。

1. 社会交往能力：主动、礼仪、冷静

借鉴黄京尧先生主编的《怎样使别人喜欢你》一书中的一些论点，本书提出，当一个大学生身处社会与人交往的时候，应切记：一要主动，在人生地不熟的时候，为尽快适应环境，要主动与人交谈，给人留下好的第一印象；二要真诚，诚恳待人，先人后己，互相理解，开诚布公；言行一致，即"言必行，行必果，果求实"；三要直爽，不装腔作势、冠冕堂皇，要表里如一；四要礼仪，礼貌待人，仪表举止文明，要稳重，注意坐、立、行，谈笑有节制；五要宽容待人，控制激情，理智待人、事，正确对待贬损过自己的人；六要尊重他人，善于静听，不要总出售自己的意见，从别人的立场去想；谈话中找出焦点，多谈别人感兴趣的事，可使人接近你；激发热力，多赞许、鼓励、间接指错。

2. 同寝同学之间交往：真诚、宽容、友善

一个人的知识是有限的，但是很多人结合起来，你说一件新闻、我说一个发现，大家的视野都会开阔起来，通过思想的交流和信息的交换，我们的知识会越来越丰富。"晚间新闻"应讨论专业及相关学科知识，而不是论及哪个班的谁漂亮、谁潇洒。

3. 男女间的交往：自由、纯真、互补

应扩大男女间的自由交往。有的女生与男生交往频繁就被扣了一顶"轻浮、不正派"的帽子；男女同学一接触，别人就以为是谈恋爱，致使男女之间不能单独交谈、并排而行。其实，男女之间能够建立正确的、纯洁的友谊，另外，交异性朋友还可以得到心灵上的互补。大学生是受高等教育的，这种情况随着大家交往愿望的日趋强烈，很快就会解决的。但总得有人带头，年轻人，自己看准是对的，就应该不受外界干扰，大胆地付诸行为。

（三）成功交际的原则

1. 成功交际的六要六不要原则

善于沟通是一种艺术，是透过眼睛、耳朵声音和面部表情的接触，把我们自己投射在别人心中的艺术。有效沟通的基本法则是六要六不要。

（1）要牢记别人的恩惠，不要显露有恩于人。自己对别人的帮助不要老挂在嘴边，但是别人对自己的恩惠要时时挂在心头，应适时、适度地向人家表示谢意。这正是"受人点水之恩当以涌泉相报"。千万不要当众说出类似"要是没有我帮

忙，某某就不会有今天"等话。同时，要记住别人的姓名，尤其不要忽视对自己来说是比较重要人物的名字。这是你对别人的最佳礼赞之一。

（2）说话要有分寸、有条理，不要背后议论人。一般来说，成功交际必须遵循说话要有根据，说话要分清时间、地点、对象和内容。该说什么、不该说什么，该怎么说、不该怎么说，都要三思而后言。在与人接触交往中，或者跟自己的亲朋好友接触交往中，都要竭力避免背后议论人。尤其是在大庭广众之下，尽可能避免说别人的短处。有时言者无意，听者有心，不胫而走，挫伤他人自尊心。

（3）要理解、宽容别人，不要说出别人的秘密。与人打交道、交朋友，就需要设身处地理解别人，理解别人的痛苦和需要。要与人为善，宽容大度。要配合默契，热情有度，要真心待人，以此来赢得大家的信任、尊重和友谊，从而获得更多的朋友。另外，每个人都有一些隐私，知道的不要说，不知道的不要问，因为这是于你无益对他人有损的事。要注意谦虚待人，不要憨言直语。在同学、朋友面前，不要总是炫耀自己的成绩、自己的长处，也不要只凭自己的主观愿望，说出不近人情的话。只有言词委婉，才能融洽感情。

（4）要助人为乐，不要无把握地许诺。要在众人面前塑造好自己的形象和取得交际成功，就要求你有正义感，善于区别真善美和假丑恶，毫不犹豫地坚持原则惩恶扬善。多关心别人的需要，互相交往、相互尊重。不随意支配他人，不轻率地伤害别人的自尊心，自信心。同时，对朋友不要说谎，新老朋友相交时，要诚实可靠。千万不要说大话，要说到做到，做不到的宁可不说。

（5）言论要乐观进取，不要悲观厌世。对别人讲述你的学习乐趣、生活情趣和人生乐事，你会发现大家都乐于和你交往。同理，即使你认为自己理由充分，也要避免抱怨或诉苦。悲观厌世的言论会使别人也消极悲观，无异于给别人施加额外压力，不会再有人理会你。同时，交谈时要确定自己充分了解对方的语意，不要因此而产生不必要的误会。交往上的困扰往往是因误解和误会而产生，为了确定自己清楚对方的意思，你可以用自己的语句，把对方的话复述一遍，询问对方你说的是否正确。对方也会因此更加喜欢与你交往。

（6）要以服务为目的，不要以自我为中心。你在与人交往时，要对别人关心的事表示兴趣。只要你真的关心别人的利益，别人会感觉出来，也愿意与你接近。学着感觉并接受别人的需要，尝试从别人的观点论事，也尝试由别人眼中看你自己："与我交往的滋味如何？"若能看清别人眼中的你，你在沟通方面会有效率得多。抱着"我要让对方因为曾与我交往而高兴"的态度，多赞美对方，提出他感兴趣的问题，帮助他放松心情。同时，开会或赴约要守时，不要迟到、失约。迟到等于告诉别人"这对我不重要"。如果与之有可能迟到，应先打电话给对方，坦诚说明延迟的原因，以及何时可以赶到。

2. 给大学生的 10 条金玉良言（交往方面）

（1）朋友，你大学的朋友很可能就是你将来事业的一部分。他们会帮助你，但是你也应该让自己有帮助他们的实力，所以，你要努力，你和你的朋友会一起在将来打造一个可能很辉煌的事业。你们都要努力。

（2）永远别渴望做个任何人都不得罪的人，有人反对有人支持，然后自己做出决定是精彩的人生。

（3）好好利用在公共场合说话的机会，展示或者锻炼都可以。

（4）别为你自己和别人下定论。你所看到听到的可能只是一面，为这个失去可能的朋友，很不值。

（5）如果你发现很久了你一直是一个人去食堂吃饭或者去上自习，别在意，大学里一个人是正常的，你觉得孤独？你的朋友是怕你觉得你没有自由的空间，所以别以为你没有朋友。

（6）很多事情别人通知你了，要说谢谢，没有通知你，不要责怪，因为那些事你其实应该自己弄清楚。

（7）大学是亚社会。所以，当你上了高年级后，要让自己有大人的形象，大一的孩子看到你，你要能让他们感觉到你是他们的学长，你很成熟。

（8）如果你的个性让很多人对你敬而远之，那么你的个性是失败的，个性的成功在于能吸引，而不是能排斥。

（9）面对不公平的东西，不要抱怨，你的不公平可能恰恰是别人的公平。所以，你不如去努力地奋斗，争取你自己最合适的公平。

（10）对陌生人，或者把对方当做一张白纸，或者把对方当你的朋友，总之别当做敌人，即使你听到再多的关于他的不好的传闻。如果周围有人嫉妒你，那么你可以把他从你的竞争者之列排除了，嫉妒人之人，难以成大事。

第二节　大学生学习智慧培育

学习是人们习得某种知识或技能的一个过程。在学习过程中，每个人或多或少都会遇到一些困难。克服了一个困难，就前进了一步，克服的困难多了，前进得就越快，学习成绩自然也就越好了。人们就是在不断克服困难的过程中取得好成绩的，所以学习并不是一件简单轻松的事，学习从来无坦途[2]。大学生学习方面的挫折情境和挫折感有诸如"课程设置不太合理，感到学习没有动力""因不喜欢所学专业、却又无法改变现状而感到无奈""因没能考得自己理想的分数而感到难受"。同样，多数大学生已有能力、有信心解决学习中的挫折问题，只是缺乏这方面的生命智慧。下面就此问题加以讨论，供大学生读者参考。

一、大学生应该拥有的积极心理品质

美国伊利诺伊大学教育学教授赫伯特·沃伯格说："高智商学生有时候反而不像智商略低的学生那样发奋，对他们来说，学习太容易，但又不会把多余的精力往深处使。"一位尖子生说得好："不在乎你对着打开的书本坐了多久，而在乎你坐在那儿学的效果。"事实上，有些优秀生比分数低的学生花的学时还少。沃伯格教授还认为："高分并不总是青睐最聪明的学生，更可靠的因素是懂得怎样开发本人的潜力。"[3]其实，一个人的才能再大，在一生中所用的能力，也不会超过大脑赋予他的能力的百分之五，因而可以说大脑的潜在能力是无限的。那么，怎样才能尽可能地挖掘大脑的潜在能力，从而使我们更快地走向成功呢？■

（一）为什么学习从来无坦途

在个体自身的学习过程中，影响学习的最关键因素是个体的心理因素，其中包括智力因素与非智力因素。智力因素由注意力、观察力、记忆力、想象力和思维力构成，它们在学习活动中承担着对知识的吸收、加工、储存、提取等任务，构成了学习的操作系统；非智力因素由学习的动机、兴趣、情感、意志、性格等因素组成，它们左右着学习活动，对学习活动起着引发、定向、维持、调节等作用，而不良的非智力因素则起着阻碍作用。智力因素与非智力因素在学习活动中是共同作用决定的，一个智力超常的人，若有良好的非智力因素加以配合时，智力因素会充分得以拓展，甚至会有超常的突破。

在个体自身学习过程中，影响学习的因素除上述心理因素外，还有学习方法、学习习惯、学习基础等。只有这些因素都处于协调、良好的状态下，学生的学习成绩才能提高，相反，学生的学习成绩就会降低。下面以学习方法为例。学生的学习有 5 个环节：预习、听课、复习、作业、考试。正确的学习方法在于牢牢抓住这 5 个环节，并且每一个环节都达到一定效果，即事先预习找问题、专心听课不走神、及时复习能巩固、独立作业来强化、重视考试出成果。学习困难的学生往往学习方法不得要领，5 个环节没有顾及周全，陷入"听课带上嘴""作业闭上眼""预复两难全""考试抱佛脚"的恶性循环。或者，在学习习惯上流于空疏，不去认真思考怎样根据各门学科的特点进行学习：是该多读多背加深记忆，还是该勤练勤想加深理解；怎样安排不同性质学科的学习；如何在时间上化整为零、化零为整；在困难面前，是暂时搁下还是迎头而上？学习是一个循序渐进的过程，一个知识点一个知识点是一环扣一环、紧密相连的。知识的积累如大厦，其稳固程度在于地基的每一块砖是否严密、扎实、平整。对有的同学来说，本来基础就差，又未及时补上，学习自然成为一条困难重重、充满艰难险阻的道路了。

（二）真正值得拥有的是什么

在当今商品经济的大潮中，许多人看待财富的时候，总以为财富是指身外之物，只有像银行里的存款、豪华的住宅或是某处不动产才是财富。那么，这些东西是真正的财富吗？

有这样一个故事。有一个著名的画家丢失了一幅杰作，他的朋友们议论不已，奇怪的是画家本人却无动于衷，非常沉着地微笑着面对他的朋友们。"你还不知道你的财产被盗了吗？"他的朋友们问。"不，你们错了，画布上画的画不是我的财产，那只不过是从我的财产中开出的一张支票而已。我的真正财产在这儿。"他一边指着自己的脑袋，一边回答，并继续说道："绘画是从这个'财产'中创造出来的啊！还要等待着它创作出更多更好的画呢！"■

的确，真正有价值的不是物质本身，而是人的大脑。大脑里所存在的就是人本身潜在的能力。如果我们只夸耀目前所占有的物质财富，忽视创造财富的大脑，认为只有被创造出来的财富才是真正的财富，那么，我们的目光就太短浅了，我们的前途就会显得暗淡无光了。

无论你腰缠万贯，还是只有几枚硬币，切记不要认为这是真正的财富，更不要以此来衡量自己财富的多少。所谓真正的财富，并不是存在于外部的物质，而是存在于你大脑中的潜在能力，即你的智力及优良的心理品质。智力是我们所熟知、做任何事情也不可缺少的，它所发出的能量是取之不尽、用之不竭的。

（三）大学生应该拥有的优良心理品质

优良的心理品质主要指"六心""五会""四不"。

1. "六心"

大学生应该拥有的"六心"是：雄心——"天生我材必有用"，愿以自己的青春和热血，去浇灌理想的花朵；童心——好奇心、趣味感、求知欲，总是生机勃勃，永远向上；痴心——迷恋于自己从事的学业，一往情深，孜孜以求，"迷"劲十足；恒心——从失败中奋起，从受挫中前进，以坚强的意志去面对挫折和压力，征程漫漫，终生求索；松心——劳逸结合，做到会学习也会休息，但休息不等于空谈，去徒耗光阴、消磨意志；虚心——胜不骄，败不馁，不论成功与否，永远谦虚谨慎，不骄不躁；脚踏实地，默默无闻地学习、工作。

2. "五会"

大学生应该拥有的"五会"是：会生活——做事讲究方法、技巧，肯干、能干且会干；生活热情更高，生活内容更充实；每天有选择地干事，做自己应该做、能够做、最值得做的事情，莫为无聊琐事空耗生命；会交流——大学生要学会与人相处，不仅是在国内交流，还要学会在国际舞台上如何交流，融入到国际背景之中；会动手——学习，学是读书，习是动手，学习是两者的结合，动手能力至少包含两个方面，一是拿起来能干，二是干得好，"但求做过，不求第一"是我们的通病；会创新——创新能力包含 5 个方面，即找问题、出思路、想办法、巧实现、能表达。找问题是一个观察、发现和抽象过程，出思路是一个逻辑思考过程，想办法是实现是动手的过程，巧实现是推广、抽象、协作、思考等过程的总和，能表达是创新活动中不可缺少的部分；会适应——现在的社会千变万化，一个人不可能靠在学校里学的那点东西把一生都保证下来，学生必须能够适应千变万化的社会，现在有些高校出现学生自杀，就是对学生适应能力培养不足。

3. "四不"

大学生应该拥有的"四不"是：不失良机——机会和抓住机会的能力会支配一个人的命运，机会似乎多半是"天赐"的，而抓住机会的能力全在于你自己，人生所有的损失中最大的莫过于机会的丧失；不怕失败——酸甜苦辣都是生活，不干，当然不会失败，却永远也没有成功，要知道失败乃成功之母，对未来抱有信心，对每天的生活投入更多的热情，对自己更要有信心；不畏流言——按自己的方式生活，要保持自己的个性，畏惧流言就什么也干不成、办不到，抓紧时间去生活、去创造，只争朝夕，"走自己的路，让人们议论去吧！"不休不止——学海无涯，学习与发展是无止境的，"路漫漫其修远兮，吾将上下而求索"，若半途而废，就会失去别人的尊重和信任，做不成大事，把小事干得漂亮些，也不坏呀！

"六心""五会""四不"就是大学生应该拥有的。这些优良的心理品质，作为潜在能力的重要组成部分，一定会伴你在生活的道路上披荆斩棘，走向辉煌，达到理想的峰巅。■

二、挖掘大脑的潜在能力

（一）挖掘潜能的要点

1. 你的潜力有多大

对于这个问题，很多人未必能给出准确的答案，并非所有人都能充分了解自己的潜力。那么，人的潜力一般有多大呢？毫不夸张地说，谁都很难说出自己潜力的深度。我们的潜力的深度永远是可望而不可即的，人的潜力是无穷的。毫无疑问，要做一件新事并不那么简单，但却是可能的。因为我们每个人的潜力中都有无尽的创造力。创造力首先是一种自我控制能力，每个人都知道，要做到这一点是非常困难的，这就是本书决定写这个问题的原因。本书所追求的是要把读者的注意力引向培养全面发展的创造型人才的成长问题上。下面就先测一下你真正的能力有多大，请按下述去做。第一，试举你自己的五个主要优点。为此，请那些比较了解你的人，如你的父母、兄弟姐妹、老师、同学、朋友等，直率地对你提出意见，求得他们的帮助。优点包括成绩、经验、特长、智力、人际交往、意志、性格、创造力等方面。第二，在各个优点之下，填上三个你所仰慕的或有名望的人的名字。通过这种有意识的对比，你也许会发现这样一个有趣的现象：你的某一长处竟是伟人们所缺少的。这时，你就会发现自己突然变得高大起来了。当年拿破仑过阿尔卑斯山时就宣称，我比阿尔卑斯山还要高。现代服装设计师皮尔卡丹从小相信自己长大是个不一般的人物，果然，正是这坚定不移的自信力，促使他们刻苦努力，终于成为有所作为的人。但是，自信多迈一步便是自负，这是一种不切实际的狂妄自大。要使你的想法符合自己真正的实际，一定要实事求是，揣度好自己真正的分量！可决不能小看自己天生我材必有用[3]！

2. 挖掘潜在能力的要点是什么

一个人的生命是短暂的，可潜力是无限的。如何把握有限的时间、发挥最大的潜力呢？除掌握上述几方面内容外，还要了解以下8个挖掘潜力的要点。第一，摆脱消极态度，获得必要的自信。成功者必定都有良好的自信力。第二，有效地利用时间。时间老人每日给人同样的时间，但所发生的效益即表现在每个人运用后所取得的效果上却是不同的。第三，具有强烈的求知欲。一事无成的人大都缺乏强烈的求知欲。求知欲是一股无法想象的强大力量，也是迈向成功的重要动力。人有了欲望才会去奋发图强，不懈地追求自己的梦想。第四，制定目标。目标有最高目标和近期目标，但是目标必须具体，切合实际，经过努力能够基本上达到，而不是可望而不可即，超越了自己有限的能力。第五，适当调配自己的活力。大脑疲劳时，要想到劳逸结合；情绪沮丧、意志消沉时，要设法调整自己，为自己加油，再度鼓起奋斗的勇气。第六，分清事情的轻重缓急。必须分清处理事物的主次先后，并制定各任务的完成期，一件一件地按期完成，以免发生顾此失彼、手忙脚乱的情况。第七，不断充实、创新，吸收新知识、新方法，发展自己多方面的才智和技能，以便不断提高自己，为能重塑自我打下基础。第八，钢铁般的意志力。遇到挫折后，能再接再厉，百折不挠，垂头丧气无济于事；做事要全神贯注，又要聚精会神，充分发挥自己的观察、记忆、想象和思考能力；遇事应当机立断，千万不要优柔寡断，不做决定当然不会错，可永远无法享受到成功的乐趣[3]。

纵观有成就的人，都能很好地做到以上8点，从而充分发挥了个人的潜在能力。他们在遭遇困难时，总是尽可能竭尽全力寻求自我突破，最后终于能享受到成功的喜悦。尽管天赋各异，并非人人都能成为众所仰慕的伟人。但是，如果你尽到了最大的努力，最大可能发挥了自己的潜在能力，生活一定会给予你报酬的!成功的道路是无限宽广的，能走多远，就要看每个人所下的工夫了。

（二）进行自我启发和革新

1. 自我剖析，明确目标

"知人者智，自知者明。"这句话经常被人广泛引用，它将有助于自我启发。例如，你的老师、你的父母对于你固然重要，但最重要的是"你自己"，因为能否取得进步主要靠你自己的努力，老师和父母给予你的帮助是有限的。■

挖掘自己潜在的能力，实现自己的人生设计，要自我剖析，并以此为基础反复地自我改造。为此，首先要向自己提出以下问题：①自己的长处是什么？最擅长什么科目？②上学期自己取得最好成绩的科目是什么？那次是哪些因素发挥了作用？③自己在学习中哪些方面失败了，上学期最痛心的失败是什么？其中最严重的失败是什么？④为什么会遭到那样的失败？为防止失败你曾采取过哪些措施？⑤自己遇到了哪些大的困难？其中最大的困难是什么？如果冷静地思考一下这5个问题，就会弄清楚你自己现在的长处和短处，这样的思考分析不只限于一次。古人有"吾日三省吾身"之说，如果在一学期内试着分析两三次，那么就既能觉察自己的停滞和倒退，也能了解自己的进步和优势。

即使对待一般性的问题，也须通过回答下列问题进行考虑：①在人生中，我的使命是什么？②人的学习有什么意义？最适合我的学科、方法是什么？③我在做哪些与学业无关的事？④我具备什么样的才能？我在做哪方面的努力？⑤我的努力有益吗？我在走向何方？经常对自己提出这样的问题，通过这种方法，你的目标会更明确，行动会更积极。

2. 做好准备，坚持不懈

在进行自我启发与自我革新时，必须做好三个思想准备[3]。

（1）要成为自动启动机。只要看一下取得成功的人，就可以知道，他们不是被动地做吩咐他们的工作，而是按照自己的意志行动的，他们都是自动启动机式的人物。要成为"自动启动机"，就必须对自己现在的学习寄予热情，在达到目的之前，如果采取下述措施，也许会对自己的学习产生热情，产生意外的效果。

第一，强迫自己认为自己现在的学习内容是有意思的。如果能坚持这种态度，随着对学习意义的理解，这种态度就会产生真正的热情，就能愉快地做好自己的学习工作了。并不是学习本身有的有意思，有的没意思，问题在于你本人对待学习的态度。第二，改变一下学习的目的。不要为了得到人们的称赞或得到人们的公认而学习，而应为了得到付出努力后的满足感和完成学习任务时的喜悦感。度假时，逛公园、旅游就是如此，正因为度假是为了自我满足，才感到愉快，如果认为那是强加于你的劳动，就未必感到愉快了。这个道理适用于一切学习和工作。即便有的学习科目在一开始就被认为是没有意思的，但是，若能以完成学习任务时的满足感为心理动力，去从事那门课的学习的话，就会自然地产生想象不到的兴趣。■

（2）要养成习惯。虽然说是"努力"，但是老实讲，不论对于谁，"努力"并不是一件轻而易举的事。只有一个方法可以使之成为轻松的事，那就是养成习惯。万事开头难，即便开头是艰难的，但是一旦成为习惯并且掌握了它，也就不再感到是苦差事了。越是完成大量学习任务的人，就越能应用这个道理，进而完成更大量的学习任务，这就是一个有力证据。例如，确定每天用一定的课外时间读书，并定出计划，养成习惯；听到或想到有关学习方面的事情或想法就当场记录下来，回家或到学校立即整理好。做这些事情，如果成为习惯，实际做起来也就不会感到那么吃力了，反而乐此不疲呢！

（3）从小事做起。即便下决心说"嘿！从今天起我就要实行自我启发自我革新"，但是，开头的计划如果过大，不论你有多大的欲望，也是难以实行的，所以开始的时候要把目标定得低些，先从小事做起，循序渐进。假设你想列入全班第一名，而现在实际尚处于二三十名的位置，那么对你应先做好进入前十名的计划，继而前三名、前两名，这样量力而行、逐步提高，就会避免因目标过高一时难以达到而受挫折且丧失信心的可能，最终实现自己的愿望。一旦有了思想或者心理上的准备，下一步就必须认真地、不懈地努力，实行自我启发和自我革新的计划。

这时要特别注意以下5点。第一，最初，实施计划应有侧重要把精力集中在最需要解决的问题上，这是明智的做法。第二，把几个小的转变联系起来，就将有一个可观的进步。值得注意的是，没有一定程度的量变就不会达到质变；欲速则不达。第三，有效地利用有助于自我启发和自我革新的帮手。如请老师、朋友、同学、父母帮忙，进行启发和革新就顺利多了；再有就是读些有利于启发和思考的书报杂志，听有关方面的讲座、广播节目等，多思考多借鉴。第四，要制订一个大概的时间表。预先制订一个计划，按计划进行就会减少由于盲目而带来的时间和精力上的浪费。和其他学习活动相同，把自我启发和自我革新的时间列入自己学习计划的总时间表中。一天10分钟也好，半小时也好，每天都要按时进行自我启发和自我革新。第五，定期补充新的计划内容。任何人都会随着时间的推移而使自己开始时的热情逐渐冷却，所以，为了长久地保持充沛的精力和饱满的热情，必须不断地完善和检查计划。可以两个月检查一次。这样就能给你的热情和干劲不断地灌注新的生命力。

（三）成为创新型人才

1. 优秀"创新者"的十大特征

知识经济时代激烈的竞争要求人具有良好的非智力品质：超前创造的意识、强烈而适度的创造动机、坚强的意志、创造性人格和自我教育能力等。据中国科学技术信息研究所《快报》报导，美国犹他大学管理学教授、动机学世界权威赫茨伯格依据他几十年的经验，提出具有创造性突出的人有以下十大关键特征。第一，智商超常，但非天才。智商过高可能反而有害于创新，因为它与标准的教育成就关系极大。标准教育成绩超群妨碍他寻求这以外的满足。第二，善出难题，不谋权威。创新者必然善于为自己出难题，而不追求权威地位和自我形象。驻足于以往的成就，是发扬创新精神的主要障碍。第三，标新立异，不循成规。不能靠传统做法去建功立业。旨在提高本领的教育强调标准化的选择，而创新的回答往往是"前无古人"的。第四，甘认不知，善求答案。没有糊涂就没有创新。越是能够容忍糊涂，人们就越有体验的内在自由。承认"我不知道"，这也是创新的一个先决条件。第五，我就是我，不与人比。创新者摆脱了许多无端的烦恼，很少沾染社会上的时髦病，所以可以花更多的时间做出建设性的努力。第六，以做为乐，清高寡欲。真正的创造者必然从他的所干中学会学习取得欢乐，而不管组织对他如何不公；他避免在其他方面多费精力。第七，积极解忧，不信天命。一般地说，革新者宁愿相信自己的好奇心，也不愿随大流；宁愿作为一个好问的孩子生活在世界，也不愿听任命运的摆布。第八，只求成就，不要发迹。创新者很少是野心家，他更喜欢的是成就。而野心家隐藏着自己真实的感受和意愿。第九，合理用心，有张有弛。创新者可以把心闲下来，像把手放入口袋那样。正是在心闲的时候，新的思想和新的联系可以浮现。第十，才思敏锐，激情迸发。激情不是解脱，不是预感，激情是一种感受，在瞬间感觉活着的伟大，激情使人一时不能自已，这是创新者必备的[4]。

美国哈佛大学校长陆登庭在北京大学讲坛上讲了这样一段话："在迈向新世纪的过程中，一种最好的教育就是有利于人们具有创新性，使人们变得善于思考，更有追求的理想和洞察力，成为更完善、更成功的人。"国际21世纪教育委员会的报告《教育——财富蕴藏其中》曾把它作为教育的最高目标："教育的任务毫不例外地使所有人的创造才能和创造潜力都结出丰硕的果实……这一目标比其他所有的目标都重要。"创新教育已成为整个高等教育模式的灵魂,大学应始终把培养创新的意识、人格、意志、思维能力等作为教育目标的中心。

2. 实现自己的目标

人类的任何一项进步,都是在还未成为现实之前,首先要浮现在人们的脑海里,这浮现在脑海里的打算,就是目标。在确立目标之前,人不会向前迈进一步。没有目标的人,只能在人生的十字路口上徘徊,连自己要去的目的地都不清楚,步履蹒跚地走着,结果是漫无目的地活着,如行尸走肉。人生重要的问题不在于你原先在哪里,现在在哪里,而是在于现在要往何处去。制定目标,这本身就是对自己毅力的挑战和考验。成功者中,绝大部分人的每周学习及工作时间远远超过40小时,并且他们对超时间劳动绝不抱怨、发牢骚。成功者的眼睛紧紧盯着目标,这样就不断地涌现出为实现目标而努力的动力、热情和能量。关键就在这里。一旦你按照目标所示的方向进行活动,就会自然地调动你的无尽的潜力;当你接近目标的时候,你就会得到实现目标所必需的生理上的能量和热情,深深扎根在你心中的目标,会奇迹般地把你引向实现目标的征途。然后,再环视一下你的周围,研究一下获得第一流成功的人们,你会看到他们都是为了自己的目标而付出汗水的人。最后,按照目标所示的方向进行活动,认真地甘愿为实现目标付出汗水和艰辛。

为了保证实现目标,可以采用下列方法。

第一,把目标清楚地印在脑子里。实现目标的重要手段之一,是使自己能清楚地看到所要实现的目标。不是单纯地模糊地想"如能实现,该多好啊",而是要清楚地想象并描绘出你在大学校园里学习、生活及成为国家栋梁之材时的情景。而且,每天重温心中的蓝图,特别是要在早晨起床后和晚上临睡之前。如果坚持下去,就能在你的内心深处形成想要实现目标的紧迫感,并向你的思想发出命令,要发挥实现目标的能力、毅力和体力。■

第二,核实目标。第二个步骤是要把目标用语言叙述出来,或者写在纸上也可以。总而言之,是要把你用"心灵的目光"所想象并描绘出的图画,进一步用耳朵和眼睛进行核实。这样,把你理想的目标印在你的脑子里,加深印象。下一步就是要把心中的想象和口中的表述联系在一起,而且要每天重复。■

第三,驱散消极思想。运用所谓"置换法则",驱散"恐怕实现不了目标吧"这样的消极思想,用"一定能实现"的积极思想取而代之,从而坚定你的信念。如果你能经常想"我能行"和"我能干",不久,消极思想就会在你的思想中化为乌有,你的思想就会被积极思想占领。

第四，实干。如果没有实际行动，只是把目标描绘在心目中，挂在口头上，即使是思想改变了，也绝不会实现你的目标。每天都必须要为实现目标做些什么。尽管一年的目标远在前面，五年的目标更为遥远，但是，如果每天都能实现当天的目标，在你心中就会涌现出信心，发挥出更大的潜力。再大的目标，都是由每天的小小的实践积累而成，这正是"不积跬步，无以至千里；不积小流，无以成江海"。■

在前一个问题"自我启发和革新必须作好三个思想准备"中，本书曾把"从小事做起"列为第三个思想准备。所以，目标再大也无妨，不要把每一步努力看成是负担，相反把它们看成是乐趣，就像我们每天愉快地生活着，不知不觉就长大成人一样。胸怀远大抱负和较高的奋斗目标，行动上从小处着眼，这就是实现你的计划的可靠手段。如单元测验是为期中考试做准备，期中、期末考试又是为了中考、高考打基础。只有小测验、小考取得了好成绩，中考和高考取得优异成绩的目标才有可能实现。

3. 如何培养自信心

有很多人不是因为暂时的挫折而苦恼，而是由于"自己怎么没有信心"。在这里为那些无论如何也不能满怀信心地开展活动的人，叙述一下对充满信心极有效的 5 种方法。如果能掌握这些原则，并实践这些原则，就一定能成为充满信心的人。这 5 个办法如下。

第一，要做好坐到前面的心理准备。你大概也发现了，不论是什么样的集会，总是后边的座位先坐满。许多人愿意坐在后排是不想引人注意，这就是缺乏信心的表现，你要反其道而行之，坐到前面去，给自己带来信心。■

第二，养成盯着对方眼睛谈话的习惯。正视对方的眼睛，就是向对方声明，"我是诚实坦率的，对你没有什么可隐瞒的，我深信我所讲的话，我没有惧怕，我有十足的信心"。

第三，主动和人说话且积极发表个人见解。养成主动与人说话的习惯也很重要。越是主动和人话，信心就越足，以后与人说话就越容易了。不要自卑，伟人之所以伟大是因为我们在跪着。要敢于善于阐发自己的观点和认识，尽可能与对方达成一致，获得轻松愉快的气氛。

第四，将走路速度提高 25%，且与人并行时略前一些。心理学家认为，人们通常是通过改变自己动作的速度，进而提高自己的效率，实际也可以改变自己的态度。走路比一般人快的人，就像是在对世人这样说："我必须要到很重要的地方，我有必须由我来做的重要工作。不仅如此，我正要做的工作，力求在最短时间内做好。"总之，走路时不要落在别人后面，那样会降低自信。■

第五，锻炼自己敢于放声大笑几声。适当的几声大笑，能显示一个人的豁达、开朗、宽厚、大度、信心十足又无所畏惧的性格。不要笑而不露，要露齿大笑。笑能给人增添信心，这是多数人在许多地方听到过的。笑，对信心不足是一种特效药。总而言之，你的态度本身要证明"我有信心，我是真正有信心的"。■

（四）怎样使用时间

有效地利用时间的最重要的措施就是对自己使用时间的方法做出评价，找到自己学习的最佳方案。列出时间损失检查表，了解一下自己使用时间的情况[5]。

1. 开始时损失的时间

你是否有下列现象？睡懒觉；在床上磨磨蹭蹭不起来；晚上没有准备好第二天的学习内容就睡觉；吃早饭时慢慢吞吞；早自习无事可干，与同桌说废话；以没有兴趣为理由，学习起来漫不经心；没有经过认真思考就开始学习，一个内容背了几次，因而浪费时间；去饭堂吃饭、上下课的路上玩耍，迟迟不回宿舍。

2. 混乱造成的时间损失

你是否提过下列问题？同时学过多种类的内容吗？把时间用在正经问题上了吗？你学的内容有助于实现你的奋斗目标吗？你的努力有效果吗？按照学科及内容的重要性，你是否优先学习最重要的科目及每科中的重点内容？为了能最充分地利用自己的精力，是否把最佳时间用在重点内容上？为了在相同的时间里更好地发挥学习效率，是否使用了新的学习方法？为了使上课时间、休息时间、自习时间及其他时间保持平衡，是否对全部学习内容都安排了时间？

3. 由于贪玩造成的时间损失

在做重要工作时，你是否做了下列事情？悄悄地出去逛街；去看电影、电视，打游戏机；出外玩或闲聊；其他如看小说、杂志，玩手机等。

4. 钻牛角尖造成的时间损失

在日常生活和学习中，你是否经常这样做？如果认为做某一道题没有结果，是否暂时中止此题而去做其他题或休息一会儿？如果某一问题的关键所在已经清楚，是否还用过多的时间去考虑它呢？长时间地摆弄一个问题的代价和报酬是否相等？

5. 学习不得法所造成的时间损失

阅读的时候，你是怎样做的？为了筛掉不必要或与主要课程无关的材料，是否精选了阅读材料？为了有选择地阅读，是否抓住了读物的中心思想？为了提高阅读速度和理解能力，是否实行了速读法？由以上提供的信息，你应该计划一下自己的时间，制作一个适合自己特点的时间表。

6. 如何制作时间表呢？

制作时间表的方法：拿出两张 16 开白纸，一张纸上主要写内容，另一张纸上写每项内容所需的时间。把每天、每周、每个月、每个学期、每学年、每一假期、每次准备考试时期或大学阶段必须做的事情，按课堂上、学校自习中及宿舍里自习三个方面分类。试制一个包括全部学习内容在内的非正式时间表，而且试算一下每项需用多少时间。一式两份，把正规点的时间表贴在墙上或桌子上，常提醒自己，也便于及时修补改正。■

制作时间表的注意事项：时间表的制作应该根据自己的年级、性格、家庭条件而不同。时间表中必须列出每天 7 时起床，中午至少睡 30 分钟，上午或下午困倦时可趴在桌子上睡 5~10 分钟，晚上 11 时以前必须入睡。一天学习结束后，用10 分钟时间考虑一下第二天的时间安排；一学期结束后考虑一下假期及下一学期的时间安排。第一个时间表执行率若在 70%，第二个会在 80%，习惯后可达到 90%以上。如此养成一个良好的学习习惯，习惯形成了，学习时的心情也就愉快多了，效率也就提高了。制作时间表可在已有资料的基础上，在老师或朋友的帮助下进行，可根据实际执行情况适当加以修改。遵守时间，尊重自己，不要使它形同一张白纸来嘲笑自己。■

（五）最大限度地利用一天的时间

如何最大限度地利用一天的时间[6]？

1. 一天的开始，应持有愉快、舒畅的心情

以沉着、舒畅的心情迎接一天的开始，这样不但可减少紧张与疲劳，同时还可提高学习效率。就一般人而言，经过一晚上休息，到早上精神较为舒畅、轻松。所以，一天的开始应该要重视，要好好利用，调整好自己的情绪，千万不要生气。"一日之时在于晨，良好的开端是成功的一半。"

2. 迅速动手，利索，决不拖拖拉拉

在宿舍里，通过省略不太重要的事情，至少可节约 30 分钟。早晨必须终止长时间的闲聊；到教室后尽快投入学习；下课、吃饭路上不要玩耍，直接回宿舍；该学习时要排除一切干扰，静心读书。

3. 用和谐的节奏进行学习

从长远来看,如果找到了自己认为合适的节奏(每天学习的分量适合自己),尽可能按那个节奏进行学习。适应了以后,就再稍增加一些学习分量。如果对那个节奏感到有些不安,就不要增添新的学习内容,因为你劳累了。

4. 学会利用零散的时间

为空闲的零散时间预备些要做的事,使这些小的时间得到利用。掌握容易丢失的时间,这些时间通常是早晨 6 时至 7 时,晚间 5 时 30 分至 7 时 30 分,注意安排好这些时间的学习内容。

5. "咬定青山不放松"

即使是在午休的时间将至,或者是睡觉的时候,也不要分心,要把最后一分钟用在学习上,直到最后也不要松劲。这样积累的时间,一个星期就是一个相当可观的时间数字。为坚持学习,可采取以下措施。第一,从不同的角度观察学习。从一个方面不能引起你的兴趣,但是从另一方面有时可能引起兴趣,不妨试一试。第二,要考虑到你进行的努力的最后结果,要想象出完成时的成就感,要记住你现在的学习是局部的,在你脑子里要绘出更大的学习轮廓。第三,对你的学习设定某种成功的尺度。在质量、速度、正确性上有一定的要求,以此向自己挑战。第四,要当天完成当天的学习计划,如果拖延到第二天就会给以后的学习造成困难,长此下去就会影响你的学习情绪以至学习效率。"明日复明日,明日何其多?"

6. 要计划第二天的学习内容

如果你是按照计划安排学习内容的话,第二天的学习内容就一定要在前一天安排就绪,要把和今天的学习内容有联系的第二天必须做的学习任务,事先写出几十字的提纲,这样第二天的学习就会很顺利地开始。

(六)遵循昼夜生理节律

生理节律又叫生物节律、生物钟,它是生物体随时间作周期变化的生理现象。人的生理节律是由德国医生弗里斯在 20 世纪初提出的。他认为,人在出生之后,生命韵律就开始了。生命韵律由体力、情绪、智力组合而成。韵律的周期变化形成高潮和低潮,影响着人体的生理、心理和智能,产生出人体行为的高潮和低潮结果。科学家们研究发现，对人的各种行为影响最大的有昼夜生理节律和月生理节律[7]。

1. 人体生理一天 24 小时的变化规律

佳龙等在《生理节律手册》一书中介绍了苏联科学家的研究成果。苏联科学家研究了大量数据，发现人体生理一天 24 小时的变化规律。

01：00（凌晨 1 时）：人们开始进入浅睡阶段，对疼痛特别敏感。

02：00（2 时）：体内大部分器官工作节律极慢，肝脏加紧工作，提供人体所需物质，排除毒素。

03：00（3 时）：全身休息，肌肉完全放松，血压低，脉搏慢，呼吸次数少。

04：00（4 时）：血压更低，脑部供血量最少。全身器官工作节律很慢，但听觉很灵，稍有响动就会醒来。

05：00（5 时）：此时起床，很快会精神饱满。

06：00（6 时）：血压升高，心跳加快。

07：00（7 时）：人体免疫功能特别强，对病毒、病菌的抵抗力最强。

08：00（8 时）：肝内有毒物质全部排除。

09：00（9 时）：精神活力提高，痛感减弱，心脏开足马力工作。

10：00（10 时）：精力充沛，精力最集中。

11：00（11 时）：继续保持 10 时的状态，身体不易感到疲劳。

12：00（12 时）：全身总动员时刻。

13：00（13 时）：肝脏休息，有部分糖原进入血液。上半天最佳工作时间即将过去，身体感到疲劳，需要休息。

14：00（14 时）：是一天中第二个最低点，反应迟钝。

15：00（15 时）：人体器官，特别是嗅觉和味觉最敏感，工作能力逐渐恢复。

16：00（16 时）：血液中的糖分增加。

17：00（17 时）：工作效率更高。

18：00（18 时）：痛感重新减弱，神经活动性能降低。

19：00（19 时）：血压升高，情绪最不稳定。

20：00（20 时）：体重最重，反应异常迅速。

21：00（21 时）：神经活动正常，记忆力增强。

22：00（22 时）：血液内白细胞增加，体温下降。

23：00（23 时）：困意到来，人体休息。

24：00（24 时）：全身肌肉松弛，各器官活动放慢，渐渐进入梦乡。

根据上述的人体生理一天 24 小时的变化规律，可以合理地安排工作和学习的作息时间表，以便充分利用一天中生理功能最旺盛的时间去工作和学习；对于生理功能低下的时间，应注意有关问题，以免身体不适。

2. 制订工作和学习作息时间表

根据人体昼夜节律，建议读者制订下面的工作和学习作息时间表，其中未作安排的时间为自由支配时间。

时间	项目
06：00	起床
06：00～06：30	户外活动
06：50～07：10	吃早饭
07：30～11：30	上课或学习
12：00～14：00	吃午饭、午休
14：30～17：00	上课或学习
17：10～18：00	吃晚饭
19：00～21：30	晚自习
21：50～22：20	洗漱
23：00～06：00	睡觉

3. 一天中应注意的重要问题

5时到6时之间起床最好，起床后很快就会精神饱满。

7时人体免疫功能特别强，此时献血最好。

8时肝脏内有毒物质全部排除，此时检查身体抽空腹血最好；此时千万不要喝酒，即使是喝少量的酒，也会给肝脏带来很大的负担，对身体健康是不利的。

9时到11时之间工作、学习效率比较高。10时是工作、学习最佳时间，不要在10时前后安排时间休息。

12时是全身总动员时刻，请不要马上午睡，最好推迟到12时50分左右。

14时前后是一天24小时的第二个最低点，反应迟钝，最好安排午休。危险工种、汽车司机应尽量不在此时工作。

15时人体器官特别是嗅觉和味觉最为敏感，做品尝工作的，应在此时进行。

16时血液中的糖分增加，检查血糖应避开这段时间。

17时工作效率较高，特别是人的体力、肢体反应的敏感及适应能力都达到高峰，运动员的训练量可以加倍，能够获得较佳的效果。

19时情绪最不稳定，任何小事都易引起口角，此时应注意控制自己。

20时反应异常迅速，技巧训练可在此时进行。司机此时驾车不易出车祸。

21 时最适于学生背诵，可以记住不少白天没有记住的东西。

凌晨 4 时全身器官工作节律最慢，血压最低，脑部供血量最少，重病患者多在此时死亡，有心脏、脑血管病隐患者会在此时突发患病甚至死亡，因此，应加强对这两类病人的护理。

需要说明的是，以上所言也并非绝对的，存在个别差异。

4. 遵循月生理节律

月生理节律主要有体力节律、情绪节律、智力节律，构成人体生理三节律。三节律均按一定周期的正弦曲线规律变化，前半周为高潮期，后半周为低潮期，高潮期与低潮期交接处为临界期。三节律运行在不同的区间，对人体行为影响很大，见表 8-1。

表 8-1　生理三节律对人体行为的影响

节律名称	周期	高潮期	低潮期	临界期
智力	33 天	记忆力好思维敏捷，分析力强	记忆力差反应迟钝，分析力弱	心不在焉，丢三落四，极易出错
情绪	28 天	情绪高昂，心情愉快，谈笑风生	情绪低沉，心情烦躁，沉默寡言	情绪不稳，喜怒无常，失魂落魄
体力	23 天	体力充沛，精力旺盛，事半功倍	体力不济，容易疲劳，事倍功半	体力衰退，抵抗力弱，容易得病

三、科学用脑

（一）调控情绪与科学用脑[5]

1. 要善于自我松弛

无论是谁，处于极度紧张状态，头脑必然混乱，失去正常的思维能力。平常有意识地进行自我松弛锻炼，对很好地调节身体内的荷尔蒙也是颇有益的。只有自我松弛了，用脑才能自如。一般来讲，中等强度的动机有益用脑。可以通过广结良朋益友来放松自己。结交广泛与否，也关系到脑力的强弱。一个人所具有的智慧和思考力有限，积极地接触各种各样的人，倾听他人的看法，开阔自己的眼界，掌握广博的知识，对于无论从事哪种职业都是必要的。

2. 夜间不要思考悲观的事

夜间思考悲观的事，会使头脑变得迟钝，自然就会使大脑不能保持顺畅的工作状态，也不能安眠熟睡，从而使大脑在第二天的学习中也变得迟钝。这从左脸的表情便可看出用脑情况。如果你的头脑管理、运用是井然有序的，那你的左脸上一定是洋溢着生气勃勃的表情，相反，则必然给人以无精打采的感觉。

3. 要进行积极的休息

首先，活动较睡眠来说是积极的休息。为让大脑休息，与其一直睡觉，不如活动一下手足。因为老是躺在床上，常常容易导致心猿意马，浮起各种各样的妄想，搅得你更难安宁，结果头脑加倍疲惫。做一些轻松的体育活动，勤于活动手足、肢体，才能使头脑生机勃勃。

其次，洗澡更能消除大脑的疲劳。如果是旨在消除大脑的疲劳，洗澡的效果远远超过喝咖啡。身体一钻入温水中，大脑和全身都能放松，在这个意义上，甚至可以说洗澡是最有效果的使大脑"转换情绪"的好方法，但也要避免洗澡时间过长。

4. 多着眼"理想结果"的预想

从心理学和脑科学来分析，一旦人的脑海中充满不安的心像、阴影，头脑的功能自然就会陷于混乱，无法对事物做出正确判断。面临一项工作时，多预想理想的结果，让好的心像升浮于自己的脑海中，就有利于使头脑的工作生动活泼。如果积极地考虑问题，头脑的活动也会充满生机；如果积极地考虑问题，情绪是乐观的，头脑的工作状态是趋于集中为增强的方向的。相反，如果消极地考虑问题，由于不安起了较大的作用，所以容易产生思考的混乱。

（二）科学用脑的策略

1. 保全、整理输入大脑的信息

（1）利用笔记本归纳整理输入到大脑里的信息。对输入到大脑里的信息，在双休日整理一次。首先，翻开笔记本，检查一周的活动；其次，对目前面临解决的难题的原因、经过、对策成条列出，其中的重点就明确清楚，这种信息的整理可使大脑始终处于清新状态。

（2）通过常修边幅为大脑除锈。当一个人不再注意打扮，大脑也会随时衰老，弄不好会出现僵化现象。若注意修饰自己，从而刺激整个大脑，使大脑灵活。只要掌握了这种精神上的"小技巧"，用这种方法防止大脑僵化，就会使大脑比以前更加活跃。

（3）多与别人交谈有利于整理自己的大脑。在思考还没有归纳好，大脑里处于模糊的状态时，用语言向别人表达，就会促进左、右脑的功能，使整个大脑运转起来。脑子里的尚未归纳成形的想法，在对别人讲述时，还会涌现出新的构思，会闪现出完全不同的设想。

2. 使脑机能适合生活的节奏

（1）午饭后睡 1 小时左右的午觉。一天用几个 5 分钟或 10 分钟的时间来打盹，可以调节睡眠。为了提高大脑功能，使大脑始终保持清新状态，在午饭后睡个午觉是很好的，如果睡上 30 分钟或 60 分钟，大脑的能力得到提高，可使下午的工作效率得到提高。

（2）面临重要考试时应提前 2 小时起床。人的大脑从早上醒来到机能充分运转，需要 2 小时左右。有重大报告或考试的当天，至少应该提前 2 小时起床。同时，在考试前一天晚上熬夜到天亮才睡觉，脑袋几乎不运转，这样就常常导致惨败的结局。

（3）不要借酒或安眠药来管理大脑。安眠药容易使人养成依赖它的习惯，慢慢就无法摆脱它了，大脑功能也会明显钝化，丧失思考能力。酒也是一样，染上习惯后，会成为大脑功能恶化的重大原因。夜晚睡不着时，可做一些轻微运动，或看看书，或泡泡脚等。

3. 要学会思考的方法

（1）环境设入法。将意念集中于一点，不受外界环境的干扰。主要任务是质"疑"：学起于思，思源于疑，疑在于探。

（2）寸暇续思法。充分利用休息、洗澡等短暂的时间思考。主要任务是勤"学"：知识是思维的基础，学习愈勤奋，知识愈丰富，思维越敏捷，成效也越大。

（3）散步思考法。在室外散步的时候，边散步边思考，此时既有生理协调，又有心理舒适。主要任务是引"趣"：凡富有情趣的东西易引起人们的思考，而散步之时还可联系到周围的万事万物，便于人们辩证地深思。

（4）临床思考法。把睡梦中或半睡梦中所出现的闪念及时记录下来。主要任务是求"变"：变换一个角度再认识可激发思考。

（5）知情思考法。基于认知与情感的密切关系，在思考比较复杂的问题时，一定要保持愉快的心情。主要任务是动"情"：俗语说："知情达理"，先动之以情，引发思维，再达到晓之以理。

（6）立体思考法。反映事物的整体，揭示认识对象的本质、规律、各种因素、关系和层次，进而形成多路思考的立体结构。主要任务是识"体"：辩证地、全面地考虑问题，思维才能开出美丽的花朵。

4. 给大学生的 10 条金玉良言（学习方面）

（1）学习，永远别忘记它。不管别人怎么说大学是个提高综合能力的地方，如果你学习失败了，你就什么也不是——不排除意外，但你考虑好了吗？你会是那个意外吗？

（2）如果你四年内很少去图书馆的话，你就等于自己浪费了一大笔财富。所以，常去那里，随意翻翻，都有收获。

（3）如果把上课不睡觉当做一种锻炼并且你做到了，那么，你很强，而且记住，其实你应该是这样的，老师再差，也比学生强，因为他们是老师。

（4）别怕丢人，如果你实在不行就别怕丢人，行的话，建议你们去追求丢人，那是一种成功的尝试，至于为此笑话你的人，你可以把他们从你将来人生对手的名单中排除了，所以你也不要笑话那些上台丢人的人。

（5）大学的竞争范围是所有的大学生，所以，你知道是否可以放松学习的。准备考研，早点比晚点好。

（6）大了，成熟了，稳重了，但是这和激情不矛盾，一种对工作和学习的冲击力及持久力会让你有特殊的魅力和个人实力。

（7）在所谓的学生会里即便你就是主席，但如果你的成绩不佳、没有毕业证的话也没有用。

（8）一定要学好英语，但英语绝对不会是你生活的全部保障，所以多学点与专业相关的东西可能有时会救命的。

（9）只有学习潇洒才可能一切潇洒。但只是可能，因为处世能力过分出众而成功的人是有，但是你必须牢记实力的价值。

（10）别抱怨四级、六级之类的东西，那是证明你能力的很好的东西。

第三节　大学生情绪智慧培育

知识经济时代，人的生存质量更加决定于个人实力的竞争。在这种情况下，人的情绪控制、正确看待成功与失败的自我认知能力就显得特别重要。对于 21 世纪的人来说，情商在每个人的能力得到最大的发挥方面将起很大的作用，因为在未来的社会中，竞争会越来越激烈，这就决定了每个人都会有多次成功和失败的可能，如何做到胜不骄、败不馁，始终保持积极向上的良好心态，需要个体具有良好的自我调节能力[8]。

一、情绪困扰 ——苦闷、彷徨的大学生活

（一）大学生情绪情感的特点

情绪情感的发展与需要关系密切。大学生的需要与中学生、成人差别较大，因而情感在表现上有其独特性[8]。

1. 情感强烈，但深度不够

大学生常常对喜爱的对象表示热衷，对信服的人表露出钦佩和羡慕，对取得成就欢欣鼓舞，对不平之事表示愤慨，所以心理学家称大学生所处的青年期是"疾风怒涛"的时期。例如，对某歌星的崇拜，达到了炽热的程度；对某项体育比赛的关心，达到了狂热的程度；为朋友打抱不平，以致造成严重的后果等。同时，随着大学生的情感强烈，又表现出了深度不够的特点，一方面热情不能始终一贯地坚持下去，往往有事过境迁的情况；另一方面是非标准的改变，也会随之带来情感的变化。

2. 情绪心境化，但隐蔽性提高

"喜者见之为喜，忧者见之为忧"在大学生情感生活中表现非常突出。例如，有的大学生一次考试意外得到了好分数或一次试验成功，所引起的愉快心情往往影响到其他活动上，甚至觉得天下无难事，显得兴高采烈、心旷神怡；相反，一旦遇到挫折，就会产生忧愁的心境，干什么事都提不起劲，可能几天都不理人，闷闷不乐，观花"花溅泪"，闻鸟"鸟惊心"。但随着年龄的增长，社会刺激的增多，自我调节的能力不断增强，情绪的隐蔽性也在逐渐增强。例如，有的大学生明明对某件事很在意，却表现出无所谓的态度；明明对某个异性很爱慕，却偏偏要表现出庄重、回避的姿态；明明讨厌某个人，却可以强装笑脸等。但这种隐蔽性还未达到成人的水平。

3. 情感的社会性增强

情感的社会性增强，但不够成熟大学生的社会义务感、责任感、敬爱感、集体荣誉感等道德感、理智感得到较大的发展。如果在正确的世界观与理智的支配下，这种情感会做出惊天动地的光辉业绩，例如，1919 年的五四运动，1935 年的一二·九运动，1976 年的"四五"运动，都是以大学生发起并为中心的爱国主义运动。但是，由于大学生情感的不成熟，有些人也常利用学生这种热情的情感，做一些违背社会发展的事，给国家带来严重的危害。因此，大学生应加强修养，

增强判别是非的能力。

4. 珍视友谊，爱情纯洁

大学生产生的友谊、爱慕、思恋的情感较真挚、炽热。他们与朋友交往，不图私利，互守信誉，体现出理解、宽容、帮助，在情感相融的情况下，友谊是持久的、巩固的。同时，对爱情的看法也是纯洁、神圣的、浪漫的，有些同学产生了初恋，步入了爱情的王国。

（二）大学生情绪挫折的现状

对于新生来说，他们面临着的是陌生的校园、生疏的新群体、新的学习条件和多元的学习方法。多数学生首次远离长期依赖的父母及熟悉的环境，开始了独立生活，对众多的问题要自己拿主意，自己解决。然而，由于他们对各种困难及问题缺乏必要的心理准备和心理承受能力，因此一旦遇到困难时往往会出现情绪上的困扰。同时也会或多或少地给每个大学生带来孤独感和失落感，表现出烦躁不安、焦虑、紧张等情绪反应，进而出现失眠、头疼、食欲缺乏、注意力不集中，甚至神经衰弱等症状，导致环境适应更加困难，苦恼、担忧、自我否认等情绪问题更加严重。如"别人的言行对我的情绪有影响""很长一段时间感到情绪低落""因情绪波动大而感到烦恼"是大学生中比较常见的情绪方面的挫折情境和挫折感[9]。

同样，多数大学生已有能力、有余力解决情绪方面的挫折问题。只是缺乏这方面的生命智慧，下面就此问题加以讨论，供大学生读者参考。

二、培养情商——迈向成功的必由之路

（一）情商及其作用

智商和情商，就其内容来说，关系是十分密切的，智商反映的是一个人知识和能力的水平，或者说是一个人分析问题和解决问题能力与水平的体现；情商反映的主要是情绪的管理，是一个人心理素质的核心内容。任何成功的人生都是人的智商和情商得到很好发展、和谐结合的结果。有人对世界上 320 名诺贝尔奖获得者所具备的共同素质作了归纳，发现每个成功者的内在素质中既有智力因素（认知系统）也有非智力因素（动力系统），可以看出，人的情感、意志、兴趣等在人生的道路上是非常重要的，智力和情感智慧是一个人事业成功的两只翅膀。长期以来，人们已经习惯于用以推断、想象、领悟和记忆为主要内容的"智力"来预测人的行为，然而这与现实不符，常有"智力"高者，却一事无成。在美国企业界，现在流行着这样的观点："智商使人被录用，情绪智力使人得以晋升"[10]。

1. 情绪智商的概念

1995 年，美国哈佛大学心理学教授戈尔曼出版了《情绪智力》一书，提出了情商的概念。1997 年我国图书市场掀起了 EQ 热潮，几十本所谓 EQ 的书喷薄而出。1997 年 7 月《情绪智力》简体中文译本由上海科学技术出版社出版，戈尔曼在致简体中文版读者开头就说："通向幸福的捷径在哪里？我们如何才能帮助下一代过上幸福安定的生活？决定一个人成为社会栋梁或者庸碌之辈的关键因素是什么？家庭生活美满与否果真全凭运气？显然，单凭学校那些'标准'课程是无法回答这些问题的。其实，所有这些问题的答案都与一个至关重要的因素有关，那就是人们自我管理和调节人际关系能力的大小，亦即情感智商的高低。"

什么叫做情商？情商的内涵与外延是怎样的？人们对此有各种各样的说法。借鉴戈尔曼、沙洛维关于情感智商的解释，现将情商的成分归纳如下[11]。

（1）了解自我情绪。自我觉知——当某种情绪一出现时便能察觉——乃情感智商的核心。监控情绪时时刻刻变化的能力是自我理解与心理领会学习悟力的基础。也就是能认识自己的感觉、情绪、情感、动机、性格、欲望和基本的价值取向等，并以此作为行动的依据。

（2）调控自我情绪。调控自我的情绪，使之适时适地适度，这种能力建立在自我觉知的基础上。妥善管理自身情绪，是指对自己的快乐、愤怒、恐惧、爱、惊讶、厌恶、悲伤、焦虑等体验能够自我认识、自我协调。有人发现，当自己情绪不佳时，可用以下方法帮助调整情绪：正确查明使自己心烦的问题是什么；找出问题的原因；进行一些建设性引动。

（3）自我激励。指面对自己期望实现的目标，随时进行自我鞭策、自我说服，始终保持高度热忱、专注和自制。如此，使自己有高度的办事效率。即服从于某目标而调动、指挥情绪的能力。

（4）识别他人情绪。识别他人的情绪，指对他人的各种感受，能"设身处地"地、快速地进行直觉判断，了解他人的情绪、性情、动机、欲望等，并能作出适度的反应。在人际交往中，常从对方的语言及其语调、语气和表情、手势、姿势等来做判断。常常真正透露情绪情感的就是这些表达方式。故捕捉人的真实性情绪情感的常是这些关键信息，而不是对方"说的什么"。

（5）人际关系的管理。人际关系的管理，这是指管理他人情绪的艺术。一个人的人缘、人际和谐程度都和这项能力有关。深谙人际关系者，容易认识人而且善解人意，善于从别人的表情来判读其内心感受，善于体察其动机想法。这种能力的具备，易使其与任何人相处都愉悦自在，这种人能充任集体感情的代言人，引导群体走向共同目标。大体而言，人际关系艺术就是调控与他人的情绪反应的技巧。

在生活中，我们常常遇到这样一个现象：一个智商（IQ）很高的人在事业上并无多大的成绩，一个在事业上取得一定业绩的人都在一定程度上可以说是一个"人情练达"的人，而一个"人情练达"者必定是"情绪智力"（EQ）较好的人，任何人的事业成功，都离不开特定的人际关系，要以创造好的人际关系为中介，进而通过此中介去取得他人的帮助、支持和认可，从而才能达到成功。

2. 情绪智力的作用

（1）情绪智力影响人的心理健康水平。情绪智力反映了一个人控制自己的情绪，承受外界的压力，把握自己心理平衡的能力。良好的情绪智力表现在能够恰当地认识、表达和调控自己的情绪，进行自我激励；能够认知和评价他人的情绪，并且据此做出适当的情绪和行为反应，协调好人际关系。一个具有良好情绪智力的人即使在承受重大压力和挫折时，也能调节自己的情绪和行为，保持乐观、开朗、积极的心态。

（2）情绪智力是成功的决定因素之一。生活中常会遇到这样的情况：智商显然很高的人生活并不如意，而智商平平者却获得极大成功。这说明除了传统的智力因素，还存在着另外一种"智力因素"影响着人生的成败，这就是情绪智力。戈尔曼认为，情绪智力包括了自我认知与自我控制，毅力、热情与自我激励，移情以及社交能力，它是决定一个人成为社会栋梁或庸碌之辈的关键因素。卡耐基也明确提出，15%的专业技能加上85%的人际关系和处世技巧等于个人成功。在杨博一的《哈佛情商设计》一书中，作者认为智商决定了人生的20%，而情商（即情绪智力的定量关系的数量）决定了人生的80%。虽然，这些数字的科学性值得怀疑，但它们从另一个角度反映了情绪智力对于人的成就的重要性[12]。

（二）解除烦恼：日常生活中解除烦恼的方法

关于解除或摆脱烦恼的方法，历来就是人们的一个"热门话题"。结合朱丽华编译的《善待别人善待自己》一书中的观点，本书提出如下的日常生活中解除烦恼的方法[13]。

1. 分析烦恼的基本方法

在解决烦恼之前，首先必须分析你的烦恼。这里可用卡耐基在《人性的优点》一书中提到的格兰·李区菲的方法，给自己提出四个问题：第一个问题是，你烦恼的是什么？第二个问题是，你能怎么办？第三个问题是，你要做的是什么？第四个问题是，什么时候去做？另外，别忘带上你的六个仆人：何故、何事、何时、如何、何地与何人。

2. 消除烦恼的万灵公式

卡耐基先生说："我意识到烦恼不能解决问题。于是，我想出了一个不用烦恼解决问题的方法，结果效果显著。这个消除烦恼的方法，任何人都可以使用，非常简单，可以分为三个步骤。第一步，问你自己，可能接受最坏的情况是什么？第二步让自己接受这个最坏的情况。第三步，有了能够接受最坏的情况的思想准备后，就平静地把时间和精力用来试着改善那种最坏的情况。"

3. 摆脱因上下级和同学间关系带来的烦恼

处理上下级关系带来的烦恼的关键是：作为下属应站在领导的角度来设身处地考虑问题；而上级也应站在公正的一面充分体谅下属的苦衷。至于同学之间，在不发生个人利害冲突和不碰到修养差的人时，往往比较容易相处。但在遇到评优、入党、晋升时，往往引起冲突，构成烦恼。这时只有各自完善自身、理解和公正地看待对方才有可能解决冲突，排除烦恼。以下四方面可供参考。第一，应树立平等和与人为善的思想。你与同学平等友好相处，尽力提供各种便利，实质上也是为自己创造良好条件。第二，应能正确看待自己和他人。高估自己、低估别人，是导致同学关系不和谐的重要原因。第三，要克服嫉妒心理。这种心理特点是：别人有长处他看不见，挖空心思地去揭别人的短处。久而久之，与同学之间产生了深深的鸿沟。第四，理解和同情。"退一步海阔天空"，在争斗中对不该属于自己的东西应早退出，常言道：二虎相争，两败俱伤。何必"火上浇油"呢？再者，能容人处且容人，多一点同情心，自己也多一点欣慰。

（三）培育温情——调出和保持稳定而愉快的情绪

谁都希望自己的生活愉快而充实，但生活中总会有某些不如意的事困扰着自己，使自己笼罩在阴影之下。诸如理想自我与现实自我的差距；被迫从事自己不感兴趣的工作；学习成绩不好或无端受到别人的指责等。面对以上不愉快的事，有些人能够妥善地处理，经过一段时间的努力使自己的心态恢复平静；有些人则不能好好处理，要么诉诸愤怒和武力，要么独自哀怨叹息，而这些正是损害人们心理健康的大敌。

那么，如何保持愉快而积极的情绪，减少或消除消极的情绪呢？

情绪健康的重要标志是情绪稳定与心情愉快。情绪稳定表明一个人的中枢神经系统处于相对的平衡状态，意味着机体功能的协调；喜怒无常是情绪不健康的表现。情绪健康的另一个重要标志是心情愉快。快乐表示人的身心活动和谐、满意、充满希望。愁眉苦脸是情绪不健康的表现[14]。

1. 积极做人，喜欢学习

生活之道的最佳境界，就是积极参与人类的共同努力，以贡献一己之力。有意识地参与这种努力，自感成为社会的一员，在社会中显示自己的价值，这是成长及身心保健的重要因素。学习、工作是人生的重要组成部分。一个人喜欢工作，领略到工作那种自然的愉快，并以对社会有贡献引以为乐，工作则是良药，喜欢学习和工作对预防情绪病有特效。林肯说过"悲伤的时候，工作就是良药"。

（1）乐观开朗，坚持始终。要本着"前途是光明的"，"征程漫漫，终生求索"的信念，欢乐而轻松地度过一生。正如列宁所说："我对痛苦的看法是自作自受。"一个宽宏大量的人，他的爱心往往多于怨恨，正如孔子所言："君子坦荡荡，小人常戚戚。"一个良好的适应者乃是热爱人生、热爱生活、有崇高的理想、对前途充满信心的人，即使在艰难的环境中，生命之火也不熄灭，因而始终能保持心理健康与长寿。英国有句谚语说得好："一个丑角进城，胜过一打医生。"一个人使自己心情舒畅愉快，不仅有助于身体发育，祛除疾病，而且有利于心理健康发展。正是"笑一笑，十年少"。

（2）保持兴趣，珍惜时光。居里夫人说她"总是力求在日常的郁闷生活里找出一点小乐趣"。要培养自己对日常简单事物的欣赏能力和乐趣，这样随时随地都可自得其乐。如当烦恼、苦闷时听、看小说，学自己喜欢的科目，做自己喜欢的事。世间最宝贵的就是"今"，人要每天都过得充实，要以有效的方式工作、思索和帮助人，这样生活就会愉快，总是生活在期望之中，总是着眼于未来，愉快也总是很遥远，现实只有空虚。居里夫人说："愿你每天都愉快地过着生活……不要把所有特别合意的希望都放在未来。"

（3）勿忧生病，果断行事。高士其说："生活中如果只充满一个'病'字，精神便会空虚和烦恼。"事实表明：一些无关紧要的小病痛，如果不断注意它，必定把它弄成真病，很快就可以加重十倍。国外谚语有云："害怕危险的心理比危险本身还要可怕一万倍。"所以对健康作无谓的操心，不但痛苦、惊慌、恐惧，长期处于应激状态，而且会降低抗病能力，反而损害健康。对问题当机立断。不要为一些小事左思右想。犹豫不决会引起情绪不佳的疾病，凡事优柔寡断，心绪总得不到安宁，伤心伤神。■

2. 悦纳自己，热爱生活

一个人既不可能十全十美也不可能一无是处。不要老关注自己的弱项和失败，而应将注意力和精力转移到自己最感兴趣，也最擅长的事情上去，从中获得的乐趣与成就感将强化你的自信，驱散你自卑的阴影，缓解你的心理压力和紧张。

（1）认识自己，喜欢自己。俗话说"尺有所短，寸有所长""金无足赤，人无完人"，每个人都有长处与短处，既比上，又比下；既比优点，也比缺点。跟下比，看到自身的价值；跟上比，鞭策自己求进步。最重要的比较，是自己跟自己比。走自己的路，完善自我，放出自己的光和热。另外，怡然自得的人更能承受人生中不可避免的挫折和斗争。喜欢自己似乎很容易，但如何培养真正健全的自尊心呢？自尊心源自合乎实际的目标。对多数人来说，愿望和目标之间总是有差距的，这一差距常引起灰心。只要使愿望更符合实际，就更能满足。

（2）证明价值，唯有行动。看一个人有没有价值，根本用不着进行什么深奥的思考，也用不着问别人，有人需要你，你就有价值，你能做事，你就有价值。你能做成多大的事，你就有多大的价值。因此，你可先选择一件自己较有把握也较有意义的事情去做，做成之后，再去找一个目标。这样，你可以不断收获成功的喜悦，又在成功的喜悦中不断走向更高的目标。每一次成功都将强化你的自信心，弱化你的自卑感，一连串的成功则会使你的自信心趋于巩固。当你切切实实感觉到自己能干成一些事情时，你还有什么理由怀疑自己的价值呢？

（3）热爱生活，蓬勃向上。生活包括人的生存和发展进行的各种活动。一个热爱生活的人总是朝气蓬勃、奋发向上的，带给他人一种生活的快乐和希望。此外，还应淡泊名利，随遇而安，千方百计创造"乐"的心境，保持乐观的态度，才能使你始终保持平和的心态。

3. 学会宽容，助人为乐

宽容是酿造生活美酒的蜜，是消除隔阂、沟通感情的法宝。理解他人，豁达大度，就能够保持心理的平衡，在人际交往中获得满足和快乐。否则，紧张的人际关系必将带来精神和生理上的病变。因此，生活和学习中最明智的选择就是宽容。

（1）学会幽默，装成快乐。幽默是不良情绪的消毒剂和润滑剂。幽默能引人发笑，增进内分泌系统的功能，使人体内体液循环和新陈代谢发生变化，从而有益于减轻病情。因此，国外有的医院规定病人每天必须发笑 15 分钟，有的疗养院还定期给病人发放"幽默药品"，如诙谐有趣的书籍、诗歌、漫画、电影、喜剧等。同时，对着镜子，咧嘴而笑，再来几遍。实验证明，装成快乐经常有效。你最初也许会觉得那是假造的，但只要多练习，假造的感觉自然会消失。开始学习快乐的人的动作和谈吐。

（2）谦虚谨慎，关心他人。人要有自知之明，多看别人的长处，虚心向他人学习。多称赞别人，使自己的心灵充满喜悦和幸福，才能在工作、生活中充满阳光和希望。多一点奉献精神，少一些私心杂念，关心他人，将使你领悟到天地之宽，助人之乐，心情舒畅，心静坦然。

（3）学会遗忘，知足常乐。沉湎于旧日的失意是脆弱的，迷失在痛苦的记忆里更是可悲的。遗忘是一种成熟而超脱的境界。人人都应主动地忘记生活曾经给自己造成的不幸和痛苦，清除心灵上的暗流，轻松地面对再次考验，充分地享受生活所赋予的各种乐趣。俗话说"知足者常乐"，总是抱怨自己吃亏的人，的确很难愉快起来。多奉献少索取的人，总是心胸坦荡，笑口常开。

4. 学会倾诉，合理宣泄

可以找一个可以信赖的人，向他们倾诉自己的种种烦恼、失望、悔恨，这样做可以使郁闷的心情得到宣泄，有助于使不安的心境平和下来。同时，要为自己的不良情绪寻找合适的出路。如在激动的时候去做体能运动和锻炼，在紧张不安的时候去找好朋友谈谈，尽可能地使郁积在心中的不良情绪宣泄殆尽，避免压抑带来的多种身心疾病。

（1）向人倾诉，自找乐趣。心情不快却闷着不说会闷出病来，有了苦闷应学会向人倾诉的方法。首先可以向朋友倾诉，这就需要先学会广交朋友。友谊是"通心"的良剂，它令人愉快、幸福、得到安慰，是生活中的一盏明灯。正如培根所说："没有友谊则斯世不过是一片荒野——是可怜的孤独。"同时，设法为自己增加愉快的体验。比如，给自己安排切实可行的工作学习计划，使自己能不时看到成绩和进展；培养自己多种兴趣爱好，用来陶冶身心，调节情绪；多和志同道合的同学交流，多参加集体活动，充分感受相互的关怀和友谊。这样，生活中积极愉快的体验增多了。

（2）不要过谦，敢于说"不"。不要说那些引起别人来欺负你的话："我是无所谓的""你们决定好了""我没有这个本事"等，这"谦恭"的推托之辞就像为其他人利用你的弱点开了个准入证。同时，当遇到必须你表明态度的事时，你一定要干脆地表明自己的态度，会使人立刻对你刮目相看。事实上，与那种遮遮掩掩、隐瞒自己真实感受和想法的态度相比，人们更尊重那种毫不含糊的回绝。记住，人们怎样对待你，都最终取决于你自己。

（3）善于斗争，精神胜利。对盛气凌人者也要视情况毫不退让：当你碰到好强词夺理的、令人厌烦的以及让你难堪的欺人者时，要勇敢地指明他们的行为之不合理处，并要板起面孔告诉他们，你对他们不合情理的行为感到厌恶。与此同时，还要有点阿Q精神。如"酸葡萄心理"就是典型一例。狐狸看到架上的已熟透的葡萄很想吃，但又够不着，他只好不情愿地说这葡萄是酸的，会很难吃，把自己没有或得不到的东西说成是毫无价值和不值得争取的。话说得好："比上不足，比下有余"，"知足者常乐"皆是如此心态。

5. 转换思路，控制行为

任何一件事情，从不同角度去观察，都会给人以不同印象。很多表面上看上去像是引人生气或悲伤的事件，如果换一个角度和观点去看，常常会发现一些正面的积极意义。比如，在爱迪生看来，任何人做事只有结果而没有失败。在日常生活中，用行动来影响心理状态：如怕当众说话时，以轻松的话题入手，为自己创造轻松的环境；从自己最擅长的内容讲起；放慢自己的说话速度，以迫使自己的紧张程度放松。

（1）选择生活，丰富创意。从事脑力劳动较多的人们可以考虑遵循的生活方式：每天早晨做徒手操、快步走和健身跑，每天进行半小时左右；合理地安排学习和休息，注意劳逸结合，学习之余要保证一定时间的休息和文化娱乐活动；睡前散步，散步后用温水泡脚、洗澡，使四肢肌肉得到放松，以有助于睡眠。培养有创意的生活方式。如果我们能够不受任何干扰地追寻创意性生活方式，就会经常体会到马斯洛所谈到的高峰体验，生活必将是愉快和充实的。

（2）提高情趣，注重陶冶。第一，音乐陶冶。当你听到一曲优美的音乐，特别是与你自己的情绪完全合拍的音乐时，会感到一种神奇的功效，而使你忘却心中的隐痛，使人变得畅快的情景之中。第二，书籍陶冶。有益的书籍会使人的灵魂得到净化、升华，冲淡你心中的烦恼，给人以力量和勇气。任何一个想使自己充实地生活的人，都渴望尽可能地从书中汲取营养；任何一个喜欢自己事业成功的人，都离不开这个良师益友。第三，情趣陶冶法。人的情趣来自生活中对美的感受。热爱生活，情趣自然会来到你身边。像爱好音乐、下棋、书法、舞蹈等这些生活中的乐趣，只要自觉培养，人们一定能体会到他所选择爱好给自己带来的美的享受，在自己的精神境界中注入芳香的甘醇。

（3）避免紧张，爱好执著。不盲目地处处与人竞争，以避免过度紧张。事事竞争还会给自己造成过度紧张，心理上承受过大压力，从而对身心健康产生不良的影响。与他人竞争时，应该有所选择和侧重，有所选择是指要注意发挥个人拥有的优势方面，有所侧重是指在竞争中应把主要精力放在对自己有较大意义的方面，而避免分散精力，去做无谓的竞争。另外，人无爱好，生活单调，而且与那些有着一、两种令人羡慕的爱好的人相比，心中往往平添几分嫉妒与焦躁。除少数执著追求自己本职事业者外，许多人能培养自己的业余爱好。集邮、打球、钓鱼、跳舞等都能使业余生活在自己的爱好之中。

6. 摆脱烦恼的简单易行的方法

《运动休闲》杂志曾登过一篇文章《健康快乐的秘诀》，不妨试试这些简单易行的"秘诀",你会发现它们的确可以帮助你摆脱烦恼而愉快起来。

（1）做一做那些你想做却没有时间做的事情。

（2）给一个很少联络的老同学打电话。

（3）忘记过去某个时间让你生气的某个人或某件事。用记忆中快乐的片段来代替不愉快。

（4）与一个闷闷不乐的人共读一则笑话——笑话是灵丹妙药。

（5）不要轻易许诺。尤其不要许诺自己做不到的事情。

（6）多赞美别人，因为这可能是他最需要的礼物。

（7）当你发现做错了事情时立即道歉，道歉不是弱小的表现，而是勇气的象征。

（8）试着去理解一些与你的想法相迥异的观点。

（9）放松，当你想发脾气的时候，问问自己这件事情会不会影响我一个星期？当有人开玩笑时你要笑得最响亮。

（10）不要对一个孤注一掷做事的人说泄气话。乐观一点，有助于达到目标。

（11）对好事表示欣赏，这样既阐明了你的观点，又培养了良好的心境。

（12）需要勇敢的时候，问问自己："人生能有几回搏？"

（13）不要听任烟雾污染你的空间，及时制止在你周围吸烟的人。

（14）看到人行道上有果皮，拾起来扔进垃圾箱里。

（15）不要说你自己都怀疑是对是错的话，不要做你自己也不知道是错是对的事情。

（16）满怀喜悦地看待世界的景观。

（17）昂首挺胸地走路，多多微笑，你看起来至少要年轻十岁。

（18）不要害怕说："我爱你"，这是世界上最美丽的语言。生命中有了爱做伴，你就会有所收获。

（19）把自己看成是独一无二的，不要企图让自己的行为去符合某一个常规模式。

（20）哪怕只有一点微小的进步，你也应该高兴、自豪。你对自己价值的认识，要比别人对你价值的认识重要得多。

（21）对别人的议论不必介意，不要做违背内心的事。这样，你内心就会感到解脱，自然充满信心。

（22）如果你对学习、工作不满意而又无力改变，你就应该通过业余爱好来发挥自己的才智。这会使你的失望心情得到补偿，不至于自弃。

（23）如果你被指派去完成一项棘手的任务，尽力乐观地去处理。如果你退缩了，你将会对自己的能力失去信心，给自己带来更多的烦恼。

（24）不要好高骛远，因为过高的、不切实际的抱负是有害的。成就动机过高，经过努力而不能完全实现，就会增添挫折感。

（25）不要经常拿自己与别人相比。有许多事情，别人可能做得比你好得多。人与人的个性差异是客观存在的，而且社会环境十分复杂。要勇于接受那些不可避免、又令人不愉快的事实。如果老是要同别人攀比，你将会对自己失望，这对评价你的价值是不利的。

（26）不要信守这样的格言："别人能做到的，我也同样能做到。"因为在同样一件事上，是每个人都能做得同样好。按照以上建议去做，相信你一定会快乐常在。

参 考 文 献

[1] 张旭东，车文博.挫折应对与大学生心理健康. 北京：科学出版社，2005.

[2] 维廉·阿姆斯特朗，维拉德·兰普二世. 学习的诀窍. 王彦彬译.长春：吉林文史出版社，1988.

[3] 桑名一央. 怎样挖掘你的潜在能力. 金凤吉等译. 北京：科学普及出版社，1985.

[4] 邓彤，关军，刘海北，等. 青年人生指南. 北京：中国物资出版社，2000.

[5] 品川嘉也. 科学用脑术.车小平等译. 成都：四川人民出版社，1989.

[6] 保坂荣之介. 如何增强记忆力、注意力. 苗琦，刘兴才译. 银川：宁夏人民出版社，1983.

[7] 佳龙，铁凤，志树.智力·情绪·体力生理节律手册. 北京：能源出版社，1989.

[8] 曹维平. "情绪智力" 在成功过程中的作用. 心理学杂志，1998，(11)：84-90.

[9] 张旭东. 当代大学生心理挫折及调适. 北京：中国科学技术出版社，2002.

[10] 管鹏. 智商和情商：实施素质教育的两翼. 光明日报，1999-02-24.

[11] 丹尼尔·戈尔曼.情感智商.耿文秀，查波译. 上海科学技术出版社，1997.

[12] 王芙蓉. 情绪智力——智力研究的最新进展. 现代教育研究，1999，(1)：78-81.

[13] 朱丽华. 善待别人善待自己.北京：中国致公出版社，2003.

[14] 张旭东. 大学生抗挫折心理能力状况调查报告.武汉：武汉大学出版社，2013.

附录一：生命智慧问卷

　　该问卷由张旭东等编制，共 50 道题目，其中包括 11 个因子，分别是生命认知因素（S1）：热爱生命，知道成败对人的积极意义，并能从失败中体会丰富的人生；生命非认知因素（S2）：拥有积极、乐观的生活态度，了解自己并能把握自己；技能因素（S3）：懂得运用大学里的资源锻炼自身的能力，能坦然处理大学里不尽如人意之处；学习因素（S4）：拥有良好的学习习惯和灵活的学习方法；学校因素（S5）：能接纳自己的大学，并认识到成才的关键靠自己而不是学校的知名度；适应因素（S6）：敢于拼搏，并努力锻炼自身能力，拥有"如何生存的智慧"；交往因素（S7）：为人宽容，忠于友情，乐于助人；择业因素（S8）：拥有弹性的择业心态，懂得为适应职业调整知识结构及锻炼实践能力；恋爱因素（S9）：懂得控制情感，期盼恋爱成功，但也不惧以失败告终；健康因素（S10）：懂得健康的意义，拥有合理的起居饮食习惯；家庭因素（S11）：在民主的家庭中成长，能与父母很好地沟通。本问卷 Cronbach α 系数为 0.928，复测信度为 0.657。本问卷以 SCL-90 为预测效标，显示了较好的预测效度。问卷采用 Likert 式 5 点正向计分的方法，1 表示很不符合，生命智慧水平很低；以此类推；5 表示很符合，生命智慧水平很高，得分越高，生命智慧水平越强。

　　指导语一：下列条目描写了大学生在平时是如何对待生活的。请您认真阅读每一项，选择与您平时实际情况最符合或接近的答案，划上"√"。希望您能反映自己的真实情况，我们将非常感激您的合作！

　　①很不符合；②较不符合；③不确定；④较符合；⑤很符合

1. 我热爱生，但绝不畏死。①——②——③——④——⑤
2. 机会看似遥不可及，可角度一换就近在咫尺。①——②——③——④——⑤
3. 即使是一副坏牌，也要把它打好。①——②——③——④——⑤
4. 大学生应该拥有"如何生存的智慧"。①——②——③——④——⑤
5. 我会从丧失中体会丰富的人生。①——②——③——④——⑤
6. 我知道无论成败对人都有积极意义。①——②——③——④——⑤
7. 我觉得能够坦然面对丧失，是真正获得了生命的意义。①——②——③——④

——⑤

8. 我能从失败中奋起，从哪里跌倒就从哪里爬起来。①——②——③——④——⑤

9. 我总是胜不骄、败不馁，生活应变能力强。①——②——③——④——⑤

10. 我觉得：爱拼才会赢，敢唱才可能红。①——②——③——④——⑤

11. 我觉得只有当知识转化为能力时，知识才是力量。①——②——③——④——⑤

12. 我总是以学为先，我已经养成了良好的学习习惯。①——②——③——④——⑤

13. 我已经"学会阅读，善做笔记"。①——②——③——④——⑤

14. 我以我的学校而自豪。①——②——③——④——⑤

15. 我想无论在什么样的学校，成才关键靠我自己怎样做。①——②——③——④——⑤

16. 大学是我成长、成材的摇篮。①——②——③——④——⑤

17. 在我看来，大学不是休闲、度假的圣地。①——②——③——④——⑤

18. 尽管大学里也有不尽如人意之处，我仍会坦然处之。①——②——③——④——⑤

19. 考试分数并不是衡量一个人能力的最重要的标准。①——②——③——④——⑤

20. 我热情而不轻浮，乐观而不盲目。①——②——③——④——⑤

21. 我已经养成乐天开朗的性格。①——②——③——④——⑤

22. 每当悲伤的时候，我常向着光明的一面看。①——②——③——④——⑤

23. 每当我受到讽刺时，我都能不畏不缩。①——②——③——④——⑤

24. 我社交广泛又能忍受孤独。①——②——③——④——⑤

25. 我忠于友情又能宽容待人。①——②——③——④——⑤

26. 我总是助人为乐，从不幸灾乐祸。①——②——③——④——⑤

27. 我做事通情达理又能明辨是非。①——②——③——④——⑤

28. 我喜欢多参加实践活动来锻炼自己，为就业做好准备。①——②——③——④——⑤

29. 为适应未来的职业生活，我会调整知识结构。①——②——③——④——⑤

30. 我已树立了弹性的就业心态。①——②——③——④——⑤

31. 我将选择合理的自荐方式，沉着面对应聘面试。①——②——③——④——⑤

32. 我并不以为择业也要听天由命。①——②——③——④——⑤

33. 如果友谊自然发展为爱情，也不要拒之门外。①——②——③——④——⑤

34. 我期盼着恋爱成功，但我也不惧以失败告终。①——②——③——④——⑤

35. 我懂得如何控制情感的阀门。①——②——③——④——⑤

36. 我觉得生命会因健康而美丽。①——②——③——④——⑤

37. 我认为"起居饮食要合理，吃比穿更重要"。①——②——③——④——⑤

38. 再忙我也要正常吃每日三餐。①——②——③——④——⑤

39. 我深爱着我的家庭和父母。①——②——③——④——⑤

40. 父母的榜样作用使我受益匪浅。①——②——③——④——⑤

41. 父母对我的家庭教育是民主型的。①——②——③——④——⑤

42. 若父母干涉自己的婚恋，我就主动与父母沟通。①——②——③——④——⑤

43. 每到一个新环境，我会主动与别人接近。①——②——③——④——⑤

44. 在决定成败的关键时刻，我能使自己很快镇定起来。①——②——③——④——⑤

45. 我对生活要求不高，到哪儿都能过得很愉快。①——②——③——④——⑤

46. 即使在人多的地方我也不会紧张。①——②——③——④——⑤

47. 我不会被一些小事所缠绕。①——②——③——④——⑤

48. 我认为我在大学里的各个方面表现得都不错。①——②——③——④——⑤

49. 我知道自己的优点，清楚喜欢做且比别人做得好的事情①——②——③——④——⑤

50. 我对自己很有把握，能很好地照顾自己。①——②——③——④——⑤

附录二：抗挫折心理能力问卷

该问卷由张旭东等编制，共 48 道题目，其中包括 10 个因子，具体如下：挫折容忍力（K1），挫折复原力（K2），挫折经验（K3），生涯规划能力（K4），信心（K5），人际交往能力（K6），挫折认知水平（K7），意志品质（K8），心理准备（K9），归因能力（K10）。本问卷 Cronbach α 系数为 0.945，复测信度为 0.724，以自杀态度作为效标，以大学生对自杀的态度作为抗挫折心理能力效果的预测指标，考查抗挫折心理能力各因子与自杀态度各因子的关系，大学生抗挫折心理能力与自杀态度各因子之间有密切的关系，表明该问卷有较好的预测效度。问卷采用 Likert 式 5 点正向计分的方法，1 表示很符合，抗挫折心理能力很强；以此类推；5 表示很不符合，抗挫折心理能力很弱，得分越低，抗挫折心理能力越强。

指导语二： 请您认真阅读每一项，选择与您平时实际情况最符合或接近的答案，画上"√"。本问卷以不记名方式填写，您所填写的内容将得到严格保密，请不要有所顾忌。希望您能反映自己的真实情况，不要放过每一道题，可以吗？我们将非常感激您的合作！

①很不符合；②较不符合；③不确定；④较符合；⑤很符合

1. 我能够承受更多次失败和挫折的打击。①——②——③——④——⑤
2. 即便多次失败，我也不放弃再尝试的机会。①——②——③——④——⑤
3. 我遭遇过很多次大大小小的挫折。①——②——③——④——⑤
4. 我已为自己设计了未来五年的具体计划。①——②——③——④——⑤
5. 我已为自己余下的大学时光做了较好的安排。①——②——③——④——⑤
6. 我认为自己一定会成为对家庭有用的人。①——②——③——④——⑤
7. 我认为自己一定会成为对社会有用的人。①——②——③——④——⑤
8. 在挫折面前我不会过分紧张，没有强烈的情绪困扰。①——②——③——④——⑤
9. 即使在遭受较大失败时，我依旧乐观。①——②——③——④——⑤
10. 我喜欢做一些别人不敢做的事情。①——②——③——④——⑤
11. 我不易心灰意冷。①——②——③——④——⑤

12. 在日常生活中，我会做到依据自己的信念而生活。①——②——③——④——⑤

13. 遇到挫折能够冷静对待，对待挫折能够保持一颗平常心。①——②——③——④——⑤

14. 我生活在快乐和温暖的班集体里。①——②——③——④——⑤

15. 当我遇到烦恼时，我会求助家人、亲友或组织。①——②——③——④——⑤

16. 我至少有三个关系密切的朋友。①——②——③——④——⑤

17. 大多数同学都很关心我。①——②——③——④——⑤

18. 我一直能得到家里人的支持。①——②——③——④——⑤

19. 我知道"失败乃成功之母"。①——②——③——④——⑤

20. 我深知："不经历风雨，怎能见彩虹？"①——②——③——④——⑤

21. 每个人都会遭遇许多挫折。①——②——③——④——⑤

22. 我算是个阅历丰富，有过成败、苦乐等生活体验的人。①——②——③——④——⑤

23. 我富有摆脱烦恼的经验和方法。①——②——③——④——⑤

24. 我知道如何应对挫折。①——②——③——④——⑤

25. 偶尔做个败北者，我也能坦然接受。①——②——③——④——⑤

26. 我有"从哪里跌倒就从哪里爬起来"的信念。①——②——③——④——⑤

27. 我不会因一时受挫折而自暴自弃。①——②——③——④——⑤

28. 大部分时间我对未来都充满信心。①——②——③——④——⑤

29. 即使在困难时，我还是相信困难终将过去。①——②——③——④——⑤

30. 只要我继续努力，我一定会得到应有的报偿。①——②——③——④——⑤

31. 良好的人际关系使我增强战胜挫折的信心。①——②——③——④——⑤

32. 在遇到危急的时刻，我会很镇静。①——②——③——④——⑤

33. 对于新规定的颁布，我认为很自然。①——②——③——④——⑤

34. 如果遇到劫匪，我会坦然处之。①——②——③——④——⑤

35. 每当我心情好的时候，我就容易成功。①——②——③——④——⑤

36. 我一直在努力，所以我获得成功。①——②——③——④——⑤

37. 每当我勤奋学习的时候，成绩也随之而提高。①——②——③——④——⑤

38. 我认为：谋事在人，成事也在人。①——②——③——④——⑤

39. 我会放下思想包袱，做一些娱乐活动。①——②——③——④——⑤

40. 我常告诫自己"退一步海阔天空"。①——②——③——④——⑤

41. 我会调整心情，尽快摆脱失败的阴影。①——②——③——④——⑤

42. 我会努力改变心态，促使情况向好转。①——②——③——④——⑤

43. 我会尽快排解自己的不良情绪。①——②——③——④——⑤

44. 我相信自己有战胜困难的能力。①——②——③——④——⑤

45. 我相信明天会更美好。①——②——③——④——⑤

46. 我会换一种新的姿态，再重新开始。①——②——③——④——⑤

47. 我会多向好的方面想，看开些。①——②——③——④——⑤

48. 我会改变自己原来的一些不实际的想法或做法。①——②——③——④——⑤

附录三：大学生挫折感问卷

　　该问卷由张旭东等编制，共59道题组成，包括9个因子。具体如下：学习挫折感（C1）、人际交往挫折感（C2）、恋爱挫折感（C3）、情绪挫折感（C4）、生理健康挫折感（C5）、适应挫折感（C6）、家庭挫折感（C7）、学校挫折感（C8）、择业挫折感（C9）。本问卷各个维度题目 Cronbach α 系数在 0.74～0.86，复测信度在 0.582～0.764。以 SCL-90 总分作为效标，考查挫折感与心理症状之间的关系，结果显示，挫折感与心理症状呈显著的正相关关系，说明挫折感越强烈，心理症状越重，心理越不健康，该问卷显示了较好的效标关联效度。问卷采用 Likert 式 5 点计分的方法，1 表示"没有"，以此类推，5 表示"很强"，得分越高表示挫折感越强烈。

　　指导语三：下列条目描写了大学生平时可能遇到的挫折与失败。请您认真阅读每一项，选择与您平时实际情况最符合或接近的答案，画上"√"。每一个题目的答案分两部分回答，本问卷以不记名方式填写，您所填写的内容将得到严格保密。希望您能反映自己的真实情况，我们非常感激您的合作！

　　挫折感的强度（含挫折频数）

　　①没有；②很弱；③一般；④较强；⑤很强

1. 因考试科目没有及格而自责和懊悔。①——②——③——④——⑤

2. 因没能考得自己理想的分数而感到难受。①——②——③——④——⑤

3. 因未能取得奖学金而心理不平衡。①——②——③——④——⑤

4. 因付出的努力与获得的成绩不相符而感到失去信心。①——②——③——④——⑤

5. 感到大学课程的学习吃力。①——②——③——④——⑤

6. 学习压力太大而感到紧张焦虑。①——②——③——④——⑤

7. 喜欢所学专业，却又无法改变现状而感到无奈。①——②——③——④——⑤

8. 课程设置不太合理，感到学习没有动力。①——②——③——④——⑤

9. 难以适应大学老师的讲课风格。①——②——③——④——⑤

10. 老师水平低，授课质量差感到厌倦。①——②——③——④——⑤

11. 因处理不好同学之间关系而感到心理郁闷、情绪低落。①——②——③——

④——⑤

12. 为同寝室同学的自我中心行为感到气恼。①——②——③——④——⑤

13. 没有知心朋友，感到心里有话无处诉说。①——②——③——④——⑤

14. 在与老师交往过程中发生矛盾，而害怕与之交往。①——②——③——④——⑤

15. 因被别人误解或错怪而感到无助。①——②——③——④——⑤

16. 与人交往时付出得不到相应回报，有被人利用的感觉。①——②——③——
④——⑤

17. 因受到同学愚弄而耿耿于怀。①——②——③——④——⑤

18. 感到同学之间太缺乏温情和理解。①——②——③——④——⑤

19. 因与恋人分手而感到受打击、受伤害。①——②——③——④——⑤

20. 迷恋某个男（女）孩而不能自拔。①——②——③——④——⑤

21. 因我爱的人离我而去而感到沮丧。①——②——③——④——⑤

22. 想爱不敢爱，感到内心非常矛盾。①——②——③——④——⑤

23. 求爱不成，感到无地自容。①——②——③——④——⑤

24. 处理不好与恋人之间的关系而烦恼不已。①——②——③——④——⑤

25. 因情绪波动大而感到烦恼。①——②——③——④——⑤

26. 别人的言行对我的情绪有影响。①——②——③——④——⑤

27. 很长一段时间感到情绪低落。①——②——③——④——⑤

28. 情绪像天气的变化一样忽高忽低。①——②——③——④——⑤

29. 食欲缺乏、头晕目眩，感觉自己得了病似的。①——②——③——④——⑤

30. 体弱多病没有精力做想做的事，感到上帝太不公平。①——②——③——④
——⑤

31. 长期头痛、失眠而痛苦不堪。①——②——③——④——⑤

32. 患有消化系统的慢性疾病，在生活中处处小心谨慎。①——②——③——④
——⑤

33. 害怕得上与别人同样的病而寝食难安。①——②——③——④——⑤

34. 由于大学生活无以依赖，感到无所适从。①——②——③——④——⑤

35. 学校生活条件太差，感觉难以接受这一现实。①——②——③——④——⑤

36. 异地求学水土不适应，感到身心疲惫。①——②——③——④——⑤

37. 由于普通话不标准，不愿与同学沟通，倍感孤独。①——②——③——④——⑤

38. 进大学后自己不再是大家关注的中心人物，感到失落。①——②——③——
④——⑤

39. 竞选班干部职位失败，深受打击。①——②——③——④——⑤

40. 被同学告状，受到老师训责，深感人心叵测。①——②——③——④——⑤

41. 未能实现设定的生活目标，感到深受打击。①——②——③——④——⑤

42. 由于违反校规，受到严厉惩罚，追悔莫及。①——②——③——④——⑤

43. 参加学校活动，没能取得理想成绩而感到难过。①——②——③——④——⑤

44. 为自己不能像别人那样有幸福快乐的家庭而感到痛苦。①——②——③——④——⑤

45. 因与家庭不和而不愿意回家。①——②——③——④——⑤

46. 不能像其他同学一样拥有一个完整的家而深感痛苦。①——②——③——④——⑤

47. 别人穿着漂亮而自己没有，感到自卑和不平衡。①——②——③——④——⑤

48. 看到他人才貌双全、家境优越而感到自卑和不平衡。①——②——③——④——⑤

49. 看到别人因家境而获得各种优厚待遇，感到自己命不好。①——②——③——④——⑤

50. 现实中的大学与理想中的大学相差太远，感到失落。①——②——③——④——⑤

51. 所在学校名气不大，影响力小，感到没前途。①——②——③——④——⑤

52. 所在学校学习氛围太差，感到难以致力于学习。①——②——③——④——⑤

53. 对大学中的不公平现象感到难以忍受。①——②——③——④——⑤

54. 本校毕业生工作一向不好，深感前途未卜。①——②——③——④——⑤

55. 与别人相比感到自己能力不足，以致对未来失去信心。①——②——③——④——⑤

56. 学习成绩不理想，不知毕业时该怎么办。①——②——③——④——⑤

57. 对毕业后自己能干什么，将参加什么工作，感到迷茫。①——②——③——④——⑤

58. 对所学专业不看好，对毕业分配很苦恼。①——②——③——④——⑤

59. 面对毕业后激烈的社会竞争感到很担忧无助。①——②——③——④——⑤

附录四：应对方式问卷

　　该问卷由张旭东等编制，由 71 道题组成的，包括 13 个因子，分成三个维度。调整心态、调节情绪、调整心态和总结经验 4 个因子构成了积极的应对方式即"心理调节机制"的维度，主要反映了大学生在遭遇挫折感时所采用的积极主动的自我心理调节措施。压抑、推诿、否认、合理化、幻想、退缩 6 个因子则构成了消极的应对方式即"自我防御机制"的维度，主要反映了大学生在面临压力时产生的一种自我保护性适应方式。转移、宣泄、倾诉求助 3 个因子构成了中间型应对方式即"外部疏导机制"的维度，是大学生在面临心理压力时通过将注意力转向外部，借助外部手段减少压力的行为方式的反映。问卷各维度题目的 Cronbach α 系数在 0.61～0.91，复测信度系数在 0.469～0.729；以大学生的心理症状总分作为应对方式效果的预测指标，考查应对方式与心理症状自评总分的关系，结果显示，大学生应对方式与心理症状自评总分之间有密切的关系，说明该问卷有较好的预测效度。问卷采用 Likert 式 5 点记分的方法。

　　指导语四： 下列条目是人们在日常生活或学习中遇到挫折与失败时，可能采取的态度和做出的反应。请判断下列陈述是否符合您的情况，在相应的选项位置打"√"（对号）。

　　"当您在学习与生活中遇到了失败或挫折，您会……"

　　①从不如此；②很少如此；③有时如此；④经常如此；⑤总是如此

1. 给亲人打电话诉说。①——②——③——④——⑤
2. 跟要好的朋友谈心。①——②——③——④——⑤
3. 从家人那里寻求安慰。①——②——③——④——⑤
4. 与关系密切的同学交谈。①——②——③——④——⑤
5. 找老师或有经验的人帮自己想办法。①——②——③——④——⑤
6. 与有相同经历的人共同探讨。①——②——③——④——⑤
7. 给远方的好朋友写信。①——②——③——④——⑤
8. 到网上找朋友倾诉。①——②——③——④——⑤
9. 相信某种宗教，祈求神灵保佑。①——②——③——④——⑤

10. 用酒精麻醉自己，借酒消愁。①——②——③——④——⑤

11. 逛街、买东西或大吃一顿来发泄。①——②——③——④——⑤

12. 泡网吧聊天或找人打游戏以摆脱这些事。①——②——③——④——⑤

13. 躲在无人处独自伤感，默默流泪。①——②——③——④——⑤

14. 放下思想包袱，做一些娱乐活动。①——②——③——④——⑤

15. 把注意力转移到一些轻松的事情上。①——②——③——④——⑤

16. 看场轻松的电影或录像来放松自己。①——②——③——④——⑤

17. 给自己放假，暂时把问题（烦恼）抛开。①——②——③——④——⑤

18. 旅游、登山或参加文体活动，找些开心的事来做。①——②——③——④——⑤

19. 总能为自己的失败找到合适的理由。①——②——③——④——⑤

20. 不太相信自己遭受了失败。①——②——③——④——⑤

21. 不去想自己已经失败了。①——②——③——④——⑤

22. 事情陷入僵局时，常常拒绝承认失败。①——②——③——④——⑤

23. 把失败的原因归结于他人。①——②——③——④——⑤

24. 认为挫折的原因在于外界，与自己无关。①——②——③——④——⑤

25. 认为挫折是命运造成的，自身无能为力。①——②——③——④——⑤

26. 失败后总是埋怨别人，不愿从自身找原因。①——②——③——④——⑤

27. 遭受挫折后，常对人表现出敌对情绪。①——②——③——④——⑤

28. 向别人出气，把火气发到他人身上。①——②——③——④——⑤

29. 失去对自我的控制力，大喊大叫。①——②——③——④——⑤

30. 不允许他人谈及是自己做错了。①——②——③——④——⑤

31. 常希望失败的不是自己该多好。①——②——③——④——⑤

32. 常希望自己已经解决了难题该多好。①——②——③——④——⑤

33. 常想兴许会发生某种奇迹改变现状。①——②——③——④——⑤

34. 总觉得自己是对的，自己不会错。①——②——③——④——⑤

35. 往往采取沉默的态度。①——②——③——④——⑤

36. 尽量压抑自己的情绪而不表现出来。①——②——③——④——⑤

37. 不轻易向人透露遭受的失败。①——②——③——④——⑤

38. 常认为没有必要那么费力去争取成败。①——②——③——④——⑤

39. 认为"人生经历就是磨难构成的"。①——②——③——④——⑤

40. 告诉自己失败有时在所难免。①——②——③——④——⑤

41. 不求有功，但求无过。①——②——③——④——⑤

42. 常告诫自己"退后一步自然宽"。①——②——③——④——⑤

43. 自我安慰，吃不着葡萄说葡萄酸。①———②———③———④———⑤

44. 一切顺其自然，听天由命。①———②———③———④———⑤

45. 尽量乐观地面对失败，保持良好的情绪。①———②———③———④———⑤

46. 调节自己的情绪达到最佳状态。①———②———③———④———⑤

47. 调整心情，尽快摆脱失败的阴影。①———②———③———④———⑤

48. 努力改变自己的心态，使情况向好的方面发展。①———②———③———④———
⑤

49. 尽快排解自己的不良情绪。①———②———③———④———⑤

50. 认真总结经验，避免以后再犯类似的错误。①———②———③———④———⑤

51. 借鉴别人处理类似问题的经验。①———②———③———④———⑤

52. 事后仔细分析失败的各种原因。①———②———③———④———⑤

53. 取人之长，补己之短。①———②———③———④———⑤

54. 能从失败和挫折中吸取教训。①———②———③———④———⑤

55. 回顾过去的优秀成绩，为自己鼓劲儿。①———②———③———④———⑤

56. 相信自己有战胜困难的能力。①———②———③———④———⑤

57. 对自己说没什么大不了的。①———②———③———④———⑤

58. 相信自己的路应该自己来走。①———②———③———④———⑤

59. 相信明天会更美好。①———②———③———④———⑤

60. 鼓励自己"失败乃成功之母"。①———②———③———④———⑤

61. 正视失败，从哪里跌倒就从那里爬起来。①———②———③———④———⑤

62. 走自己的路让别人说去吧。①———②———③———④———⑤

63. 冷静面对，挑战失败。①———②———③———④———⑤

64. 相信挫折只是一种锻炼。①———②———③———④———⑤

65. 想象最坏的结果后，再做打算。①———②———③———④———⑤

66. 换一种新的姿态，再重新开始。①———②———③———④———⑤

67. 强迫自己尽量将过去的不愉快忘掉。①———②———③———④———⑤

68. 多向好的方面想，看开些。①———②———③———④———⑤

69. 改变自己原来的一些不实际的想法或做法。①———②———③———④———⑤

70. 降低自己不切实际的期望。①———②———③———④———⑤

71. 常能看到坏事中也有好的一方面。①———②———③———④———⑤

附录五：积极心理品质问卷

依据 Martin E. P. Seligman 的相关理论，张旭东等人编制了"积极心理品质问卷调查表"。该问卷共有 52 道题目，包括六大维度和 17 个积极心理品质：智慧维度（9 个条目），包括创造力、好奇心、洞察力；勇气维度（10 个条目），包括真诚、勇敢、坚持；人性维度（8 个条目），包括社会智商、爱、善良；公正维度（9 个条目），包括合作力、领导力；节制维度（7 个条目），包括持重、谦虚、宽容；超越维度（9 个条目），包括幽默、感恩、审美。问卷内部一致性信度在 0.656～0.922，采用 Likert 式 5 点正向计分的方法，"1"表示很不符合，"5"表示很符合，得分越高，说明状态越好。

指导语十二：请您认真阅读每一项，选择与您平时实际情况最符合或接近的答案，画上"√"。希望您能反映自己的真实情况，不要放过每一项，可以吗？我们非常感激您的合作！

①很不符合；②较不符合；③不确定；④较符合；⑤很符合

1. 我常有新的主意和想法。①——②——③——④——⑤
2. 我喜欢创造新异的东西。①——②——③——④——⑤
3. 我认为自己很有创造力。①——②——③——④——⑤
4. 我知道什么事情是重要的。①——②——③——④——⑤
5. 我一般都了解自己的感受和这种感受产生的原因。①——②——③——④——⑤
6. 我很少做出错误的选择。①——②——③——④——⑤
7. 我对事情的来龙去脉感到好奇。①——②——③——④——⑤
8. 我对许多事情，总是有许多的疑问。①——②——③——④——⑤
9. 我对不熟悉的人、地方或事物总是感到好奇。①——②——③——④——⑤
10. 我不会为了摆脱麻烦而说谎。①——②——③——④——⑤
11. 即使会惹上麻烦，我也要说实话。①——②——③——④——⑤
12. 我会实事求是地说话，不会经常找借口。①——②——③——④——⑤
13. 别人都信任我说的是真话。①——②——③——④——⑤

14. 当有人欺负别人时，我会告诉这个人这样做是不对的。①——②——③——
④——⑤

15. 当看到有人被欺负时，我会伸出援手。①——②——③——④——⑤

16. 我敢于对付那些欺负别人的人。①——②——③——④——⑤

17. 我会坚持做功课，直到做完为止。①——②——③——④——⑤

18. 如果任务太困难，我也不会放弃。①——②——③——④——⑤

19. 即使我不想完成，该完成的工作我还是会完成。①——②——③——④——⑤

20. 我知道应该怎么做才能避免与别人发生矛盾。①——②——③——④——⑤

21. 我不用问也能知道别人需要什么。①——②——③——④——⑤

22. 对那些伤害过我的人，我也不愿意看到他们过得不好。①——②——③——
④——⑤

23. 我会与朋友或家人分享自己的感受。①——②——③——④——⑤

24. 我经常对我的朋友和家人说我爱他们。①——②——③——④——⑤

25. 当知道有人生病或遭遇困境时，我会为他们担心。①——②——③——④——⑤

26. 即使很忙，我也不会停止帮助那些需要帮助的人。①——②——③——④——⑤

27. 有人遇到困难时，我会尽最大的努力去帮助。①——②——③——④——⑤

28. 我认为每个人的意见都同样重要。①——②——③——④——⑤

29. 做决定时，我会听取其他成员的意见。①——②——③——④——⑤

30. 如果团队没采纳我的想法，我也仍能和团队继续合作。①——②——③——
④——⑤

31. 即使我的团队要失败了，我仍会以公平的态度坚持比赛。①——②——③——
——④——⑤

32. 我愿意加入团队且发挥作用。①——②——③——④——⑤

33. 如果有益处，我总是愿意为自己的团队多做点事儿。①——②——③——④——
——⑤

34. 在做集体项目的时候，其他人总是希望我来负责。①——②——③——④——⑤

35. 当我和其他人一起玩耍时，他们总让我当头儿。①——②——③——④——⑤

36. 我负责的时候，我善于让我小组的成员照我说的去做。①——②——③——
④——⑤

37. 我一般不会连续两次犯同样的错误。①——②——③——④——⑤

38. 我不会做自己稍后可能后悔的事。①——②——③——④——⑤

39. 如果有钱，我通常会有计划地花销。①——②——③——④——⑤

40. 别人跟我道歉了，我就会再给他们一次做朋友的机会。①——②——③——
④——⑤

41. 我会公平地对待对我不好的人。①——②——③——④——⑤

42. 如果我做了件好事，我自己一般不会说。①——②——③——④——⑤

43. 即使我做得很好，我也不会表现出比别人好的样子。①——②——③——④——⑤

44. 别人说我很搞笑。①——②——③——④——⑤

45. 我喜欢说笑话或讲有趣的故事。①——②——③——④——⑤

46. 我善于打破沉闷，使气氛变得很有趣。①——②——③——④——⑤

47. 有好事发生在我身上时，我会想起帮助过我的人。①——②——③——④——⑤

48. 经常在心里感激我的父母和家人。①——②——③——④——⑤

49. 我经常为生命中所拥有的而感到幸运。①——②——③——④——⑤

50. 我喜爱艺术、音乐、舞蹈和戏剧。①——②——③——④——⑤

51. 观看艺术作品或话剧时，我感到津津有味。①——②——③——④——⑤

52. 观看艺术品或聆听音乐时，我总是忘记了时间。①——②——③——④——⑤